# 电力物资协同配送的
# 第四方物流路径定制问题

崔妍　黄敏　著

中国矿业大学出版社
·徐州·

## 内 容 简 介

本书针对电力物资配送问题，基于第四方物流管理模式，介绍了几类不同情况下的协同配送方案。全书共分5章，主要内容包括电力物资供应与第四方物流综述、相关技术及理论、确定环境下的电力物资协同配送问题、不确定环境下的电力物资协同配送问题和时变环境下的电力物资协同配送问题。

本书可作为高等院校系统工程、计算机科学与技术、管理学等相关专业本科或研究生学习数学建模、智能计算、电力物资管理等方面的教材，也可供高等院校教师、科研院所技术人员或电力物资管理人员在理论研究和工程应用中使用，或供具有运筹学及编程基础的人员学习和参考。

**图书在版编目(CIP)数据**

电力物资协同配送的第四方物流路径定制问题 / 崔妍，黄敏著. — 徐州：中国矿业大学出版社，2024.10. — ISBN 978-7-5646-6469-5

Ⅰ. F407.61

中国国家版本馆 CIP 数据核字第 2024L1Y012 号

| | | |
|---|---|---|
| 书　　名 | 电力物资协同配送的第四方物流路径定制问题 | |
| 著　　者 | 崔　妍　黄　敏 | |
| 责任编辑 | 张　岩 | |
| 出版发行 | 中国矿业大学出版社有限责任公司 | |
| | （江苏省徐州市解放南路　邮编221008） | |
| 营销热线 | (0516)83885370　83884103 | |
| 出版服务 | (0516)83995789　83884920 | |
| 网　　址 | http://www.cumtp.com　E-mail:cumtpvip@cumtp.com | |
| 印　　刷 | 苏州市古得堡数码印刷有限公司 | |
| 开　　本 | 787 mm×1092 mm　1/16　印张 11.25　字数 220 千字 | |
| 版次印次 | 2024 年 10 月第 1 版　2024 年 10 月第 1 次印刷 | |
| 定　　价 | 48.00 元 | |

（图书出现印装质量问题，本社负责调换）

# 前　言

近年来,随着经济的发展,人们在生产、生活中的用电日益增加,电力部门对电力物资的需求也随之增长。如何在做好电网设计工作、增强规划深度的同时保障物资配送的准确性是降低配送成本、提升社会运能的有效途径之一。

物资配送是电力保障的重要环节。一方面它关系到库存周转率、物资供应成本、客户需求以及电力企业的经济效益和发展前景;另一方面,它涉及多个部门,一旦物流、资金流和信息流衔接不到位,便会因部门间的不协调造成物资配送效率的低下。

作为供应链的集成商,第四方物流(Forth Party Logistics,4PL)可以通过自身拥有的信息技术和整合能力为供需双方提供一套完整的供应链解决方案。本书基于4PL整合视角,对电力物资配送问题展开讨论,提出了电力物资协同配送的第四方物流路径定制问题(4PL Routing Customization Problem based on the Collaborative Distribution of Power Materials,4PLRCP-CDPM)。全书分为5章,第1章为问题描述,从书的研究背景出发,对4PLRP-CDPM涉及的相关问题进行阐述。第2章为理论概述,简单介绍了数学规划、不确定规划和智能计算方法等相关理论知识。第3章到第5章为问题的设计与求解部分，是本书的核心内容。它们主要针对确定环境下的单物资和多物资 4PLRP-CDPM、不确定环境下的随机需求和模糊需求 4PLRP-CDPM 以及时变环境下的运输时间时变、节点等待和承载能力时变 4PLRP-CDPM 进行讨论。展示了 4PL 在电力物资协同配送过程中整合资源、节省费用的能力。

4PLRP-CDPM 在电力物资管理、运筹学以及计算机科学等相关领域均具有一定的理论价值和应用前景。本书特色鲜明、原创性强，是一门适合于从事电力物资配送、4PL 管理、数学建模、智能计算等研究或工作的高校教师、研究生及本科高年级学生、科研院所技术人员以及电力物资管理人员阅读的专著。

作　者

2024.10

# 目 录

## 第1章 引言 ... 1
- 1.1 研究背景 ... 1
- 1.2 电力物资配送问题 ... 2
- 1.3 第四方物流路径问题 ... 3
- 1.4 供应链协同问题 ... 5
- 1.5 多任务问题 ... 6
- 1.6 时变网络 ... 7
- 1.7 本书内容与结构 ... 9
- 1.8 本章小结 ... 11

## 第2章 相关技术及理论 ... 12
- 2.1 数学规划 ... 12
- 2.2 整数规划 ... 12
- 2.3 非线性规划 ... 13
- 2.4 不确定规划 ... 14
- 2.5 算法简介 ... 25
- 2.6 本章小结 ... 37

# 第 3 章　确定环境下的 4PLRP-CDPM ……………………………… 38
## 3.1　单物资 4PLRP-CDPM ……………………………………… 39
## 3.2　多物资 4PLRP-CDPM ……………………………………… 60
## 3.3　本章小结 ……………………………………………………… 79

# 第 4 章　不确定环境下的 4PLRP-CDPM ……………………………… 80
## 4.1　考虑随机需求的 4PLRP-CDPM …………………………… 80
## 4.2　考虑模糊需求的 4PLRP-CDPM …………………………… 95
## 4.3　本章小结 …………………………………………………… 108

# 第 5 章　时变环境下的 4PLRP-CDPM ……………………………… 109
## 5.1　考虑时变网络的 4PLRP-CDPM …………………………… 110
## 5.2　考虑节点等待的 4PLRP-CDPM …………………………… 122
## 5.3　考虑 3PL 承载能力时变的 4PLRP-CDPM ……………… 138
## 5.4　本章小结 …………………………………………………… 157

# 参考文献 ……………………………………………………………… 159

# 第 1 章 引 言

## 1.1 研究背景

近年来,随着人们生活和制造业对电力需求的日益增强,电力公司对电力物资的需求也在逐年增长。如何在做好电网设计工作、增加规划深度的基础上保障电力物资配送的准确性,是降低配送成本、提升社会运能的有效途径。

电力物资配送是电力保障的重要环节。一方面它关系到库存周转率、物资供应成本、客户需求以及电力企业的经济效益和发展前景。另一方面,它涉及多个部门。各部门和各环节都有自己独立的信息系统,一旦物流、资金流和信息流衔接不到位,便会造成部门间的不协调,从而降低物资的配送效率。近年来,企业对物流外包和供应链协同的需求逐年上升。许多企业意识到,供应链协同配送要比制造商单独配送节省更多成本。为建立可持续发展的优势,供应链各级企业也在不断寻求新的运营模式。许多客户发现,与将信息同多个制造商、供应商或者零售商共享相比,与一个第四方物流(Forth Party Logistics,4PL)共享信息不仅可以降低共享风险,还可以得到技术支持。另一方面,由于4PL没有资产,与拥有配送车队的第三方物流(Third Party Logistics,3PL)相比,客户似乎更相信4PL具有这方面的综合能力与信誉。研究表明,作为一个中立的合作伙伴,4PL是一个可以在供应链协同配送中提高参与者协同能力的理想管理者。

中国电力公司一般规模较大,物资需求的种类和数量也相应较多,加上送货时间的要求,无疑为电力物资的配送增加了难度。为了保障供给,电力公司经常需要同时与多家供应商合作,并提前安排配送。这样不仅浪费精力,还会浪费存储空间。因此,与4PL合作不仅可以节省配送费用、提高配送效率,还能节省存储空间。

　　基于 4PL 的电力物资协同配送问题不仅涉及物资配送,还涉及 3PL 供应商的协同问题。这对 4PL 来说是一个不小的挑战。在我国,4PL 的发展已初具规模,且拥有比较完善的物流服务平台。它可以将物资配送的主要环节,如信息处理、集货、储存保管、配货、装货卸载、送货等集成起来,形成一个有机的系统。因此,基于 4PL 模式的电力物资协同配送问题的研究不仅在缩减手续流程、提升供求之间的经济效益、提高供应可靠性等方面有着重要意义,还能通过 4PL 强大的信息平台对电力公司的需求和时变环境进行判断,实现零库存物流体系。

　　此外,需求的不合理同样会导致物流成本增加。例如,如果电力公司对物资需求估计不准确,则很难与商家建立良好的合作关系。与此同时,大多数电力公司一般遵循按预定计划进行采购的原则,很少考虑实际的用量和物流合作方的实际配送能力。这种采购方式往往缺少对实际情况的预判,使得一些使用率较高的物品长期处于缺失状态,而另一些物品则越采购积压越多,长期处于闲置状态。不合理的库存构造使得每次出货和采购只是简单的库存转移,而让电力企业一次次对物流公司进行考查不仅费时还很费力。尤其在配送时间和 3PL 供应商承载能力时变的环境下,如何根据企业的实际需求配送物资是值得考虑的另一个重要事情。

　　因此,研究基于 4PL 的电力物资协同配送问题具有重大的理论意义和实践意义。

## 1.2　电力物资配送问题

　　合理协同、安排电力企业各部门及配送过程的各个环节无疑会降低成本。近年来,许多学者对电力产业的物资配送问题展开研究。例如,徐郁等[1]针对现有电力物资车辆路径问题,通过考虑配送区域加油站分布情况、物资运输车辆油耗等约束,提出了基于深度强化学习的电力物资配送路径模型和求解算法。蒋正骅等[2]以浙江省电力物资仓库为例,通过提出改进的聚类算法简化了电力物资多仓库配送车辆路径的两阶段方法。黄语嫣[3]以电力企业 A 公司为研究对象,结合行业特点和 A 公司电力物资信息化建设不足的问题,提出了在过程管控端搭建电力物资配送系统的电力物资信息化管理优化方案,以实现智能监控、智能调度、智能配送三大智能化功能。

　　实行新型配送方案,除交由省级电力物资供应公司直接供应各县市所需物资外,电力产业也会将物资配送外包给专业物流团队,并由专业物流团队负责物资的协调和配送工作。但是电力企业想要有效控制来自 3PL 供应商的风险,就要严格把控 3PL 供应商和运输方案是否能够满足企业物资配送的需求，否则不予签约。除此之外，签约之后企业更需要定期考核评价 3PL 的工作质量、成本与服务等内容，从中挑选出方方面面都做得比较好的 3PL 供应商签订长期合作合同，从而提高物资配送效率。但这一切无疑给电力企业增加了负担。

4PL 作为供应链集成商，通过拥有的信息技术、整合能力以及其他资源为企业提供一套完整的供应链解决方案并以此获取利润。它依靠优秀的 3PL 供应商、技术供应商、管理咨询以及其他增值服务商，为客户提供独特的和广泛的供应链解决方案，从而帮助企业实现降低成本和有效整合资源。

## 1.3　第四方物流路径问题

基于 4PL 的电力物资协同配送问题是在单一 3PL 供应商很难胜任或者需要付出较高代价才能完成电力企业交给的全部运输工作时，由 4PL 供应商根据企业的需求，利用其拥有的信息资源协同多个 3PL 供应商定制恰当的运输方案、共同完成从起始节点(单一、多个)到目的节点(单一、多个)的(单一、多项)运输工作。它的优势在于：

(1) 通过 4PL 与电力企业直接签订协议，有效避免客户同时与多家 3PL 供应商打交道的问题。遇到突发事件易沟通、好追溯。

(2) 同电力企业直接与多家 3PL 供应商合作相比，4PL 供应商的整合可有效降低运输成本。

(3) 各 3PL 供应商只负责自己的优势业务，在保障了 3PL 利润的同时，有效避免了 3PL 因从事不擅长的工作而付出的额外代价。

有关协同物流的研究，其核心任务是对网络节点资源进行整体规划、调配和集成优化[4]。然而，在 4PL 协同配送问题中，4PL 供应商不仅要协同多个物流分支，还肩负着为各个物流分支选择最为适合的 3PL 供应商的工作。因此，这一问题尤为复杂。有关 4PL 供应商整合 3PL 供应商的优化问题，在 4PL 路径问题中已有涉及[5-10]。然而在我们的问题中，4PL 不仅需要选择 3PL 供应商和完成路径的整体优化工作，还要考虑 3PL 供应商在节点的转换与停靠成本。更重要的是，电力物资需求具有不确定性，如何根据已有数据和经验对电力物资需求进行判断是摆在 4PL 面前的又一大难题。此外，对于 3PL 供应商们来说，由于它们可能同时服务于多个对象，因此在时变网络中 3PL 供应商的承载能力及它们的配送时间可能会随着时间变化，从而导致 3PL 供应商在某些时段出现承载能力不足的情况。为了更好地服务 4PL，3PL 供应商根据自身能力的使用情况，向 4PL 提供自己在不同时间段上的剩余承载能力，再由 4PL 制定最终的运输方案。与此同时，由于天气状况、交通条件、运输淡旺季等原因使得 3PL 的配送时间同样具有时变性。4PL 供应商应发挥其拥有庞大信息资源的优势，对 3PL 在各路段的配送时间和承载能力予以估计。鉴于上述分析，便产生了本书所要研究的电力物资协同配送的 4PL 路径定制问题（4PL Routing Customization Problem based on the Distribution of Power Materials，4PLRP-CDPM）。

作为配送方案的定制者，4PL 需要与多个 3PL 供应商一起为客户定制最佳的配送方案。近年来，许多学者从不同角度对 4PL 问题展开了研究：从问题角度讲，Chen 等[9]在考虑物流能力和供应商评价的基础上，利用多维权有向图对 4PL 路径问题进行建模。Chen 等[10]针对 4PL 优化中存在的决策因素，设计了带有优先权的模糊目标规划模型。Yao[11]结合供应链资源整合的实证分析，建立了 4PL 供应链资源整合模型。Liu 等[12]在考虑两个连续活动的转接成本和时间的基础上，建立了以优化总运营成本、任务完成时间和 4PL 延迟时间为目标的多目标模型。Dircksen 等[13]利用 4PL 在管理和促进运输网络协作方面的作用，提出了 4PL 供应商管理模式下的运输网络协同潜力评价问题。袁旭梅等[14]基于非对称信息，研究了信息不对称条件下 4PL 外包对 3PL 的激励问题。刘艳秋等[15]针对有可靠性参与的二级物流服务供应链，建立了基于委托代理理论的优化契约模型。谭春平等[16]基于 4PL 物流园区收费模式，构建了双边市场的结构定价模型。

从考虑不同因素上讲，Huang 等[6]基于多重图研究了带有模糊处理时间的 4PL 路径问题。王勇等[17]在考虑时间和风险的条件下，研究了面向 4PL 多代理人作业整合的优化问题。李富昌等[18]针对 4PL 和 3PL 之间存在的长期业务关系，给出不同条件下 4PL 企业和 3PL 企业的博弈模型。Cui 等[19]考虑了 3PL 折扣的多起点 4PL 路径问题。Li 等[20]针对中断罢工时的修复成本，研究了抗干扰下的 4PL 网络鲁棒优化问题。李佳等[21]研究了考虑中断状态下带有遗憾值约束的 4PL 鲁棒优化模型。从算法上讲，由于 4PL 优化问题属于 NP-hard 问题[12]，许多学者利用不同方法对其进行求解。Huang 等[22]利用不确定规划求解了带有紧急条件的不确定 4PL 路径问题。林艳等[23]使用文化基因算法求解了 4PL 路径问题。熊桂武等[24]设计了求解多式联运 4PL 路径问题的混合田口遗传算法。Li 等[25]利用差分进化算法对考虑交货期的 4PL 网络设计问题进行求解。Kim 等[26]针对 4PL 负责的海洋运输任务，提出了基于数据驱动的船舶延误早期检测方法。Tao 等[27]利用列生成算法求解了多任务 4PL 路径问题。任亮等[28]设计了带有动态选择策略的改进蚁群算法并对 4PL 多目标路径集成优化问题进行求解。

## 1.4 供应链协同问题

在过去的几十年中,许多企业意识到供应链协同是企业发展的重要因素[29]。供应链协同是供应链的高度整合。它不仅可以促进并提升供应链企业间的战略伙伴关系,还能提高企业的市场占有率和服务水平[30]。

供应链协同可分为纵向协同(不同级别企业之间)、横向协同(同级别企业之间)和双向协同(纵向与横向组合)三种方式[13]。许多学者对此进行了研究。Jung等[31]提出了基于协同代理的离散生产布局规划系统。Ozener等[32]研究了协同运输采购网络中的成本分配问题。Danloup等[33]回顾了供应链协作方面的相关文献。并针对纵向和横向协作,提出了协作供应链的优化方法。Zhang等[34]建立了包含供应商、制造商和零售商三方的双向协同多目标规划模型。Gansterer等[35]针对横向协作中的承运人联盟,通过交换运输请求,定制了协作配送路线。Xu等[36]针对多分配混合协作网络,建立了多起点、多目的地物流调度模型并设计了基于三层编码机制的免疫遗传算法。

一方面,在供应链协同优化问题中,4PL需要应对不同供需端的配送工作。而4PL的合作伙伴——3PL供应商可能同时承担其他运输任务。当3PL供应商的承载能力有限或已承担其他运输任务时,会出现3PL承载能力不足的现象。因此,如何分配3PL有限的承载能力是4PL供应商面临的一个重要问题。已有部分学者就多任务4PL路径问题展开了探索,例如,Tao等[27]针对费用折扣的多任务4PL路径问题设计了嵌入Cplex的列生成算法。薄桂华等[37]针对物流配送过程中的不可测因素,通过引入在险值,研究了带有拖期风险的4PL路径优化问题。姜林等[38]针对4PL模式运作下考虑运输活动的多代理商选择问题,基于活动整合的方式合理选择了代理商以及决策订货量,从而优化了运输与库存费用。Ren等[39]建立了同时考虑运输时间与运输成本的4PL路径问题的目标规划模型。李锐等[40]利用迭代局部搜索算法求解了带硬时间窗的多到多4PL网络设计问题。然而在这些研究中,虽然部分成果已经考虑了3PL承载能力的有限性,但是在算法设计中却忽略了承载能力在多任务分配时的先后关系问题。

另一方面,大多数关于4PL路径问题的文章,例如文献[39-44]主要考虑的是4PL指派3PL供应商。没有考虑不同供应链网络下各级企业的协同问题。如图1-1(a)所示,假设$R_1$、$R_2$、$R_3$和$R_4$是4个由某4PL管理的配送网络。如果把这4个网络中的公共节点和边进行合并,那么便组成如图1-1(b)所示的配送网络R。如果网络R仍由这家4PL管理,那么4PL便可通过3PL捆绑负载、共享中转节点、增强转运节点协作潜力等方法合并更多任务,从而产生规模效益、降低总成本。

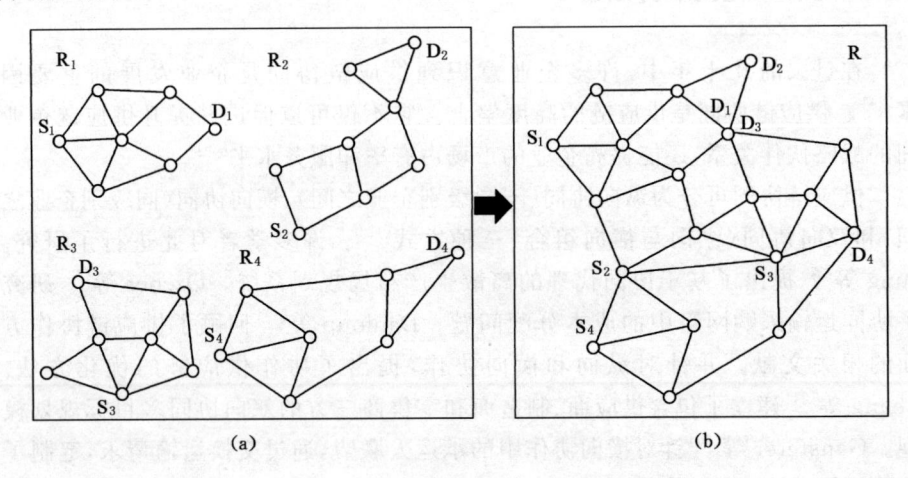

图 1-1 多供应链网络整合前后对比图

4PL 管理模式下多企业之间的协同优化问题是供应链优化领域的新的研究问题。到目前为止,仅有少量研究成果。例如,Huiskonen 等[45]研究了物流外包与协同需求,分析了三种不同依赖关系下的协同机制。Cruijssen 等[46]评估了联合线路规划下可能节约的潜在成本。Doukidis 等[47]针对双向协作问题,设计了更为合理的运输优化创新解决方案。Hingley 等[48]调查了使用 4PL 参与零售商横向合作的优势与弊端。在国内,任肖等[49]提出了城市群多物流基地多任务协同优化方法,并通过对协同优化问题的分析构建了城市群多物流基地多任务协同优化模型。张乔禹[50]从协同运行机理和业务协同分配两个维度对供应链协同问题展开了研究。这些研究为协同优化打下坚实基础,但是如何在 4PL 的整合下,完成电力物资的协同配送仍是摆在学者面前的一个挑战。

## 1.5 多任务问题

多任务问题通常指同时处理、管理或执行多个任务或活动的情况。在日常生活和工作中人们经常需要同时处理多个任务。这一问题的核心在于如何有效地管理和协调多个任务,确保它们能够高效、准确地完成。因此在处理多任务问题时常常涉及资源分配、优先级调度等多个方面。

多任务问题在优化领域有着广泛的应用。在多任务优化过程中可以利用任务之间的相关性来提升性能。例如,王峰等[51]基于无人机协同作战场景下的多种复杂约束,以无人机飞行总航程最少和任务完成时间最短为优化目标对无人机协同多任务分配问题进行了研究。颜学明等[52]针对双层次物流配送中心的选址和路径问题,提出了一种基于多任务强化演化学习优化方法。陈雷等[53]针对纺织企业立体仓库的多任务调度问题,从任务提前调度、货位分配以及任务序列优化三个方面提出了一套立体仓库调度方法。王学达[54]针对多车协同任务分配问题,设计了离散粒子群算法并开发了多车协同任务分配平台。Feng 等[55]针对多任务车辆路径调度优化问题,通过对不同任务之间共享进化搜索过程提高了每个任务的优化性能。

为了处理多任务问题,研究者们提出了各种优化策略。与传统单任务优化算法相比,通过挖掘群体智能内在并行和内涵并行同时优化多个任务,可显著提高问题求解质量以及缩短任务求解时间[56]。程美英等[57]基于多种群演化信息共享机制,将粒子群算法与多种群演化信息共享机制相结合,设计了多级信息迁移的多任务粒子群算法。Huang 等[58]针对无人机协同任务分配问题,在考虑任务所需资源的基础上,设计了一种基于交叉熵的新型多类型无人机协调任务分配方法。Mousavi 等[59]针对多目标自动导引运输车任务调度问题,提出了多种启发式算法相结合的混合智能求解方法,实现对多种任务调度的优化。Bali 等[60]通过引入线性域自适应策略,提出了多因素进化算法,缓解了多任务之间的知识负迁移问题。

多任务优化是一个复杂而重要的问题,它涉及多个领域。通过各领域不断研究和实践,人们可以更好地理解和应对多任务问题,从而提高工作效率、优化系统性能,并推动人工智能技术的发展。

## 1.6 时变网络

时变网络是一种会随着时间而变化的拓扑结构。在时变网络中,存在一个或多个随着时间变化的参数,这些参数可能是边的权重、节点的状态或者是网络的结构。时变网络的特殊之处在于可以准确表达传统静态建模方法难以表达的参数随时间变化的特点。因此对于线性连续的时变系统,其数学模型通常是变系数线性微分方程。而对于离散的时变系统,其数学模型通常带有随时间变化的决策变量。

时变网络在网络科学[61-64]、社交网络分析[65-69]、交通流量预测[70-75]等方面均有着非常广泛的应用。

在网络科学中时序网络有着重要的研究前景。例如,Kim 等[61]将动态网络简化为具有定向流的静态网络并基于明显路径流模型提出了时序度中心性、时序介数中心性和时序接近中心性的重要节点识别方法。Taylor 等[62]通过对复杂网络的分析和度量建立了多层时序网络模型及超中心矩阵,揭示了现有时序网络的模式和行为。杨剑楠等[63]结合多层耦合网络分析法提出了基于节点层间相似性的超邻接矩阵时序网络节点重要性识别方法。詹秀秀等[64]为解决时序网络中的影响力最大化问题,设计了基于时序网络节点嵌入的影响力最大化算法。通过嵌入学习时序网络中的微观和宏观维度上的动力学特征有效降低了影响力最大化算法的复杂度,提高了算法的性能。

在社交网络领域,通过在社交网络上添加时间戳,可以更具体地描述社交行为。例如,毕俊蕾等[65]以高校校园为应用场景,研究了校园环境下的机会社交网络。Ding 等[66]针对传染病模型,提出了基于有效距离的网络划分方法,并在实际网络拓扑中对该方法进行了评估。罗佳莉等[67]针对社交网络中带有负面色彩的误导信息,基于多种传播模型,利用深度学习、路径分析以及多层网络等技术手段对社交网络中的信息传播源定位方法展开了研究。同时社交网络分析也可以被视为时变网络的分析。例如,尚可可等[68]通过对比原始网络参数与新得到的网络参数,揭示了网络的非平凡特性。刘鹏程[69]基于某微博平台上的舆情信息数据,进行了实证分析并对公共舆情演化过程进行了建模,探讨了公共舆情在社交网络上的演化机制。

在城市交通网,考虑交通网络时变特性能够有效降低运行成本[70]。例如,李妍峰等[71]针对时变网络下的旅行商问题,提出了满足先进先出准则的处理跨时段问题的新方法。刘长石等[72]基于经济成本与环境成本兼顾的视角研究了时变网络下带时间窗的生鲜配送路径优化问题,综合考虑了车辆时变行驶速度、车辆油耗、碳排放、生鲜农产品的易腐易损性、客户时间窗与最低新鲜度限制等因素。Liang 等[73]针对实际路况信息,提出了求解时变网络下考虑拥堵费用的费用最短路径算法,并以城市的交通网络数据进行了测试。Mostafa 等[74]针对满足先进先出规则的多重图下的时变网络车辆路径问题进行了研究,设计了对相邻搜索区域进行交换和逆交换的禁忌搜索算法,并通过 40 个算例测试了算法的有效性。Tas 等[75]研究了时变网络下具有随机旅行时间的车辆路径问题,并在假定用户的服务时间为软时间窗的同时考虑了客户的服务效率和可靠性。

此外,还有部分学者致力于时变网络的可视化研究。例如对多事件时间序列及时变模式进行总结性概括的[76-78]、对多实体相关性和相似性探索的[79],以及对多种大规模网络图布局算法和时变网络结构可视化分析的[80-82]等等。

总的来说,时变网络是一个复杂且不断发展的研究领域,涉及多个学科和技术的交叉融合。随着技术的不断进步和应用场景的不断拓展,对时变网络的研究将会更加深入和广泛。

## 1.7 本书内容与结构

本书以电力物资协同配送下的 4PL 路径问题(4PLRP-CDPM)为研究对象,从电力物资供应角度,分别对确定环境下 4PLRP-CDPM、不确定环境下 4PLRP-CDPM 以及时变环境下 4PLRP-CDPM 展开讨论,研究内容包括:

1. 确定环境下 4PLRP-CDPM

基于 4PL 协同运输模式,根据电力物资配送任务数量的不同,分别对考虑 3PL 供应商停靠与转换成本的 4PLRP-CDPM 展开研究。

(1) 针对考虑单项物资配送的 4PLRP-CDPM,结合多重图及其简单子图的关系建立了单点到单点单任务 4PLRP-CDPM 的数学模型,设计了基于路径选择机制的嵌入 $K$ 短路算法的遗传算法。通过与枚举算法的对比说明了算法的有效性。

(2) 针对考虑多项物资配送的 4PLRP-CDPM,在分析了多任务协同在 4PL 整合过程中的作用基础上,建立了多点到多点的 4PLRP-CDPM。采用嵌入路径算法与智能算法相结合的方式设计了嵌入 $K$ 短路算法的自组织遗传算法。

2. 不确定环境下 4PLRP-CDPM

(1) 针对电力公司对货物需求随时间或环境等参数变化的特点,提出随机需求 4PLRP-CDPM。应用多重图和随机规划对问题模型进行刻画,根据源点和目的节点之间关系建立带有主观偏好的随机规划数学模型。基于随机模拟技术,提出了考虑优先权的双列编码遗传算法。

(2) 针对客户群体不固定、客户需求信息没有长期积累的情况,提出模糊需求 4PLRP-CDPM。应用多重图和模糊规划对问题模型进行刻画,基于双列变长的编码方式,提出基于模糊仿真的文化遗传算法。

3. 时变环境下 4PLRP-CDPM

(1) 针对运输时间时变的 4PLRP-CDPM,建立了运输时间时变的 4PLRP-CDPM 的数学模型,设计了基于 $K$ 短路算法的粒子群算法,分析了 4PL 在转运节点更换 3PL 承运商对协同配送的影响。

(2) 针对时变网络下允许 3PL 供应商在节点等待的 4PLRP-CDPM 展开研究,建立了考虑节点等待的多物资 4PLRP-CDPM 数学模型,设计了基于 $K$ 短路算法的粒子群算法,分析了 3PL 供应商等待对运输费用和运输时间的影响。

(3) 针对时变网络下 3PL 承载能力时变的 4PLRP-CDPM 进行研究,建立了考虑 3PL 承载能力时变的多物资 4PLRP-CDPM 数学模型,提出了基于蚁群和人工蜂群的两阶段混合算法,展示了 4PL 在协同路径定制中整合资源、节省费用的能力。

本书的总体框架如图 1-2 所示。

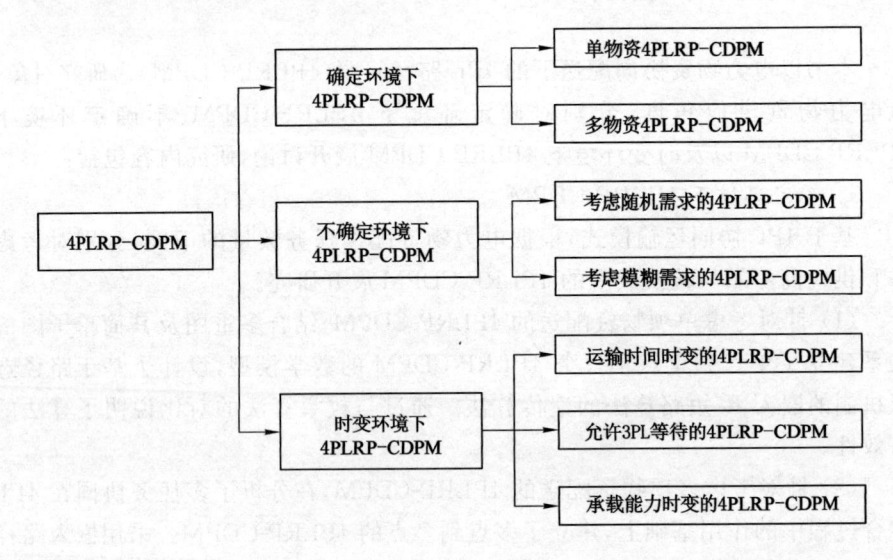

图 1-2 4PLRP-CDPM 总体研究框架

本书主要由五章组成，具体的章节内容如下：

第 1 章：绪论。主要从本书的研究背景出发，对 4PLRP-CDPM 涉及的相关问题进行介绍。

第 2 章：相关技术及理论。从 4PLRP-CDPM 涉及的相关建模技术和算法入手，分别介绍了数学规划、整数规划、非线性规划、不确定规划的建模方法与应用及求解 4PLRP-CDPM 的相关算法，为 4PLRP-CDPM 相关问题求解和算法改进提供了理论基础。

第 3 章：确定环境下 4PLRP-CDPM 研究。针对物资数目不同的多 3PL 协同配送问题，从 4PL 角度分别对单物资 4PLRP-CDPM 和多物资 4PLRP-CDPM 展开了研究。设计了嵌入 K 短路的遗传算法和自组织迁移与遗传算法相结合的混合智能算法，验证了算法的性能并展示了 4PL 协同运输过程中的优势。

第 4 章：不确定环境下 4PLRP-CDPM 研究。针对 4PLRP-CDPM 中客户需求不确定的情况，分别从随机和模糊角度对考虑不确定需求的 4PLRP-CDPM 展开研究。设计了基于优先级编码的遗传算法和文化遗传算法，分析了不确定需求在配送过程中对 4PL 决策的影响。

第 5 章：时变环境下 4PLRP-CDPM 研究。针对时变网络下的 4PLRP-CDPM，分别对考虑运输时间时变的 4PLRP-CDPM、考虑节点等待的 4PLRP-CD-

PM 以及 3PL 承载能力时变的 4PLRP-CDPM 展开研究。设计了基于 $K$ 短路算法的粒子群算法和蚁群与蜂群相结合的混合算法;分析了 4PL 在转运节点更换 3PL 供应商对协同配送、对运输费用和运输时间的影响;展示了 4PL 在协同路径定制中整合资源、节省费用的能力。

## 1.8 本章小结

本章从研究工作的背景和意义出发阐述了 4PLRP-CDPM 具有的理论和实际意义。分别介绍了 4PL 的研究背景、多任务问题、时变网络、研究内容以及文章的组织结构。

# 第 2 章 相关技术及理论

在第 2 章中,主要对本书涉及的相关技术及理论进行介绍。主要包括用于建模的数学规划方法和用于求解的计算方法。

## 2.1 数学规划

数学规划是运筹学的一个分支,它的作用在于对给定条件(约束条件)下带有目标函数的问题进行求解。它的一般形式为:

$$\min(或者 \max) Z = f(x)$$
$$\text{s.t.} \quad g_i(x) \leqslant 0, i = 1,2,\cdots$$
$$x \in R$$

其中,$x$ 为决策变量,$f(x)$ 为目标函数。表示在满足约束条件组 $g_i(x) \leqslant 0, i=1,2,\cdots$ 的情况下计算目标函数的最小(或最大)值。

根据变量的特点数学规划可以分为线性规划、非线性规划,其中线性规划还可以分为普通线性规划、整数规划和 0-1 规划。当模型中存在不确定信息时,根据模型中参数的特点又可以分为确定规划和不确定规划,如图 2-1 所示。

下面,就本书中涉及的整数规划、非线性规划以及不确定规划进行介绍。

## 2.2 整数规划

在数学规划中,当决策变量为整数时称为整数规划。整数规划是一种强大的数学工具,它不仅是数学优化问题的常用建模方法之一,还在解决实际问题中起到了至关重要的作用。根据不同的标准,整数规划可以分为不同的类型:

## 第2章 相关技术及理论

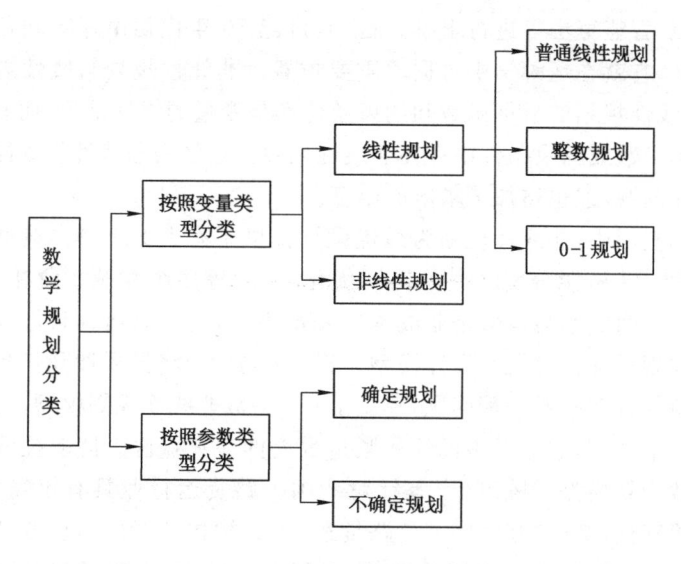

图 2-1 数学规划的分类

根据变量的类型：当所有的变量均为整数时，称为纯整数规划。在整数规划中，当所有变量均为 0-1 时，称为 0-1 规划。如果只有部分变量为整数，则称为混合整数规划。

根据模型的线性程度：如果模型是线性的，即目标函数和约束条件都是变量的线性表达式，则称为线性整数规划。

在实际生产生活中，由于整数规划问题常常对应于实际需求，例如时刻表的整点安排、资源分配中的整数计数等，因此它在运筹学、工程设计、经济学和计算机科学等多个领域都有着重要的作用。

从问题建模上讲，典型问题包括生产调度[83-85]、资源分配[86-91]、项目指派[92-96]、网络设计[97-99]等。从问题求解上讲，常用的求解算法包括分枝定界法[100-103]、割平面法[104-107]等。目前，整数规划的研究和应用前景仍然十分广阔，特别是在人工智能领域，整数规划可以用于提高算法的效率和效果。随着计算技术的发展和新算法的出现，整数规划将在解决更复杂、更大规模的问题上发挥更大的作用。

## 2.3 非线性规划

非线性规划指目标函数或约束条件中包含非线性函数的另一类数学规划模型。与整数规划不同，非线性整数规划没有特定算法，只能用近似算法，如蒙特卡罗模拟、智能算法等进行求解。自 20 世纪 50 年代初由库哈和托克提出基本定理以来,它就在运筹学中占据着重要位置。非线性规划与线性规划的主要区别在于,线性规划的目标函数和约束条件都是变量的线性函数,而非线性规划则允许目标函数或约束条件中存在非线性函数。这使得非线性规划能够解决更复杂的实际问题,但也增加了求解的难度。

在实际应用中,非线性规划为最优设计提供了有力的工具。典型问题包括工程设计[108-109]、资源分配[110-111]、协同优化[112-115]等多个领域。俞礼军等[108]建立了以乘客时间成本与运营企业成本之和最小为目标,以运营条件为约束的整数非线性规划最优公交线路设计模型。Zhang 等[1109]将异质性和任务紧迫程度考虑到应急救援多阶段分配问题,建立了 0-1 整数非线性规划模型。初翔等[110]基于最大幸福原则,建立了考虑任务紧迫程度的多灾点医疗队支援分配问题的非线性整数规划模型。陈玎[111]等针对我国公路货运行业具有市场集中度低、运力分散等特征,基于"互联网+公路货运"模式构建了考虑运价波动的大规模鲁棒运力资源分配模型。宋俪婧等[112]以问题为导向,构建了基于混合整数非线性规划的接驳公交协同优化模型。汪山颖等[113]研究了考虑充电时间与充电量成非线性关系的电动车路径规划问题。Yang 等[114]基于非线性载荷模型,研究了复杂物流网络的可控性和鲁棒性。Zhong 等[115]利用混合整数非线性规划模型,评估了集成拣货在仓库管理中的益处。

由于非线性规划问题的复杂性,它们的最优解可能在可行域的任一点达到,而且目前没有适用于所有问题的通用解法。唐加福等[116]针对非线性规划问题,通过引入准可行方向和准可行方向的可行度等概念提出了沿权重梯度方向变异的混合式遗传算法。刘明波等[117]针对大型电力系统的无功优化问题,采用内点线性和内点非线性规划算法进行求解并对两种算法提出了有效的改进措施。Montoya 等[118]提出了带有非线性充电函数的车辆路径问题的精确启发式算法。Zhang 等[119]基于可行弧搜索技术提出了非线性规划的有限元极限分析算法,显著减少了收敛所需的迭代次数。

总的来说,非线性规划是解决现实世界中许多复杂优化问题的关键工具,它在多个学科和行业中都有着广泛的应用。随着计算技术的发展和新算法的出现,非线性规划在处理更大规模和更复杂问题方面的能力将不断提升。

## 2.4 不确定规划

不确定规划是在不确定性信息条件下处理优化问题的一种决策方法。在现实世界中,很多决策问题都涉及不确定性,如市场需求、运输时间、价格波动等。

这些因素很难准确预测,但它们的变动对优化决策有着重要影响。因此,不确定规划旨在建立一种能够处理这种不确定性的优化模型,以指导决策者在不确定性条件下做出最佳决策。

不确定规划理论是由清华大学数学系刘宝碇教授提出的一种处理模型中不确定信息的方法[120]。旨在通过随机和模糊等理论解决不确定信息对确定模型求解造成的影响。在不确定规划理论中,有多种模型可以用来描述和解决问题,例如随机规划、模糊规划等。这些模型有助于在不确定环境中进行决策,它们通过形式化的方式表达不确定性,并提供了一种系统化的处理手段。

### 2.4.1 随机规划

现实世界中当人们遇到的问题存在随机变量时可以使用随机规划进行求解。随机规划主要有三个分支[121],包括期望值模型、机会约束规划和相关机会规划三种。

1. 期望值模型

期望值模型的一般形式为:

$$\max E[f(x,\xi)] \tag{2-1}$$

$$\text{s.t.} \quad E[g_i(x,\xi)] \leqslant 0, i=1,2,\cdots,p \tag{2-2}$$

$$h_j(x) \leqslant 0, j=1,2,\cdots,Q \tag{2-3}$$

$$x \geqslant 0 \text{ 且 } x \in Z \tag{2-4}$$

其中,$f(x,\xi)$ 为含有随机值的目标函数,$x$ 为决策向量,$\xi$ 为随机向量,$E[f(x,\xi)]$ 表示目标函数的期望值,$g_i(x,\xi)(i=1,2,\cdots,p)$ 表示一组随机约束函数,$h_j(x)(j=1,2,\cdots,Q)$ 表示其他约束函数。当随机规划的目标或约束中存在随机向量,且使用期望值进行求解时,建立的模型称为期望值模型。

2. 机会约束规划

当随机约束 $g_i(x,\xi) \leqslant 0 (i=1,2,\cdots,p)$ 没有给出一个确定的可行集,而是希望随机约束以一定的置信水平 $\alpha$ 成立时,得到下面的机会约束形式:

$$Pr\{g_i(x,\xi) \leqslant 0, i=1,2,\cdots,p\} \geqslant \alpha \tag{2-5}$$

表示变量 $x$ 是可行的当且仅当事件 $\{\xi | g_i(x,\xi) \leqslant 0, i=1,2,\cdots,p\}$ 的概率测度不小于 $\alpha$,其中 $Pr\{\cdot\}$ 表示事件 $\{\cdot\}$ 的概率。即

$$Pr\{g_i(x,\xi) \leqslant 0\} \geqslant \alpha_i, i=1,2,\cdots,p \tag{2-6}$$

这时,如果目标值中存在随机变量,可以使用机会约束规划进行表示。其中机会约束规划的一种形式为:

$$\max_x \min_{\overline{f}} \overline{f} \tag{2-7}$$

$$\text{s.t.} \quad Pr\{f(x,\xi) \leqslant \overline{f}\} \geqslant \beta \tag{2-8}$$

$$Pr\{g_i(x,\xi) \leqslant 0\} \geqslant \alpha_i, i=1,2,\cdots,p \tag{2-9}$$

$$h_j(x) \leqslant 0, j=1,2,\cdots,Q \tag{2-10}$$

$$x \geqslant 0 \text{ 且 } x \in Z \tag{2-11}$$

其中 $\alpha$ 和 $\beta$ 是决策者事先给定的置信水平,$\min \overline{f}$ 是目标函数 $f(x,\xi)$ 在置信水平 $\beta$ 下成立的最小值。

3. 相关机会规划

相关机会规划是使事件的机会函数在不确定环境下达到最优的方法。它的一般形式为:

$$\max Pr\{f_k(x,\xi) \leqslant 0, k=1,2,\cdots,M\} \tag{2-12}$$

$$\text{s.t.} \quad g_i(x,\xi) \leqslant 0, i=1,2,\cdots,p \tag{2-13}$$

$$h_j(x) \leqslant 0, j=1,2,\cdots,Q \tag{2-14}$$

$$x \geqslant 0 \text{ 且 } x \in Z \tag{2-15}$$

其中,$x$ 为决策向量,$\xi$ 为随机向量,$f_k(x,\xi) \leqslant 0, k=1,2,\cdots,M$ 为事件,不确定环境为 $g_i(x,\xi) \leqslant 0 (i=1,2,\cdots,p)$。即在不确定环境 $g_i(x,\xi) \leqslant 0 (i=1,2,\cdots,p)$ 下极大化随机事件 $f_k(x,\xi) \leqslant 0, k=1,2,\cdots,M$ 的概率。

4. 随机模拟

从数学的角度来看,随机规划与确定性数学规划的区别在于随机规划存在不确定函数。这一节中,针对上面介绍的三种不确定函数进行仿真,通过随机模拟的方法将随机规划转换为确定模型。

下面我们对 $E[f(x,\xi)]$、$Pr\{g_i(x,\xi) \leqslant 0, i=1,2,\cdots,p\}$ 以及 $\max\{\overline{f} \mid Pr\{f(x,\xi) \leqslant \overline{f}\} \geqslant \beta\}$ 的随机模拟方法进行介绍。

为了计算 $E[f(x,\xi)]$,从概率空间 $(\Omega,A,Pr)$ 中随机产生样本 $\omega_k$,记 $\xi_k = \xi(\omega_k)$,$L_2: x \to Pr\{g_i(x,\xi) \leqslant 0, i=1,2,\cdots,p\}$。等价于从概率分布 $\Phi$ 中产生随机向量的观测值 $\xi_k, k=1,2,\cdots,N$。由大数定律可知,当 $N \to \infty$ 时,可以用式 (2-16) 对 $U_1$ 进行近似估计:

$$\frac{\sum_{k=1}^{N} f_k(x,\xi)}{N} \to E[f(x,\xi)] \tag{2-16}$$

具体步骤如下[121]:

Step 1:令 $L_1 = 0$。

Step 2:从概率空间 $(\Omega,A,Pr)$ 中随机产生样本 $\omega$。

Step 3：$L_1 = L_1 + f(x, \xi(\omega))$。

Step 4：重复 Step 2 和 Step 3 $N$ 次。

Step 5：令 $E[f(x,\xi)] = L_1/N$。

为了计算 $Pr\{g_i(x,\xi) \leqslant 0, i=1,2,\cdots,p\}$，令 $L_2 : x \to Pr\{g_i(x,\xi) \leqslant 0, i=1,2,\cdots,p\}$。从概率空间 $(\Omega, A, Pr)$ 中随机产生样本 $\omega_k$，记 $\xi_k = \xi(\omega_k), k=1,2,\cdots,N$。等价于从概率分布 $\Phi$ 中产生随机向量的观测值 $\xi_k, k=1,2,\cdots,N$。令 $N'$ 表示满足 $g_i(x,\xi_k) \leqslant 0$ 成立的次数，$k=1,2,\cdots,N$。令

$$h(x,\xi_k) = \begin{cases} 1, & g_i(x,\xi_k) \leqslant 0, i=1,2,\cdots,p \\ 0, & \text{否则} \end{cases}$$

对 $\forall k$，有 $E[h(x,\xi_k)] = L_2, N' = \sum_{k=1}^{N} h(x,\xi_k)$。由强大数定律，当 $N \to \infty$ 时：

$$\frac{N'}{N} \to \frac{\sum_{k=1}^{N} h(x,\xi_k)}{N}$$

于是我们可以使用 $N'/N$ 估计 $L_2$。

具体步骤如下[121]：

Step 1：令 $N' = 0$。

Step 2：从概率空间 $(\Omega, A, Pr)$ 中随机产生样本 $\omega$。

Step 3：如果 $g_i(x,\xi_k) \leqslant 0 (i=1,2,\cdots,p)$，则 $N'++$。

Step 4：重复 Step 2 和 Step 3 $N$ 次。

Step 5：令 $L_2 = N'/N$。

接下来我们对 $Pr\{f(x,\xi) \leqslant \overline{f}\} \geqslant \beta$ 进行模拟。首先从概率空间 $(\Omega, A, Pr)$ 中随机产生样本 $\omega_k$，记 $\xi_k = \xi(\omega_k), k=1,2,\cdots,N$。等价于从概率分布 $\Phi$ 中产生随机向量的观测值 $\xi_k, k=1,2,\cdots,N$。令 $N'$ 表示满足 $g_i(x,\xi_k) \leqslant 0$ 成立的次数，$k=1,2,\cdots,N$。令

$$h(x,\xi_k) = \begin{cases} 1, & f(x,\xi_k) \leqslant \overline{f} \\ 0, & \text{否则} \end{cases}$$

其中，$\xi_k (k=1,2,\cdots,N)$ 为随机变量，并且对 $\forall k$，有 $E[h(x,\xi_k)] = \beta$。由强大数定律，当 $N \to \infty$ 时：

$$\frac{\sum_{k=1}^{N} h(x,\xi_k)}{N} \to \beta$$

其中，$\sum_{k=1}^{N} h(x,\xi_k)$ 是 $f(x,\xi_k) \leqslant \overline{f}$ 成立的 $\xi_k$ 的个数 $(k=1,2,\cdots,N)$。于是集

合 $\{f(x,\xi_1),f(x,\xi_2),\cdots,f(x,\xi_N)\}$ 中第 $N'$ 个最小的元素即为对 $\bar{f}$ 的估计 $L_2$，其中 $N'$ 为 $N\beta$ 的整数部分。

具体步骤如下[121]：

Step 1：置 $N'$ 为 $N\beta$ 的整数部分。

Step 2：从概率空间 $(\Omega,A,Pr)$ 中随机产生样本 $\omega_k,k=1,2,\cdots,N$。

Step 3：返回 $\{f(x,\xi_1),f(x,\xi_2),\cdots,f(x,\xi_N)\}$ 中第 $N'$ 个最小的元素。

### 2.4.2 模糊规划

现实世界中当人们遇到的问题存在不精确或不完全信息时可以使用模糊规划进行求解。

1. 可信性空间

模糊集理论最早由 Zadeh[122] 于 1965 年提出，在这一理论基础上，Liu[123] 提出了可信性理论：

**定义 2.1** 假设 $\Theta$ 表示一个非空集合，$P(\Theta)$ 表示 $\Theta$ 的幂集。如果集函数 $Cr$ 满足下面条件：

**公理 2.1** $Cr\{\Theta\}=1$；

**公理 2.2** 如果 $A\subset B$，则有 $Cr\{A\}\leqslant Cr\{B\}$；

**公理 2.3** 对于任何的 $A\in P(\Theta),Cr\{A\}+Cr\{A^c\}=1$；

**公理 2.4** 对于任何满足 $\sup_i Cr\{A_i\}<0.5$ 的 $P(\Theta)$ 的子类 $\{A_i\}$，有 $Cr\{\bigcup_i A_i\}=\sup_i Cr\{A_i\}$ 成立，则称 $Cr$ 为可信性测度。此时，称 $(\Theta,P(\Theta),Cr)$ 为一个可信性空间。

假设 $\mu$ 是 $\Theta$ 上的非负函数，$\sup\limits_{x\in\Theta}\mu(x)=1$，于是集函数

$$Cr\{A\}=\frac{1}{2}(\sup_{x\in A}\mu(x)+1-\sup_{x\in A^c}\mu(x))$$

表示 $\Theta$ 上的可信性测度。

**定义 2.2** （Liu[123]）如果 $\xi$ 是一个模糊变量，则称

$$E[\xi]=\int_0^\infty Cr\{\xi\geqslant r\}dr-\int_{-\infty}^0 Cr\{\xi\leqslant r\}dr \tag{2-17}$$

为模糊变量 $\xi$ 的期望值。

**定义 2.3** （liu[123]）设 $\xi$ 为一模糊变量，并且 $\alpha\in(0,1]$，则

$$\xi_{\sup}(\alpha)=\sup\{r\mid Cr\{\xi\geqslant r\}\geqslant\alpha\}$$

称作 $\xi$ 的 $\alpha$-乐观值。

它表示模糊变量 $\xi$ 不低于 $\alpha$-乐观值 $\xi_{\sup}(\alpha)$ 的可信性为 $\alpha$。换句话说，$\alpha$-乐观值 $\xi_{\sup}(\alpha)$ 是模糊变量 $\xi$ 以可信性 $\alpha$ 所取的值中最大的。

**定义 2.4** （liu[123]）设 $\xi$ 为一模糊变量，并且 $\alpha \in (0,1]$，则
$$\xi_{\inf}(\alpha) = \inf\{r \mid Cr\{\xi \leqslant r\} \geqslant \alpha\}$$
称作 $\xi$ 的 $\alpha$-悲观值。

它表示模糊变量 $\xi$ 不高于 $\alpha$-悲观值 $\xi_{\inf}(\alpha)$ 的可信性为 $\alpha$。换句话说，$\alpha$-悲观值 $\xi_{\inf}(\alpha)$ 是模糊变量 $\xi$ 以可信性 $\alpha$ 所取的值中最小的。

2. 模糊规划模型

根据可信性理论，Liu 又提出了模糊环境下的期望值模型、机会约束规划模型以及相关机会约束规划模型：

期望值模型：
$$\max/\min E[f(x,\xi)] \quad (2\text{-}18)$$
$$\text{s.t.} \quad E[g_i(x,\xi)] \leqslant 0, i=1,2,\cdots,p \quad (2\text{-}19)$$

其中，$x$ 为决策向量，$\xi$ 为模糊向量，$f(x,\xi)$ 为目标函数，$g_i(x,\xi)(i=1,2,\cdots,p)$ 为约束函数，$E$ 为期望值算子。

机会约束规划模型：
$$\max \overline{f} \quad (2\text{-}20)$$
$$\text{s.t.} \quad Cr\{f(x,\xi) \geqslant \overline{f}\} \geqslant \alpha \quad (2\text{-}21)$$
$$Cr\{g_i(x,\xi) \leqslant 0, j=1,2,\cdots,p\} \geqslant \beta \quad (2\text{-}22)$$

其中，$x$ 表示决策变量，$\xi$ 表示模糊变量，$\text{Max } \overline{f}$ 是目标函数 $f(x,\xi)$ 的 $\alpha$-乐观值，$g_i(x,\xi) \leqslant 0 (i=1,2,\cdots,p)$ 是约束函数，$\alpha,\beta \in (0,1]$ 为事先给定的置信水平，$Cr\{\cdot\}$ 表示 $\{\cdot\}$ 中事件的可信性。式(2-22)表示满足约束的可信性不小于 $\beta$。

或者
$$\min \overline{f} \quad (2\text{-}23)$$
$$\text{s.t.} \quad Cr\{f(x,\xi) \leqslant \overline{f}\} \geqslant \alpha \quad (2\text{-}24)$$
$$Cr\{g_i(x,\xi) \leqslant 0, i=1,2,\cdots,p\} \geqslant \beta \quad (2\text{-}25)$$

其中，$\min \overline{f}$ 是目标函数 $f(x,\xi)$ 的 $\alpha$-悲观值。

相关机会规划模型：
$$\max Cr\{h_k(x,\xi) \leqslant 0, k=1,2,\cdots,q\} \quad (2\text{-}26)$$
$$\text{s.t.} \quad g_i(x,\xi) \leqslant 0, i=1,2,\cdots,p \quad (2\text{-}27)$$

其中，$x$ 表示决策变量，$\xi$ 表示模糊变量，$h_k(x,\xi) \leqslant 0, k=1,2,\cdots,q$ 为模糊事件。约束 $g_j(x,\xi) \leqslant 0, i=1,2,\cdots,p$ 为不确定环境。

对于一个模糊规划模型，设目标函数为 $f(x,\xi)$，其中 $x$ 为决策向量，$\xi$ 为模糊参数构成的模糊向量。目标函数有时也称其为费用函数。为了描述问题方便，引入如下概念：

**定义 2.5**[123]　模糊数学规划问题的 $\alpha$-费用,满足

$$Cr\{f(x,\xi) \geqslant \overline{f}\} \geqslant \alpha \tag{2-28}$$

或者

$$Cr\{f(x,\xi) \leqslant \overline{f}\} \geqslant \alpha \tag{2-29}$$

的最大(或最小)值 $\overline{f}$,其中 $\alpha \in (0,1)$ 为预先给定的置信水平,式(2-34)和式(2-35)分别对应于目标函数"max"型和"min"型。

**定义 2.6**[124]　模糊数学规划问题的解 $x^*$ 叫作期望解,如果对所有可行解 $x$ 有

$$E[f(x^*,\xi)] \geqslant E[f(x,\xi)] \tag{2-30}$$

或者

$$E[f(x^*,\xi)] \leqslant E[f(x,\xi)] \tag{2-31}$$

其中,式(2-30)和式(2-31)分别对应于目标函数"max"型和"min"型。

**定义 2.7**[124]　模糊数学规划问题的解 $x^*$ 叫作 $\alpha$-解,如果对所有可行解 $x$ 有

$$\max\{\overline{f} \mid Cr\{f(x^*,\xi) \geqslant \overline{f}\} \geqslant \alpha\} \geqslant \max\{\overline{f} \mid Cr\{f(x,\xi) \geqslant \overline{f}\} \geqslant \alpha\} \tag{2-32}$$

或者

$$\min\{\overline{f} \mid Cr\{f(x^*,\xi) \leqslant \overline{f}\} \geqslant \alpha\} \leqslant \min\{\overline{f} \mid Cr\{f(x,\xi) \leqslant \overline{f}\} \geqslant \alpha\} \tag{2-33}$$

成立。其中,式(2-32)和式(2-33)分别对应于目标函数"max"型和"min"型,$\alpha \in (0,1)$ 为预先给定的置信水平。

**定义 2.8**[124]　模糊数学规划问题的解 $x^*$ 叫作最可能解,如果对所有可行解 $x$ 有

$$Cr\{f(x^*,\xi) \geqslant \overline{f}\} \geqslant Cr\{f(x,\xi) \geqslant \overline{f}\} \tag{2-34}$$

或者

$$Cr\{f(x^*,\xi) \leqslant \overline{f}\} \geqslant Cr\{f(x,\xi) \leqslant \overline{f}\} \tag{2-35}$$

其中,$\overline{f}$ 为预先给定的费用关键值,式(2-34)和式(2-35)分别对应于目标函数"max"型和"min"型。

**引理 2.1**　(Liu&Liu[125])当模糊变量 $\xi$ 和 $\eta$ 相互独立并且期望值有限时,则对任意的实数 $a$ 和 $b$,有

$$E[a\xi + b\eta] = aE[\xi] + bE[\eta] \tag{2-36}$$

**引理 2.2**　(Liu&Liu[126])当模糊变量 $\xi$ 和 $\eta$ 相互独立时,对任意 $\alpha \in (0,1)$ 有

（ⅰ）$(\xi + \eta)_{\sup}(\alpha) = \xi_{\sup}(\alpha) + \eta_{\sup}(\alpha)$;

（ⅱ）$(\xi + \eta)_{\inf}(\alpha) = \xi_{\inf}(\alpha) + \eta_{\inf}(\alpha)$;

（ⅲ）如果 $c \geqslant 0$，则 $(c\xi)_{\sup}(\alpha) = c\xi_{\sup}(\alpha)$，$(c\xi)_{\inf}(\alpha) = c\xi_{\inf}(\alpha)$；

（ⅳ）如果 $c \leqslant 0$，则 $(c\xi)_{\sup}(\alpha) = c\xi_{\inf}(\alpha)$，$(c\xi)_{\inf}(\alpha) = c\xi_{\sup}(\alpha)$。

**引理 2.3** （Li&Liu[127]）当模糊变量 $\xi$ 和 $\eta$ 相互独立时,有

（ⅰ）如果 $\xi \geqslant 0, \eta \geqslant 0$，则 $(\xi\eta)_{\sup}(\alpha) = \xi_{\sup}(\alpha)\eta_{\sup}(\alpha)$，$(\xi\eta)_{\inf}(\alpha) = \xi_{\inf}(\alpha)\eta_{\inf}(\alpha)$；

（ⅱ）如果 $\xi \leqslant 0, \eta \leqslant 0$，则 $(\xi\eta)_{\sup}(\alpha) = \xi_{\inf}(\alpha)\eta_{\inf}(\alpha)$，$(\xi\eta)_{\inf}(\alpha) = \xi_{\sup}(\alpha)\eta_{\sup}(\alpha)$；

（ⅲ）如果 $\xi \geqslant 0, \eta \leqslant 0$，则 $(\xi\eta)_{\sup}(\alpha) = \xi_{\inf}(\alpha)\eta_{\sup}(\alpha)$，$(\xi\eta)_{\inf}(\alpha) = \xi_{\sup}(\alpha)\eta_{\inf}(\alpha)$。

3. 模糊数运算

（1）模糊加法[128]

当且仅当

$$Z_\alpha = X_\alpha + Y_\alpha = [X_\alpha^L + Y_\alpha^L, X_\alpha^U + Y_\alpha^U], \forall \alpha \in [0,1] \quad (2\text{-}37)$$

时,定义模糊数 $\widetilde{X}$ 和 $\widetilde{Y}$ 的和为 $\widetilde{Z}$,即

$$\widetilde{X}(+)\widetilde{Y} \triangleq \widetilde{Z} \quad (2\text{-}38)$$

这里，$X_\alpha^L$ 和 $X_\alpha^U$ 分别为截集 $X_\alpha$ 的下界和上界。$Y_\alpha^L$ 和 $Y_\alpha^U$ 分别为 $Y_\alpha$ 的下界和上界。

对于三角模糊数的加法,有

$$\widetilde{X} = (a,b,c), \widetilde{Y} = (a',b',c') \quad (2\text{-}39)$$

$$\widetilde{X}(+)\widetilde{Y} = (a+a', b+b', c+c') \quad (2\text{-}40)$$

其中，$a<b<c, a'<b'<c'$。

（2）模糊减法[128]

当且仅当

$$Z_\alpha = X_\alpha - Y_\alpha = [X_\alpha^L - Y_\alpha^U, X_\alpha^U - Y_\alpha^L], \forall \alpha \in [0,1] \quad (2\text{-}41)$$

时,定义模糊数 $\widetilde{X}$ 和 $\widetilde{Y}$ 的差为 $\widetilde{Z}$,即

$$\widetilde{X}(-)\widetilde{Y} \triangleq \widetilde{Z} \quad (2\text{-}42)$$

这里,式(2-41)中截集 $Z_\alpha$ 的下界是 $X_\alpha$ 的下界与 $Y_\alpha$ 的上界的差，而 $Z_\alpha$ 的上界是 $X_\alpha$ 的上界与 $Y_\alpha$ 的下界的差。

对于三角模糊数的减法,有

$$\widetilde{X} = (a,b,c), \widetilde{Y} = (a',b',c')$$

$$\widetilde{X}(-)\widetilde{Y} = (a-c', b-b', c-a')$$

其中，$a<b<c, a'<b'<c'$。

(3) 模糊乘法[128]

设 $\widetilde{X}$ 为一模糊数，$k \in R$ 为一清晰数，有

（ⅰ）$k=0, k \cdot \widetilde{X} \triangleq 0$；

（ⅱ）$k \neq 0, \widetilde{Z} \triangleq k \cdot \widetilde{X}$，当且仅当

$$\mu_{\widetilde{z}}(z) = \mu_{\widetilde{x}}\left(\frac{z}{k}\right), \forall z \in X \tag{2-43}$$

根据这一定义，对于三角模糊数，有

$$\widetilde{X} = (a, b, c)$$

$$k \cdot \widetilde{X} = \begin{cases} (k \cdot a, k \cdot b, k \cdot c), & k > 0 \\ 0, & k = 0 \\ (k \cdot a, -k \cdot b, -k \cdot c), & k < 0 \end{cases} \tag{2-44}$$

4. 模糊变量的比较

对于可信空间 $(\Theta, P(\Theta), Cr)$ 上的两个模糊变量 $\xi$ 和 $\eta$，有许多种方法可以对它们进行比较[129-132]。例如，$\xi \geqslant \eta$ 当且仅当 $\xi(\theta) \geqslant \eta(\theta), \theta \in \Theta$。但这种方法显然在实际中是没有实用价值的。Liu[123] 给出了模糊数的比较方法，决策者可以使用这种方法在不同的准则下找到自己的最优决策。

(1) $\xi > \eta$ 当且仅当 $E[\xi] > E[\eta]$，其中 $E$ 为模糊变量的期望值算子。

(2) $\xi > \eta$ 当且仅当对事先给定的置信水平 $\alpha \in (0,1]$，有 $\xi_{\sup}(\alpha) > \eta_{\sup}(\beta)$，其中，$\xi_{\sup}(\alpha)$ 和 $\eta_{\sup}(\beta)$ 分别为 $\xi$ 和 $\eta$ 的 $\alpha$ 乐观值。

(3) $\xi > \eta$ 当且仅当对事先给定的置信水平 $\alpha \in (0,1]$，有 $\xi_{\inf}(\alpha) > \eta_{\inf}(\beta)$，其中，$\xi_{\inf}(\alpha)$ 和 $\eta_{\inf}(\beta)$ 分别为 $\xi$ 和 $\eta$ 的 $\alpha$ 悲观值。

(4) $\xi > \eta$ 当且仅当 $Cr\{\xi \geqslant \bar{r}\} > Cr\{\eta \geqslant \bar{r}\}$，其中 $\bar{r}$ 为事先给定的置信水平。

5. 模糊模拟

为了求解上述模糊规划模型，需要处理以下三种类型的不确定函数：

$$U_1: x \to E[f(x, \xi)]$$

$$U_2: x \to Cr\{g_i(x, \xi) \leqslant 0, i = 1, 2, \cdots, p\}$$

$$U_3: x \to \max\{\overline{f} \mid Cr\{f(x, \xi) \leqslant \overline{f}\} \geqslant \alpha\}$$

为了计算期望值 $U_1$，从可信性空间 $(\Theta, P(\Theta), Cr)$ 中随机产生样本 $\theta_k$，令 $\nu_k = (2Cr\{\theta_k\}) \wedge 1$ 并且 $\xi_k = \xi(\theta_k), L_2: x \to Pr\{g_i(x, \xi) \leqslant 0, i = 1, 2, \cdots, p\}$。即随机生成 $\xi_k$ 并令 $\nu_k = \mu(\xi_k), L_2: x \to Pr\{g_i(x, \xi) \leqslant 0, i = 1, 2, \cdots, p\}$，其中 $\mu$ 是 $\xi$ 的隶属函数。$\forall r, r \geqslant 0$，可信性 $Cr\{f(x, \xi) \geqslant r\}$ 可以用式(2-45)进行估计：

$$\frac{1}{2}(\max_{1 \leqslant k \leqslant N}\{\nu_k \mid f(x, \xi_k) \geqslant r\} + \min_{1 \leqslant k \leqslant N}\{1 - \nu_k \mid f(x, \xi_k) < r\}) \tag{2-45}$$

## 第 2 章 相关技术及理论

并且 $\forall r, r < 0$ 时,可信性 $Cr\{f(x,\xi) < r\}$ 可以用式(2-46)进行估计:

$$\frac{1}{2}(\max_{1 \leq k \leq N}\{\nu_k \mid f(x,\xi_k) \leq r\} + \min_{1 \leq k \leq N}\{1 - \nu_k \mid f(x,\xi_k) > r\}) \quad (2\text{-}46)$$

其中,$N$ 是足够大的数。于是对 $U_1(x)$ 的估计如下[123]:

Step 1:令 $e = 0$。

Step 2:从可信性空间 $(\Theta, P(\Theta), Cr)$ 中产生随机样本 $\theta_k$,令 $\nu_k = (2Cr\{\theta_k\}) \wedge 1$ 并且 $\xi_k = \xi(\theta_k), L_2: x \to Pr\{g_i(x,\xi) \leq 0, i=1,2,\cdots,p\}$。即随机生成 $\xi_k$ 并令 $\nu_k = \mu(\xi_k), L_2: x \to Pr\{g_i(x,\xi) \leq 0, i=1,2,\cdots,p\}$,其中 $\mu$ 是 $\xi$ 的隶属函数。

Step 3:设 $a = f(x,\xi_1) \wedge f(x,\xi_2) \wedge \cdots \wedge f(x,\xi_N), b = f(x,\xi_1) \vee f(x,\xi_2) \vee \cdots \vee f(x,\xi_N)$。

Step 4:从 $[a,b]$ 区间随机产生变量 $r$。

Step 5:如果 $r \geq 0$,令 $e = e + Cr\{f(x,\xi) \geq r\}$,否则 $e = e - Cr\{f(x,\xi) \geq r\}$。

Step 6:重复 Step 4 和 Step 5 $N$ 次。

Step 7:$U_1(x) = a \vee 0 + b \wedge 0 + e \cdot (b-a)/N$。

为计算 $U_2(x)$,从可信性空间 $(\Theta, P(\Theta), Cr)$ 中随机产生样本 $\theta_k$,令 $\nu_k = (2Cr\{\theta_k\}) \wedge 1, k=1,2,\cdots,N$。即随机生成 $\xi_k$ 并令 $\nu_k = \mu(\xi_k), k=1,2,\cdots,N$,其中 $\mu$ 是 $\xi$ 的隶属函数。对于任意的 $r$,$U_2(x)$ 可以用式(2-33)进行估计:

$$\frac{1}{2}(\max_{1 \leq k \leq N}\{\nu_k \mid g_i(x,\xi_k) \geq r\} + \min_{1 \leq k \leq N}\{1 - \nu_k \mid g_i(x,\xi_k) < r\}) \quad (2\text{-}47)$$

其中 $i=1,2,\cdots,p$。于是对 $U_2(x)$ 的估计如下[123]:

Step 1:从可信性空间 $(\Theta, P(\Theta), Cr)$ 中随机产生样本 $\theta_k$,令 $\nu_k = (2Cr\{\theta_k\}) \wedge 1$ 并且 $\xi_k = \xi(\theta_k), k=1,2,\cdots,N$。即随机生成 $\xi_k$ 并令 $\nu_k = \mu(\xi_k), k=1,2,\cdots,N$,其中 $\mu$ 是 $\xi$ 的隶属函数。

Step 2:使用公式(2-33)对 $U_2(x)$ 进行估计。

最后,为计算 $U_3(x)$,从可信性空间 $(\Theta, P(\Theta), Cr)$ 中随机产生样本 $\theta_k$,令 $\nu_k = (2Cr\{\theta_k\}) \wedge 1$ 并且 $\xi_k = \xi(\theta_k), k=1,2,\cdots,N$。即随机生成 $\xi_k$ 并令 $\nu_k = \mu(\xi_k), k=1,2,\cdots,N$,其中 $\mu$ 是 $\xi$ 的隶属函数。对于任意的 $r$,令:

$$L(r) = \frac{1}{2}(\max_{1 \leq k \leq N}\{\nu_k \mid f(x,\xi_k) \geq r\} + \min_{1 \leq k \leq N}\{1 - \nu_k \mid f(x,\xi_k) < r\})$$

$$(2\text{-}48)$$

由于 $L(r)$ 的单调性,可以通过二分法寻找最大值 $r$,使其满足 $L(r) \geq \alpha$,经过数次迭代后,这个最大的 $r$ 可作为 $\overline{f}$ 的估计。

具体步骤如下[123]:

Step 1：从可信性空间 $(\Theta, P(\Theta), Cr)$ 中随机产生样本 $\theta_k$，令 $\nu_k = (2Cr\{\theta_k\}) \wedge 1$ 并且 $\xi_k = \xi(\theta_k)$，$k=1,2,\cdots,N$。即随机生成 $\xi_k$ 并令 $\nu_k = \mu(\xi_k)$，$k=1,2,\cdots,N$，其中 $\mu$ 是 $\xi$ 的隶属函数。

Step 2：使用二分法找到满足 $L(r) \geqslant \alpha$ 的最大的 $r$。

Step 3：返回 $r$。

### 2.4.3 应用

不确定规划是一种在决策过程中考虑不确定性因素的数学优化方法，它在多个领域都有着广泛的应用。不确定规划的核心在于处理那些不确定或不完全可知的参数，并且这些参数可能会影响决策的结果。不确定规划的理论和算法可以帮助决策者在面对这些不确定性时做出更好的选择。

在现实生活中，由于受到天气、路况等因素影响，使得部分信息具有不确定性。一类是在已知信息的先验概率时，可采用随机规划的方法进行处理。例如，在传统 TSP 问题、车辆路径问题及物流配送等问题的研究中，有很多关于随机运输时间、动态时间的研究[133-134]，例如：都牧等[135]针对车辆限行下配送车辆数量和配送时间均为不确定的情况，建立了二阶段随机规划模型。丁然等[136]对生产调度问题的期望值模型、机会约束规划模型进行了对比研究和分析。Emilio 等[137]提出了分布式算法解决随机时间的车辆路径问题。Potvin 等[138]对其进行了动态时间的探索。

另一类是在无法判断信息的先验概率时，考虑到一系列人为因素的存在，利用模糊方法来处理实际生产生活过程中的这种不确定性。例如，Wang 等[139]基于可能性理论，将到达每个节点的时间、任务允许开始的最早时间以及任务允许结束的最晚时间均视为模糊的，提出了带有时间窗的模糊旅行商问题。Cheng 等[140]利用模糊预约时间代替时间窗，研究了单收或单发情况下的具有模糊预约时间的车辆路径优化问题。Mohammad 等[141]基于可信性理论，建立了带有模糊旅行时间的多车场选址问题，并设计了模拟退火算法对其进行求解。Deng 等[142]基于期望值模型对不确定环境下的最短路问题进行了研究，并利用模糊 Dijkstra 算法求解。Wu 等[143]建立了基于模糊处理时间和模糊约束时间、带有罚函数的双目标 Flowshop 排序模型，并利用遗传算法对问题进行求解。Ishibuchi 等[144]阐述了具有模糊处理时间的小规模 Flowshop 排序问题并在每个设备的工作时间均是模糊数的条件下解释了如何来估计总完成时间的问题。Geng 等[145]在同时考虑了模糊处理时间和模糊约束时间的基础上建立了单设备 Flowshop 排序问题和模糊 Flowshop 排序问题两种模型，并用遗传算法解决了这一 NP-hard 问题。Yu 等[146]研究了需求和零售价格均是模糊的信息完全共享的双渠道逆向供应链系统,建立模型的同时给出逆向准则。Cao 等[147]针对带有模糊需求的开放式车辆路径问题,基于可信性理论建立了模糊机会约束规划模型,并采用模糊模拟与智能计算相结合的方法对问题进行求解。Zhang 等[148]从带有时间窗的车辆路径问题和基于带有时间窗的车辆路径问题的算法出发,考虑了物流分配中的客户偏好问题,将时间窗口改为模糊约束时间后建立了基于模糊约束时间的车辆路径问题,为解决带有不确定因素的车辆路径问题奠定了一定的基础。Chen 等[149]利用可能性规划建立了以最小模糊费用为目标的项目工期-成本交换问题的两阶段模糊规划模型,计算了可能性不低于 $\alpha$ 的费用上限和下限。Tang 等[150]从带有时间窗的车辆路径问题出发,分析了这一问题的不足,提出了带有模糊时间窗的多目标车辆路径问题,并将得到的结果与普通时间窗下的计算结果进行比较,说明文中的解决方式可以降低运行费用。叶阳东等[151]针对列车运行时间的不确定性,定义了应用于铁路列车运行系统的模糊时间 Petri 网来处理时间的不确定性问题。Tsai 等[152]以钢铁行业为背景,建立了钢铁行业信道分配问题的多目标模糊数学规划模型,最大化企业利润的同时减少了对客户的反应时间及错误率。李季等[153]对具有模糊运行时间的网络资源管理系统的任务分配调度问题进行了研究,并利用网格免疫调度算法对具有模糊运行时间的任务进行分配调度。

不确定规划作为强大的建模工具,不仅在理论上具有深远意义,而且在实际应用中也展现出了巨大的潜力。随着研究深入和技术进步,不确定规划在未来可能会有更广泛的应用。

## 2.5 算法简介

算法是解决复杂优化问题的有效方法。对于一些使用优化软件难以解决的优化问题(例如 NP-hard 问题),如何使用一种或者多种算法快速、有效地得到问题满意解是近年来研究的热点内容。对于组合优化问题,选择适合的算法对问题的解决起到至关重要的作用。下面就本书涉及的算法进行介绍:

### 2.5.1 分枝定界算法

分枝定界法是处理混合整数规划问题的有效方法[154],特别适合于求解整数规划和混合整数规划问题。它可通过构建一个由子问题组成的搜索树来逐步逼近最优解。在算法执行过程中,不断地对当前问题进行分解(分枝),同时利用已获得的解的信息来剪枝,即排除那些无法产生更优解的子问题。这种方法可以显著减少需要探索的解空间,从而提高求解效率。

在实现分枝定界算法时，首先，需要初始化一些参数，如分枝层数、当前最优目标函数值等。然后，从根节点开始，计算从当前节点分枝得到的各个子节点的下界，并按下界值由小到大对各子节点进行排序。最后，选择下界最小的节点作为下次分枝的节点，继续展开并计算新的子节点的下界。这个过程会不断迭代，每次分枝后都会根据子节点的下界和已知的上界进行剪枝，即如果某个子节点的下界已经超过了已知的最优解，那么就不再继续搜索这棵子树。

在分枝节点的选择上，有两种常见的原则：一种是从最小下界分枝，即每次选择下界最小的节点进行分枝；另一种是从最新产生的最小下界分枝，即优先选择最新产生的具有最小下界的节点进行分枝。这两种原则各有优缺点，前者能够较快地求得最佳解，但需要存储较多的叶节点界限和对应的耗费矩阵；后者节省了空间，但需要较多的分枝运算，耗费的时间较多。

具体步骤如下：

Step 1：假设问题的目标是求最小值，则设定最优解的值为 $Z=\infty$。

Step 2：根据分枝法则，从尚未被洞悉（即尚未被完全探索）的节点中选择一个作为起始节点。根据一定的规则（如最小下界优先等），选择一个分枝变量进行分枝。根据分枝变量的不同取值，将当前节点分为几个新的子节点。

Step 3：计算每个新分枝节点的下限值。

Step 4：对每一子节点进行洞悉条件测试。如果某个子节点的下界值小于当前最优解 $Z$，则更新 $Z$ 并记录相应的解。如果某个子节点的下界值大于或等于当前最优解 $Z$，则该子节点及其所有后代节点都可以被剪去。

Step 5：检查是否有尚未被洞悉的节点，如果有，则进行 Step 2，如果已无尚未被洞悉的节点，则演算停止，并得到最优解。

分枝定界算法的具体实现步骤可能因问题和求解目标的不同而有所差异，但大体上可以按照上述思路进行设计和实现。它的优点是检查子问题较少，能较快地求得最佳解。但需要注意的是，分枝定界算法虽然能够求得最优解，但其计算复杂度较高，对于大规模问题可能需要较长的计算时间。因此，在实际应用中如何估计各节点权值、如何应对大量叶子节点的存储空间需要根据问题的规模和求解需求来设定。

### 2.5.2 Dijkstra算法

Dijkstra算法是一种用于解决带权有向图中单源最短路径问题的算法。它是由荷兰计算机科学家 Edsger W. Dijkstra 于 1956 年提出的[155]，主要用于解决非负权重图中的单源最短路径问题。它的基本思想是通过每次迭代找到当前未被访问的节点中距离起始节点最近的节点，并更新其相邻节点的距离值。算法从起始节点开始,首先初始化起始节点到所有其他节点的距离为无穷大(或某个很大的数),然后标记起始节点为已访问。接着,算法开始迭代,每次从未被访问的节点中选择一个距离起始节点最近的节点,并标记为已访问。最后,计算该节点到其相邻节点的距离值,如果通过当前节点可以使起始节点到相邻节点的距离更短,则更新该距离值。重复这一过程直到所有节点都被访问或者目标节点被找到为止。

以下是Dijkstra算法的基本步骤:

Step 1:初始化,将源节点的距离设为0,其他所有节点的距离设为无穷大(表示这些节点还没有找到到达源节点的路径)。同时,将所有节点标记为未访问。

Step 2:选择节点,从未访问的节点中选择一个距离源节点最小的节点,并将其标记为已访问。

Step 3:更新距离,对于已访问节点的相邻节点,如果通过已访问节点到达这些相邻节点的距离比当前记录的距离短,则更新这些相邻节点的距离。

Step 4:重复Step 2和Step 3,直到所有节点都被访问或确定无法到达。

Dijkstra算法的关键在于它总是选择当前距离最小的节点进行扩展,这是一种贪心策略,因此Dijkstra算法也被称为求解单源最短路径问题的贪心算法。需要注意的是,Dijkstra算法不能用于求解包含负权边的图,因为负权边可能导致算法陷入无限循环或得到错误的结果。总之,Dijkstra算法的核心思想是通过贪心策略逐步逼近最优解,并在每一步中保证所做出的选择均是当前最优的。它是一种高效且被广泛应用的算法,故它在解决许多实际问题中均发挥着重要作用。

### 2.5.3 遗传算法

遗传算法[156](Genetic Algorithm,GA)是一种基于生物进化原理的优化搜索算法。它通过模拟自然界中的选择和遗传机制来寻找问题的最优解。该算法最早由美国科学家John Holland教授于1975年提出,现已被广泛应用于组合优化、机器学习、信号处理、自适应控制和人工生命等领域。其主要特点是直接针对结构对象进行操作,具有并行性和较好的全局寻优能力;采用概率化的寻优方法,能自动获取和指导优化的搜索空间,自适应地调整搜索方向,而不需要确定规则。它的基本思想是根据问题的目标函数构造一个适应值函数,对一个由多个解(每个解对应一个染色体)构成的种群进行评估和遗传运算(选择、交叉和变异),经多代繁殖,获得最优解。但是由于自然进化和生命现象的不可预知性,GA也存在着一些缺点,比如种群个体过早收敛容易陷入局部最优、搜索到的最优解又发散出去等问题。

GA算法包括初始化种群、适应度评估、选择操作、交叉操作、变异操作和替换操作等步骤。首先,算法会随机生成一组初始解作为种群,每个解都由一组基因组成,代表问题的候选答案。然后,根据问题的目标函数计算每个解的适应度。接着,根据适应度选择优秀的解作为父代,通过交叉操作组合它们的基因以产生新的解,再通过变异操作引入新的基因特征。最后,新生成的解会替换种群中适应度较差的解,以保持种群的规模和平均适应度。这个过程不断重复,直到满足预设的终止条件。于是一次GA迭代包括以下过程:

（1）种群初始化:在可行域内随机产生若干个解,形成初始种群。

（2）计算适应度:对种群中的每个个体进行适应度评估,评价每个个体对环境的适应程度。

（3）选择机制:根据个体的适应度值从当前种群中选出优势个体,适者生存,不适者被淘汰。常用的选择方法包括轮盘赌选择、排名选择等。

（4）染色体交叉:染色体的基因互换。将选定的父代个体根据某种交叉规则（如单点交叉、多点交叉等）交换部分基因,生成新的后代个体。

（5）染色体变异:改变某个染色体的值。以较低的概率对后代个体的某些基因进行变异。实质上就是为了防止算法过早收敛,在可行域内搜索出更加适合环境的解,从而增加种群的多样性。

GA算法是解决搜索问题的一种通用算法,它具有全局搜索能力,且能够在解空间中并行搜索多个区域,从而找到全局最优解。同时,它还具有自适应性和鲁棒性,能够自动调整搜索策略以应对不同的问题。近年来,GA算法在组合优化、并行计算等方面有着广泛应用。随着技术的不断发展和改进,GA将在更多领域发挥重要作用,为解决复杂问题提供有效的解决方案。

### 2.5.4 文化遗传算法

文化遗传算法（MA）是一种基于GA并使用局部搜索来增强搜索能力的智能优化算法[157]。GA具有较强的全局寻优能力,但往往运算时间较长;局部搜索能有效探索解空间中某一特定区域,但容易陷入局部最优。MA采用GA的整体框架,在每代交叉和变异后（或只在变异后）利用局部搜索技术在运算过程中提高解的质量,从而克服了两者的不足。许多学者对MA展开研究。例如,Neri等[158]对MA求解的优化问题进行了文献综述。郭一楠等[159]利用MA求解了机器人全局路径规划问题。Wang等[160]将MA应用于动态优化模型。Chica等[161]利用MA求解了多目标优化模型。Yuichi等[162]采用MA求解了带有时间窗的车辆路径优化问题,并取得了较好的效果。一次MA迭代包括以下过程：

(1) 初始化种群：生成初始解集合，这些解构成了算法的初始种群。

(2) 适应度评价：计算每个个体的适应度值，即它们在问题域中的性能指标。

(3) 选择操作：根据个体的适应度值进行选择，具有高适应度值的个体有更多的机会被选中且参与下一代的繁殖。

(4) 交叉操作：通过染色体的交换组合产生新的个体，模拟生物进化过程中的有性繁殖现象。

(5) 变异操作：在某些条件下对个体的部分基因进行随机改变，增加种群的多样性。

(6) 局部搜索：对每个个体或新生成的个体应用局部搜索策略来提高解的质量。

从 MA 的迭代过程可以看出，MA 不仅利用了 GA 算法的全局搜索能力，还通过局部搜索策略增强了对优秀解的挖掘能力。这种结合使得 MA 在解决复杂的优化问题时具有更好的性能。

### 2.5.5 自组织迁移算法

自组织迁移算法（Self-Organizing Migrating Algorithm，SOMA）是捷克学者 Zelinka[163]基于对社会环境下群体自组织行为（如社会性动物的合作觅食行为）的模拟，提出的一种随机搜索算法。在模拟生物进化的过程中它通过不断地自组织迁移来优化目标函数。同蚁群（ACO）算法[164]、粒子群优化（PSO）算法[165]一样，SOMA 属于群体智能的范畴，可以用于求解各种复杂的组合优化问题[166-171]。同时，SOMA 中需要调整的参数相对较少，是一类具有发展潜力的优化算法。SOMA 的主要构成包括：

(1) 初始化：生成一定数量的初始个体（粒子），并计算它们的适应度值。

(2) 选择领导者：根据适应度值选择最优个体作为领导者。

(3) 迁移操作：按照特定的迁移规则（如随机扰动向量），引导其他个体向领导者的方向迁移。

(4) 更新：在每次迁移后，更新个体的位置，并重新计算适应度值。

(5) 终止条件：当满足某种终止条件（如达到最大迭代次数、解的质量达到预设阈值等）时，算法停止并返回最优解。

SOMA 是一种基于人工神经网络的优化算法，具有自组织和迁移的特性，且能够在不断迭代中优化目标函数。因此它在多个领域都有广泛的应用前景，并且为各种复杂问题的求解提供了新的思路和方法。

### 2.5.6 粒子群算法

粒子群优化(Particle Swarm Optimizer,简称 PSO)是一种基于群体智能的优化算法。算法最早由 Kennedy 和 Eberhart 于 1995 年提出[165]。由于该算法具有形式简单、易于实现、参数少等特点,因此它在连续优化问题和离散优化问题中都有着良好表现。近年来,这一算法逐渐成为国际上智能优化领域的研究热门之一。它通过模拟鸟群觅食过程中的迁徙和群聚行为来进行寻优。在 PSO 算法中,每个优化问题的潜在解都可以想象成搜索空间中的一只鸟,我们称之为"粒子"。它的核心在于模拟自然界中粒子的群体行为,通过粒子间的相互协作和信息共享来寻找问题的最优解。

PSO 算法的原理可以描述为[172]:

一个由 $m$ 个粒子组成的群体在 $D$ 维搜索空间中以一定的速度飞行,每个粒子在搜索时考虑到了自己搜索到的历史最好位置和群体中其他粒子的历史最好位置,在此基础上进行位置的变化。

设 $x_i=(x_{i1},x_{i2},\cdots,x_{iD})$ 为粒子 $i$ 的当前位置,$v_i=(v_{i1},v_{i2},\cdots,v_{iD})$ 为粒子 $i$ 的当前飞行速度,$P_i=(p_{i1},p_{i2},\cdots,p_{iD})$ 为粒子 $i$ 所经历的历史最好位置。$P_g=(p_{g1},p_{g2},\cdots,p_{gD})$ 为群体内所有粒子所经过的历史最好位置。标准 PSO 算法的进化方程可描述为:

$$v_{ij}(t+1)=\omega v_{ij}(t)+c_1 r_1[P_{ij}(t)-x_{ij}(t)]+c_2 r_2[P_{gj}(t)-x_{ij}(t)] \tag{2-49}$$

$$x_{ij}(t+1)=x_{ij}(t)+v_{ij}(t+1) \tag{2-50}$$

其中,下标 $j$ 表示粒子的第 $j$ 维,$i$ 表示粒子,$t$ 表示第几代,$\omega$、$c_1$、$c_2$ 为学习因子,一般为正常数。学习因子使粒子具有自我总结和向群体中优秀个体学习的能力,通常在 0~2 之间取值。$r_1\sim U(0,1)$,$r_2\sim U(0,1)$ 为服从均匀分布的两个相互独立的随机数。$\omega$ 为惯性权重,其大小决定了对粒子当前速度继承的多少,合适的选择可使粒子具有均衡的局部搜索能力和广域搜索能力。$\omega$ 越大,全局搜索能力越强。$V_{max}$ 为粒子在一次迭代中最大的移动距离。$V_{max}$ 越大,粒子探索能力越强,但是容易飞过最好解。$V_{max}$ 较小时,粒子开发能力增强,但是容易陷入局部最优。所以每一维粒子的速度都会被限制一个最大速度 $V_{max}$,如果某一维更新后的速度超过用户设定的 $V_{max}$,那么这一维的速度就被设定为 $V_{max}$,即 $v_{ij}\in[-V_{max},V_{max}]$。

在使用 PSO 算法时,首先产生若干个初始种群,种群中的每个粒子都是问题的一个可行解。然后通过计算目标函数值来确定此粒子的适应值。在迭代过程中,每个粒子按照它本身的历史最优位置和种群中所有粒子的最优位置来调整自己的运动速度和相应位置,以便尽快获得最优解。

PSO 算法流程图如图 2-2 所示。

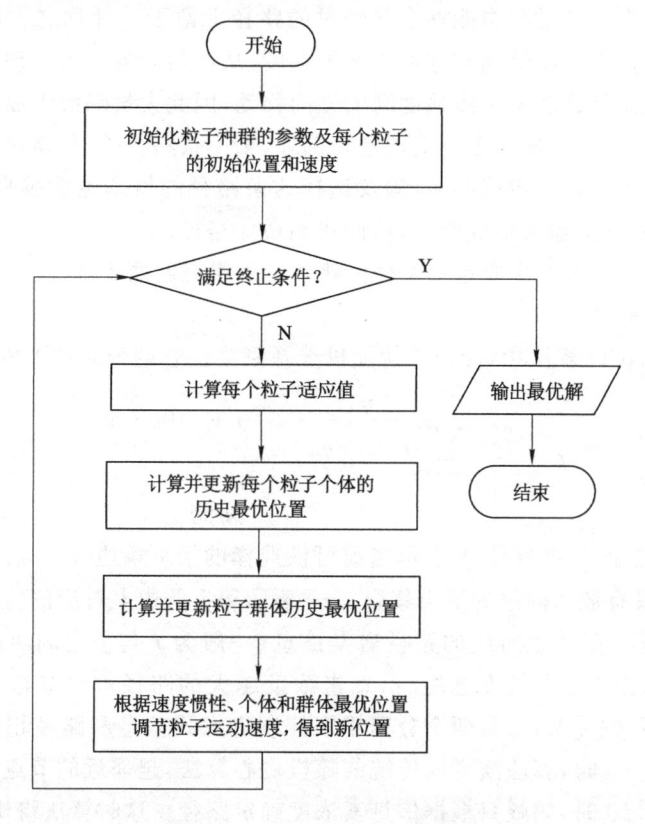

图 2-2 粒子群优化算法流程图

PSO 算法在路径规划[173-175]、工程优化[176-177]等方面均有着很好的应用。它的优点在于不依赖问题信息,可以采用实数进行编码且算法具有较强的通用性。然而 PSO 算法也有其局限性,例如缺乏速度的动态调节、容易陷入局部最优等。如何选择合适的参数来调节 PSO 算法使其达到最优是该算法面临的挑战之一。在实际应用中,尽管 PSO 算法存在一些缺点,但通过改进算法或与其他优化方法结合,同样可以提高其性能并增加其应用的范围。

### 2.5.7 蚁群算法

蚁群优化(Ant Colony Optimization,ACO)算法(简称蚁群算法)的思想来源于对自然界中蚂蚁寻找食物过程的观察。研究发现蚂蚁群经过彼此间的分工与合作可以得出食物和洞穴的最短距离,且这种合作主要是通过它们在觅食过程中留下的信息素来相互"沟通"的。据此,意大利学者 Dorigo 等[164]提出了这一模拟蚂蚁群觅食的仿生优化算法,即 ACO 算法。该算法模拟了蚂蚁觅食的原理,即蚂蚁在觅食过程中能够在其经过的路径上留下一种称之为信息素的物质,并在觅食过程中能够感知这种物质的强度,从而指导自己的行动方向。一般情况下,它们总是朝着该物质强度高的方向移动,因此大量蚂蚁组成的集体觅食就表现为一种对信息素的正反馈现象。例如,某一条路径越短,路径上经过的蚂蚁越多,信息素遗留的也就越多,蚂蚁选择这条路径的概率也就越高,由此构成的正反馈过程逐渐逼近最优路径,从而找到最优路径。

ACO 算法的核心主要包括路径构建和信息素更新两个部分。

1. 路径构建

在离散 ACO 算法中,使用了伪随机选择策略。它的公式如下所示:

$$p_{ij} = \begin{cases} \dfrac{\tau_{ij}^{\alpha} \times \eta_{ij}^{\beta}}{\sum\limits_{j \in \text{allowed}_i} \tau_{ij}^{\alpha} \times \eta_{ij}^{\beta}}, & j \in \text{allowed}_i \\ 0, & \text{其他} \end{cases} \quad (2\text{-}51)$$

其中,$i$ 表示当前节点标号,$j$ 表示当前可供选择的第 $j$ 条边,$\text{allowed}_i$ 表示与节点 $i$ 邻接且没有被访问过的节点集合。$\tau_{ij}$ 表示第 $j$ 条边上对应的信息素启发信息,$\eta_{ij}$ 表示第 $j$ 条边上对应的路径启发信息(一般为 $i$ 与 $j$ 之间距离的倒数)。一般情况下,距离 $i$ 点长度越短、信息素浓度越大的路径被蚂蚁选择的概率越大。$\alpha$ 和 $\beta$($\alpha,\beta \in [0,1]$)是两个分别用来控制启发式信息和路径相对重要程度的系数:当 $\alpha = 0$ 时,算法演变成传统的随机贪心算法,越邻近的节点被选中的概率越大;当 $\beta = 0$ 时,蚂蚁只根据信息素浓度确定路径。这时算法将快速收敛,因此算法的性能比较糟糕。

2. 信息素更新

为了减少残留信息素对后继蚂蚁的影响,当种群中的蚂蚁走完或者到达目的地之后,需要对路径中的残留信息素进行更新。更新分两个部分,一个是对所有路径上的信息素而言,信息素随着时间挥发,信息素浓度逐渐减少;另一个是对那些在当前最优解路径上的信息素而言,需要对其浓度加强,以便引导蚂蚁接近最优解。具体步骤为:

Step 1:在算法初始化时,问题空间中所有边上的信息素都被初始化为一个初始浓度。

Step 2:算法迭代每一轮,问题空间中的所有路径上的信息素都会发生蒸发,我们为所有边上的信息素乘上一个小于 1 的常数。信息素蒸发是自然界本身固有的特征,在算法中能够帮助避免信息素的无限积累,使得算法可以快速丢弃之前构建过的较差的路径。

Step 3：蚂蚁根据自己构建的路径长度在它们本轮经过的边上释放信息素。蚂蚁构建的路径越短，释放的信息素就越多。一条边被蚂蚁爬过的次数越多，它所获得的信息素也越多。

Step 4：返回 Step 2，直至算法终止。

信息素更新方法如式(2-52)、式(2-53)所示：

$$\tau(i,j) = \rho\tau(i,j) + \sum_{k=1}^{n} \Delta\tau_k(i,j) \tag{2-52}$$

$$\Delta\tau_k(i,j) = \begin{cases} \dfrac{Q}{C_k}, & (i,j) \in R^k \\ 0, & 其他 \end{cases} \tag{2-53}$$

其中，$\tau(i,j)$ 表示当前路径 $i$ 到 $j$ 的信息素浓度，$\rho$ 是信息素挥发系数，$\Delta\tau_k$ 表示第 $k$ 只蚂蚁在经过边 $(i,j)$ 时的信息素增量。式(2-53)表示信息素增量的具体计算方法，$C_k$ 表示路径长度，一般等于第 $k$ 只蚂蚁经过的所有边的长度之和。$Q$ 为常量，可以通过调节这个常量值以及挥发速度 $\rho$ 值的大小来改变蚁群更新信息素的速度。

3. 流程图

ACO 算法的流程图如图 2-3 所示。

ACO 算法在优化问题中有着广泛应用。它具有较强的鲁棒性，且对初始路线的要求不高，故常被用于处理各种复杂的优化问题。然而，ACO 算法也存在一些缺点。其最大的缺点是收敛速度较慢，即当种群过大时，由于单个蚂蚁行为的不确定性导致算法难以在短时间内找到最优行走路径，从而导致搜索时间过长。此外，ACO 算法在运算过程中容易陷入局部最优，即当算法迭代到一定次数后，部分个体可能出现搜索停滞的情况，不利于求出全局最短的路径。

因此，ACO 算法虽然具有许多优点，但在实际应用中仍需注意其缺点，并根据具体问题灵活调整算法参数和策略。

### 2.5.8 人工蜂群算法

人工蜂群(Artificial Bee Colony Algorithm，ABC)算法是 Karaboga 受自然界中蜜蜂采蜜行为启发于 2005 年提出的一种群体智能优化算法[178]。它的主要原理是通过引领蜂、观察蜂(跟随蜂)和侦察蜂三种算子的配合与角色转换来搜索最优蜜源[179-180]。它不需要深入了解问题的具体信息，而是依赖于对解的质量进行比较评价。通过模拟各人工蜂个体局部寻优行为，最终在群体中使全局最优值突显出来，有着较快的收敛速度。算法中的每个蜜源位置代表了一个可

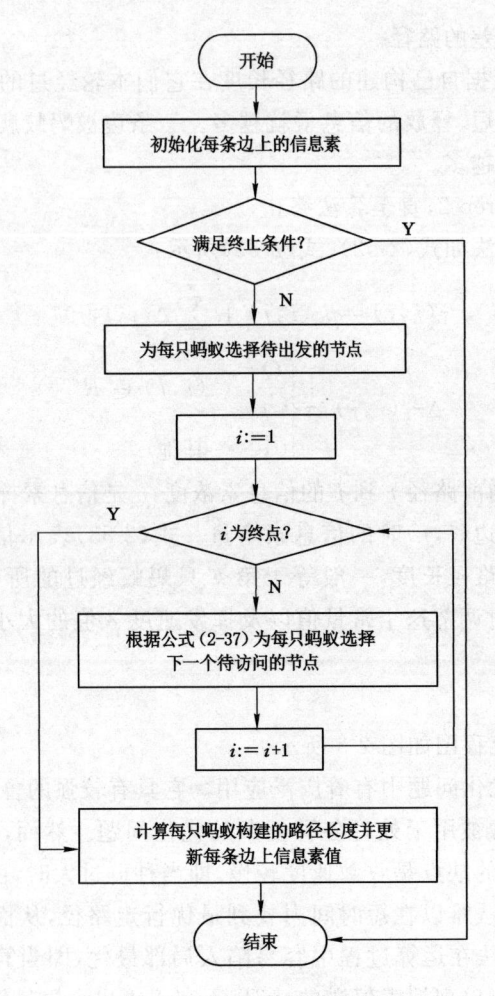

图 2-3  ACO 算法流程图

行解,而蜜源的丰富程度则对应了解的质量或适应值。ABC 算法以其较少的控制参数和强大的鲁棒性,在多变量函数优化问题中表现出色,尤其擅长在迭代过程中同时进行全局和局部搜索以增加找到最优解的概率。

1. 蜜蜂采蜜机制

蜜蜂是一种群居昆虫,它们具有群体智能应必备两个条件:自组织性和分工合作性。虽然单个蜜蜂的行为极其简单,但是由简单个体所组成的群体却表现出极其复杂的行为:它们可以在复杂环境下以很高的效率从花朵中采集花蜜,同时还能够很快地适应环境的改变。

蜂群产生群体智慧的最小搜索模型包含三个基本要素:食物源、被雇用的蜜蜂和未被雇用的蜜蜂。两种最基本的行为模型包括:为食物源招募蜜蜂和放弃某个食物源。

(1) 食物源

食物源的价值由多方面因素决定,如:离蜂巢的远近、包含花蜜的丰富程度和获得花蜜的难易程度等。可以使用单一的参数,如食物源的"收益率"来代表以上各个因素。

(2) 被雇用的蜜蜂

也称引领蜂,与所采集的食物源一一对应。引领蜂储存食物源的相关信息(如与蜂巢的距离、方向和食物源的丰富程度等)并把这些信息以一定的概率与其他蜜蜂分享。

(3) 未被雇用的蜜蜂

未被雇用蜜蜂的主要任务是寻找和开采食物源。有两种未被雇用的蜜蜂:侦察蜂和跟随蜂。侦察蜂搜索附近的新食物源;跟随蜂等在蜂巢里面通过与引领蜂分享相关信息找到食物源。一般情况下,侦察蜂的数量是蜂群的5%~20%。

在群体智能形成过程中,蜜蜂间交换信息是最重要的一环。舞蹈区是蜂巢中最为重要的信息交换地。蜜蜂的舞蹈也叫摇摆舞。食物源的信息在舞蹈区通过摇摆舞的形式与其他蜜蜂共享,引领蜂通过摇摆舞的持续时间等来表现食物源的收益率,故跟随蜂可以观察到大量的舞蹈并依据收益率来选择到哪个食物源采蜜。收益率与食物源被选择的可能性成正比。因而,蜜蜂被招募到一个食物源的概率与食物源的收益率成正比。

初始时刻,蜜蜂以侦察蜂的方式搜索。其搜索可以由系统的先验知识决定,也可以完全随机。经过一轮侦察后,若蜜蜂找到食物源,蜜蜂利用它本身的存储能力记录位置信息并开始采蜜。此时,蜜蜂被称为"雇佣者"。蜜蜂在食物源采蜜后回到蜂巢卸下蜂蜜,然后会有如下选择:

(1) 放弃食物源而成为非雇佣蜂;

(2) 跳摇摆舞为所对应的食物源招募更多的蜜蜂,然后回到食物源采蜜;

(3) 继续在食物源采蜜而不进行招募。

对于非雇佣蜂有如下选择:

(1) 转变为侦察蜂并搜索蜂巢附近的食物源,其搜索可以由先验知识决定也可以完全随机;

(2) 在观察完摇摆舞以后,被雇用成为跟随蜂,开始搜索对应食物源领域并采蜜。

2. 算法原理

假设问题的解空间是 $D$ 维的,采蜜蜂与观察蜂的个数都是 $NS$,采蜜蜂的个数或观察蜂的个数与蜜源的数量相等。ABC 算法将优化问题的求解过程看成是在 $D$ 维搜索空间中进行搜索。每个蜜源的位置代表问题的一个可能解,蜜源的花蜜量对应于相应解的适应度。一个采蜜蜂与一个蜜源是相对应的。与第 $i$ 个蜜源相对应的采蜜蜂依据如下公式寻找新的蜜源:

$$x'_{id} = x_{id} + \varphi_{id}(x_{id} - x_{kd}) \tag{2-54}$$

其中,$i=1,2,\cdots,NS$,$d=1,2,\cdots,D$,$\varphi_{id}$ 是区间上 $[-1,1]$ 的随机数,$k \neq i$。ABC 算法将新生成的可能解与原来的解做比较:

$$\text{new}: X'_i = \{x'_{i1}, x'_{i2}, \cdots, x'_{iD}\} \tag{2-55}$$

$$\text{old}: X_i = \{x_{i1}, x_{i2}, \cdots, x_{iD}\} \tag{2-56}$$

并采用贪婪选择策略保留较好的解。每一个观察蜂依据概率选择一个蜜源,概率公式为:

$$p_k = \frac{fit_k}{\sum_{j=1}^{SN} fit_j} \tag{2-57}$$

其中,$fit_k$ 是可能解 $X_i$ 的适应值。对于被选择的蜜源,观察蜂根据上面概率公式搜寻新的可能解。当所有的采蜜蜂和观察蜂都搜索完整个空间时,如果一个蜜源的适应值在给定的步骤内(定义为控制参数 limit)没有被提高,则丢弃该蜜源,与该蜜源相对应的采蜜蜂变成侦察蜂。侦察蜂通过以下公式搜索新的可能解:

$$x_{id} = x_d^{\min} + r \times (x_d^{\max} - x_d^{\min}) \tag{2-58}$$

其中,$r$ 是区间 $[0,1]$ 上的随机数,$x_d^{\min}$ 和 $x_d^{\max}$ 是第 $d$ 维的下界和上界。

3. 基本步骤

ABC 算法基本步骤如下:

(1) 初始化种群:随机产生一定数量的蜜蜂作为初始种群,每只蜜蜂代表问题的一个可能解。

(2) 适应度评估:根据问题的特定评价函数计算每只蜜蜂的适应度值,以此评估解的质量。

(3) 选择蜜蜂:根据蜜蜂的适应度值,选择一部分蜜蜂作为搜索蜜蜂。这些搜索蜜蜂会在解空间中主动搜索新的解。

(4) 局部搜索:搜索蜜蜂在解空间中以一定的策略进行局部搜索,寻找更好的解。

(5) 全局搜索:一部分搜索蜜蜂会放弃当前解,通过与其他蜜蜂进行信息交流来获取新的解。

(6) 更新解：根据搜索和交流的结果，更新蜜蜂的位置或解。较好的解将被保留，较差的解可能会被替换。

(7) 终止条件：根据设定的终止条件，判断是否满足终止算法的条件。常见的终止条件包括达到最大迭代次数、达到目标适应度值或算法运行时间超过阈值等。

在 ABC 算法中，蜜蜂的行为模式如跟随、侦察、信息交流等被模拟并用于优化问题的求解过程。通过这种方式，ABC 算法能够在复杂的问题空间中寻找最优解或近似最优解。

需要注意的是，ABC 算法的具体实现和参数设置可能因问题和应用场景的不同而有所差异。因此，在实际应用中，需要根据具体情况对算法进行调整和优化。

## 2.6 本章小结

本章主要从 4PLRP-CDPM 涉及的相关建模技术和算法入手，分别介绍了数学规划、整数规划、非线性规划、不确定规划的建模方法与应用，以及求解 4PLRP-CDPM 的相关算法。实际上，随着社会的发展，优化问题的规模不断扩大，单一的建模技术或方法很难精确解决现实生活中的复杂问题。在算法求解方面，学者们也在各自的研究领域进行着多种算法的融合研究。在多任务 4PLRP-CDPM 的求解中，作者也会借助两种或多种算法进行混合求解运算。

# 第 3 章　确定环境下的 4PLRP-CDPM

电力物资协同配送的核心任务是对网络资源进行整体规划、调配和集成优化[5]。对于 4PLRP-CDPM，4PL 供应商不仅要协同多个物流分支，还肩负着为物流分支选择 3PL 供应商的工作。在之前的研究中，任意两节点间的 3PL 供应商被认为是独立的[6]。而实际运输中很多 3PL 业务范围大、只是在部分路段存在劣势。因此，4PL 应利用其拥有的信息资源为客户选择 3PL 供应商，使配送方案更具优势。

在 4PLRP-CDPM 中，由于协同机制的加入，4PL 需要顾及各转运节点的具体情况。比如，如果当前运输中的 3PL 供应商不再适合下一段的运输工作，4PL 可以在中转节点选择其他 3PL 供应商，但这种行为需要 4PL 付出一定的转换成本。因此在 4PLRP-CDPM 中，问题除了具有在多重图下寻找约束最短路的特征，还要计算转运节点的转换费用和时间。在这一章中，基于 4PL 协同配送模式，从单物资和多物资两个角度，分别对考虑 3PL 供应商停靠与转换成本的 4PLRP-CDPM 展开研究。

对于单物资配送 4PLRP-CDPM，结合多重图及其简单子图的关系建立了单点到单点 4PLRP-CDPM 的数学模型，设计了基于双列变长编码机制且嵌入 $K$ 短路算法的混合遗传算法（KGA）和两阶段混合遗传算法（KTGA）。实验分析中通过与枚举算法的对比说明了算法的有效性。对于多物资配送 4PLRP-CDPM，分析了多任务协同在 4PL 整合过程的作用后，建立了多点到多点 4PLRP-CDPM。设计了嵌入 $K$ 短路算法的自组织迁移遗传算法（KSOMGA）。实验分析中针对不同节点数和不同 3PL 供应商数下的实例计算，以及与遗传算法（GA）和枚举算法计算结果的对比分析表明了 KSOMGA 的有效性。通过对不同转换成本下的实例计算表明 4PL 在多物资协同配送过程中不可或缺的作用。

# 第3章 确定环境下的 4PLRP-CDPM

## 3.1 单物资 4PLRP-CDPM

### 3.1.1 问题描述

假设某电力公司委托 4PL 供应商承揽一项由区域库到物资需求节点之间的配送任务。配送网络由 $r$ 个 3PL 供应商和 $n$ 个节点组成。这些节点可能是区域库(物资供应节点)、需求节点或中转节点。当物资在区域库和需求节点之间配送时,其他节点可以作为中转节点且 4PL 可以在这些节点上更换 3PL 供应商或者补充供给。4PL 能够根据 3PL 供应商的配送范围指派任务。当电力公司发布配送请求时,4PL 供应商按照此请求提出要求(如运输时间和运输数量)进行操作。物资在相同路段由不同 3PL 供应商配送时的费用不一定相同,但不同物资在各中转节点的转运费用一致。假设每个 3PL 供应商的承载能力有限,且他们在配送过程和在经过中转节点时需要一定的费用和时间。并且假设,如果 4PL 在某中转节点更换 3PL 供应商,则 4PL 需承担转换 3PL 的费用和时间。

将问题中的 3PL 供应商看作边并以编号 $1, \cdots, r$ 标识,于是得到如图 3-1 所示的 4PLRP-CDPM 配送网络多重图 $G(V, E)$(其中 $V$ 为节点集,$E$ 为边集)。在图 3-1 中,节点 1~8 既可以是起始或者目的节点,又可以是中转节点。两点间弧上的数字代表 3PL 供应商的编号。当电力公司指定需要配送物资的区域库和需求节点后,4PL 可根据 3PL 供应商的费用和时间报价在相应路径选择适合的 3PL 供应商。在途经中转节点时,如果已选择的 3PL 供应商继续运输,则物资无须在中转节点停留且可忽略 3PL 供应商在中转节点停留所产生的费用和时间;如果已选择的 3PL 供应商无法继续工作或者有更适合的 3PL 供应商,则 4PL 可以在中转节点更换 3PL 供应商,但是 4PL 需承担相应的转运费用且更换 3PL 供应商所产生的耗时也一并计入运输时间。

基于以上描述,建立单物资 4PLRP-CDPM 模型需要定义的参数及变量如下:

参数说明:

$r$:配送网络中 3PL 供应商的数量;

$T$:电力公司对物资配送工作提出的交货时间;

$T_{ijk}$:3PL 供应商 $k$ 将物资由节点 $i$ 配送到节点 $j$ 的时间;

$T_i$:在中转节点 $i$ 的停靠时间;

$T'_i$:在节点 $i$ 更换 3PL 供应商的时间;

$b_i$:节点 $i$ 对电力物资的需求量,且有

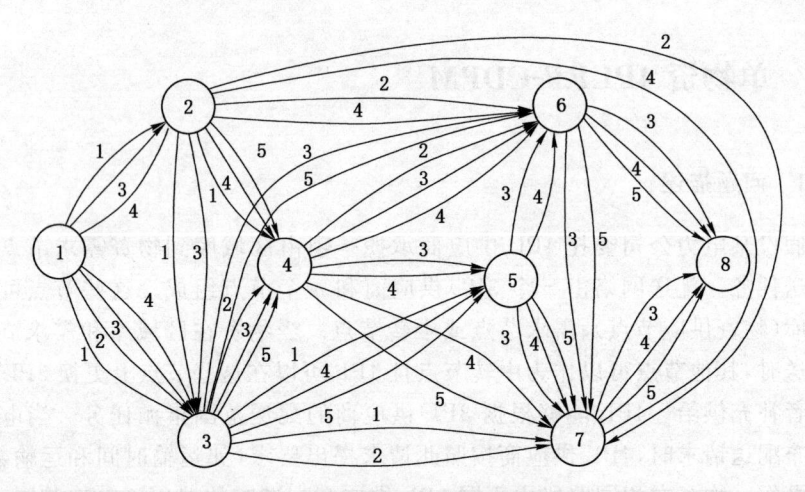

图 3-1 4PLRP-CDPM 网络多重图

$$b_i^m = \begin{cases} -1, & i\text{ 是物资的始发节点} \\ 1, & i\text{ 是物资的需求节点} \\ 0, & \text{否则} \end{cases}$$

$C_{ijk}$：3PL 供应商 $k$ 将电力物资由节点 $i$ 运至节点 $j$ 时产生的费用；

$C_i$：在中转节点 $i$ 的停靠费用；

$C'_i$：在节点 $i$ 更换 3PL 供应商时产生的费用；

$P_{ijk}$：3PL 供应商 $k$ 在节点 $i$ 至节点 $j$ 配送时的最大承载能力；

$P$：运输的电力物资总量；

$P'_i$：节点 $i$ 的最大承载能力，指该节点可承受的最大物资量，如搬运、加工和存储等能力的限制带来的对承载货物量的限制；

$A_{ijk}$：3PL 供应商 $k$ 在节点 $i$ 至节点 $j$ 配送时累计的信誉评价；

$A$：客户对承运的 3PL 供应商信誉指标的要求；

$A'_i$：节点 $i$ 累计的信誉指标，指该节点在长期物流活动中如及时发货、服务态度等积累下来的信誉度。

变量定义：

$x_{ijk}$：3PL 供应商 $k$ 是否承担节点 $i$ 到节点 $j$ 的配送任务，即

$$x_{ijk} = \begin{cases} 1, & 3\text{PL 供应商 }k\text{ 将物资由 }i\text{ 运 }j \\ 0, & \text{否则} \end{cases}$$

$y_i$：3PL 是否在配送过程中经过节点 $i$，即

$$y_i = \begin{cases} 1, & \text{运输途中经过节点 }i \\ 0, & \text{否则} \end{cases}$$

$z_i(k)$：途经节点 $i$ 时，是否在节点 $i$ 转换 3PL 供应商 $k$。它是 3PL 供应商 $k$ 的函数。如果在到达节点 $i$ 时使用的是 3PL 供应商 $k$ 而在到达节点 $i$ 后使用了其他 3PL 供应商，则 3PL 供应商在节点 $i$ 发生转换，即 $z_i(k)=1$，否则 $z_i(k)=0$。即

$$z_i(k) = \begin{cases} 1, & y_i=1 \text{ 且 } \sum_{j}^{n}x_{ijk} - \sum_{j}^{n}x_{jik} \neq 0 \\ 0, & \text{否则} \end{cases}$$

其中，$s,d \in \{1,\cdots,n\}, i,j \in \{1,\cdots,n\}, k \in \{1,\cdots,r\}$。

### 3.1.2 数学模型

本节目标是在满足所有约束条件的情况下求得配送费用最省的运输方案，即在保证费用最省的情况下，同时考虑 3PL 供应商、转运节点以及转换 3PL 供应商的费用和时间。根据上述描述，建立的模型如下：

$$Z = \min\left(\sum_{i=1}^{n}\sum_{j=1}^{n}\sum_{k=1}^{r}C_{ijk} \cdot x_{ijk} + \sum_{i=1}^{n}C_i \cdot y_i + \sum_{i=1}^{n}C'_i \cdot z_i(k)\right) \quad (3\text{-}1)$$

$$\text{s.t.} \quad \sum_{i=1}^{n}\sum_{j=1}^{n}\sum_{k=1}^{r}T_{ijk}x_{ijk} + \sum_{i=1}^{n}T_i y_i + \sum_{i=1}^{n}T'_i z_i(k) \leqslant T \quad (3\text{-}2)$$

$$\sum_{i=1}^{n}x_{ijk} - \sum_{i=1}^{n}x_{jik} = b_j, j \in \{1,2,\cdots,n\}, k \in \{1,2,\cdots,r\} \quad (3\text{-}3)$$

$$\sum_{i=1}^{n}\sum_{k=1}^{r}x_{ijk} = y_j, j \in \{1,\cdots,n\}, j \neq s \quad (3\text{-}4)$$

$$\sum_{j=1}^{n}\sum_{k=1}^{r}x_{ijk} = y_i, i \in \{1,2,\cdots,n\}, i \neq d \quad (3\text{-}5)$$

$$Px_{ijk} \leqslant P_{ijk}, i,j \in \{1,2,\cdots,n\}, k \in \{1,2,\cdots,r\} \quad (3\text{-}6)$$

$$Py_i \leqslant P'_i, i \in \{1,2,\cdots,n\} \quad (3\text{-}7)$$

$$Ax_{ijk} \leqslant A_{ijk}, i,j \in \{1,2,\cdots,n\}, k \in \{1,2,\cdots,r\} \quad (3\text{-}8)$$

$$Ay_i \leqslant A'_i, i \in \{1,2,\cdots,n\} \quad (3\text{-}9)$$

$$z_i(k) \leqslant y_i, i \in \{1,2,\cdots,n\} \quad (3\text{-}10)$$

$$y_1 = 1 \quad (3\text{-}11)$$

$$y_n = 1 \quad (3\text{-}12)$$

$$x_{ijk}, y_i, z_i(k) = 0 \text{ 或 } 1, i,j \in \{1,2,\cdots,n\}, k \in \{1,2,\cdots,r\} \quad (3\text{-}13)$$

模型中，式(3-1)为目标函数，表示任务在配送途中和在转运节点停靠、转换的费用总耗；式(3-2)表示配送电力物资所需要的时间不应大于客户要求的时间；式(3-3)表示流量平衡；式(3-4)、式(3-5)表示选择的节点是一条从区域库到需求节点的通路，其中 $s,d \in \{1,\cdots,n\}$ 分别表示区域库和需求节点；式(3-6)和

式(3-7)分别表示选择的 3PL 供应商和转运节点的承载能力不应小于电力公司要求的能力;式(3-8)和式(3-9)分别表示选择的 3PL 供应商和转运节点的信誉指标不应小于电力公司要求的指标;式(3-10)表示如果物资在 $i$ 点转换则一定在 $i$ 点中转;式(3-11)、式(3-12)分别表示路径的起始和终止节点;式(3-13)表示 $x_{ijk}$,$y_i$ 和 $z_i(k)$ 为 0-1 变量。

为了简化问题,在求解之前,我们对不满足承载能力约束[式(3-6)、式(3-7)]和信誉指标约束[式(3-8)、式(3-9)]的 3PL 供应商和转运节点进行预处理:

3PL 供应商和转运节点的承载能力及信誉指标是他们在承载配送任务前的已知量,4PL 供应商可以根据电力公司的要求对不满足承载能力和信誉指标条件的 3PL 供应商和转运节点予以回避,从而简化模型。通过预处理,原问题转化为以式(3-1)为目标函数,式(3-2)~式(3-5)、式(3-10)~式(3-13)为约束的混合整数规划模型。

### 3.1.3 算法设计

针对 3.1.2 节建立的模型,本节设计了三种算法,分别是嵌入 $K$ 短路算法的遗传算法、嵌入 $K$ 短路算法的两阶段遗传算法和用于对比的枚举算法。

1. 嵌入 $K$ 短路算法的遗传算法

(1) 编码机制

为计算 4PLRP-CDPM 模型,首先要对解进行编码设计。在 4PLRP-CDPM 配送网络中,每个解同时包含配送节点和 3PL 供应商的选择,因此在设计编码的时候需同时考虑两者。针对问题的这一特点,设计了基于无向图单物资配送的 4PLRP-CDPM 双列变长编码机制。

在双列变长编码机制中,每个解包含两个部分,分别对应路径中的节点和边;染色体的长度对应于节点的个数,且随着路径上节点数目的变化而改变,因此叫作双列变长编码机制。对于一个电力物资配送网络 $G(V,E)(|V|=n)$,它的编码如式(3-14)所示:

$$Path:[v_s,v_1,\cdots,v_w,v_d];PL:[e_{v_s v_1 k_1},\cdots,e_{v_w v_d k_{w+1}}] \quad (3-14)$$

式(3-14)中,$Path$ 表示运输过程中经过的节点集,其中 $v_s$ 表示区域库,$v_d$ 表示需求节点,$s,d \in \{1,2,\cdots,n\}$,$v_i(i=1,\cdots,w)$ 表示物资从区域库 $v_s$ 配送到需求节点 $v_d$ 时途经的第 $i$ 个节点,$w$ 表示中转节点的个数。$k_i \in \{1,2,\cdots,r\}$ ($i=1,2,\cdots,w+1$)表示路径中使用的第 $i$ 个 3PL 供应商。$PL$ 表示配送过程中使用的 3PL 供应商集合。$e_{v_{i-1} v_i k_i}$ ($i=1,\cdots,w$,or,$d$)表示在配送过程中,第 $i$ 个路段上的 3PL 供应商 $k_i$ 负责将物资由节点 $v_{i-1}$ 配送到节点 $v_i$。如果某一节

点或边在配送过程中被选中,那么该节点或边对应的决策变量为1,否则为0。

双列变长的编码结构构成了算法的个体。每个染色体 $I_o(o=1,2,\cdots,PS$,$PS$ 表示种群规模)由路径中的节点和边组成,共同构成一个解。但是这样构成的解的路径长度是变长的。也就是说路径的长度由路径上节点的个数决定。不同的路径可能会对应不同的路径长度,因此在求解时需要计算每条路径的具体长度。另一方面,点的随机组合可能不会构成一条从区域库到需求节点的通路,即可能存在不可行解。为了避免不可行解,在初始化过程中,本书利用图的邻接矩阵表示图中节点和边的关系,将多重图转化简单图,然后利用简单图中节点与边之间的关系对染色体进行初始化,具体过程如下:

(2) 解的初始化

解的生成过程实际上是路径中的转运节点和边(3PL 供应商)的选择过程。图 3-1 中 $G$ 的邻接矩阵如图 3-2 所示(由于配送过程中从区域库发出的物资不会返回,所以第一列为0),其中 $d_{ij}$ 表示图 $G$ 中节点 $i$ 到节点 $j$ 的边的数目。$\forall d_{ij} \in G$,如果 $d_{ij} \neq 0$,随机生成 $1 \sim d_{ij}$ 之间的一个整数,并用对应的3PL供应商编号作为简单图 $G'$ 中的元素 $f_{ij}$;否则,取0。

$$\boldsymbol{D}=(d_{ij})_{8\times 8}=\begin{bmatrix} 0 & 3 & 4 & 0 & 0 & 0 & 0 & 0 \\ 0 & 0 & 2 & 3 & 0 & 2 & 2 & 0 \\ 0 & 0 & 0 & 3 & 3 & 2 & 2 & 0 \\ 0 & 0 & 0 & 0 & 2 & 3 & 2 & 0 \\ 0 & 0 & 0 & 0 & 0 & 2 & 3 & 0 \\ 0 & 0 & 0 & 0 & 0 & 0 & 2 & 3 \\ 0 & 0 & 0 & 0 & 0 & 0 & 0 & 3 \\ 0 & 0 & 0 & 0 & 0 & 0 & 0 & 0 \end{bmatrix}$$

图 3-2 图 3-1 中 $G$ 的邻接矩阵

可行解是在简单图 $G'$ 中生成的。生成的每个解均对应一个随机生成的简单图 $G'$,设 $F$ 是 $G'$ 的邻接矩阵,$F$ 中的非零元素代表随机选择的3PL供应商。设区域库为节点1,首先从区域库 $v_1$ 出发,随机选取一个与 $v_1$ 直接相邻的节点作为 $v_2$,于是3PL供应商 $f_{v_1 v_2}$ 被选中并负责节点 $v_1$ 到节点 $v_2$ 运输的任务。为了避免复选,删去 $F$ 中该节点($v_2$)所在的列,重复此过程直到选择的节点为配送的终点,然后计算使用该路径所需的费用和时间。

在此过程中,如果选到的某一节点(非终点)不再有其他可以选择的相邻节点,即该路径无法继续,则应放弃该路径,然后按照上述步骤重新生成新路径直到选择的节点为终点。

**(3) K 短路算法**

在解的初始化过程中,本节将多重图转化为简单图,于是 4PLRP-CDPM 可以被看作带有约束条件的最短路(Constrainted Shortest Path,CSP)问题。在简单图中,可以使用 K 短路算法求得满足约束的第 K 条最短路径,从而得到问题的最优解。但是将多重图转化为简单图时,每改变多重图上的一条边便会出现一个新的简单图,这就意味着由多重图转化成的简单图数量与原多重图数量是幂指数倍的关系。另外,转换机制也使 K 短路算法变得更加耗时,不可能在有限时间内完成如此庞大的任务。因此,为了避免 K 短路算法求解耗时的问题,本书只利用 K 短路算法产生初始种群,并且 K 的大小根据解的效果进行设定,避免了一味求解满足约束条件的最短路而造成耗时过长的问题。它的具体实现步骤如下:

Step 1:在随机产生的简单图 $G'(V,E')$ 上,使用 Dijkstra 算法求出由区域库 $v_s$ 到需求节点 $v_d$ 的最短路径(以下步骤中的最短路径均由 Dijkstra 算法求得)。假设 $F(F=(f_{ij})_{n\times n},i,j=1,2,\cdots,n)$ 是 $G'$ 的邻接矩阵,令 $Ee:=E'$,$k:=1,p^k:=\{v_s^k,\cdots,v_d^k\}$($v_i^k(i=1,2,\cdots,w)$ 表示路径 $p^k$ 上的第 $i$ 个节点,$w$ 表示路径 $p^k$ 上节点的数目),$P$ 表示路径集,初始时 $P:=\{p^j|j=1,\cdots,k\}$,并令 $ii:=1$。

Step 2:计算路径 $p^k$ 需要的时间 $T_{p^k}$。如果 $T_{p^k}\leqslant T$,那么 $p^k$ 即为所求的第 K 短路径,终止算法并输出 $p^k$;否则,转 Step 3。

Step 3:置 $Ee:=E'-\{(v_{ii}^k,v_{ii+1}^k)|(v_{ii}^k,v_{ii+1}^k)\in p^k\}$,求 $G'(V,Ee)$ 上的最短路 $p^{ii}$。

Step 4:如果 $ii<w-1$,那么 $ii:=ii+1$,转 Step 3;否则记录 Step 3 中产生的所有最短路径,$W:=\{pp^{ii}|ii=1,\cdots,w-1\}$。

Step 5:令 $P:=P\cup W-\{p^k\}$,$ii:=ii+1$。将 $P$ 中的元素按照配送时间进行升序排列,最小者记为 $p^k$,$k:=k+1$。

Step 6:如果 $k\geqslant K$,终止算法并输出 $p^k$;否则,转 Step 2。

**(4) 适应值函数**

利用 K 短路算法可以得到高质量的初始解。但本书采用的 K 短路算法并不一定能求得满足约束条件的第 K 短路径,所以即使是利用 K 短路算法得到的初始解也不一定满足约束式(3-2)。因此本书将时间约束作为一个罚函数加入目标函数中,其形式为

$$f=Z+\alpha\cdot\max(0,TT-T) \tag{3-15}$$

其中,$TT$ 表示初始解的实际运输时间,$\alpha(\alpha\geqslant 1)$ 为惩罚系数,它的取值由具体问题而定。

按照适值函数将染色体 $I_1, I_2, \cdots, I_{PS}$（$PS$ 表示初始种群）按照从小到大的顺序进行排序。设参数 $\mu \in (0,1)$，定义基于序的评价函数为：

$$\mathrm{eval}(I_i) = \mu(1-\mu)^{i-1}, i=1,2,\cdots,PS \tag{3-16}$$

（5）选择机制

选择过程以旋转赌轮 $PS$ 次为基础。按照染色体的适应度，每次旋转都为新的种群选择一个染色体，具体过程如下：

Step 1：对每个染色体 $I_o$，计算累计概率 $q_o$：

$$q_0 = 0, q_o = \sum_{i=1}^{o} \mathrm{eval}(I_i), \ o=1,2,\cdots,PS;$$

Step 2：从区间 $(0, q_{PS}]$ 中产生一个随机数 $r$；

Step 3：若 $q_{o-1} < r \leqslant q_o$，选择第 $o$ 个染色体 $I_o (1 \leqslant o \leqslant PS)$；

Step 4：重复 Step 2 和 Step 3 共 $PS$ 次，这样可以得到 $PS$ 个染色体。

（6）交叉操作

在每代种群中，交叉操作以 $Pc$ 的概率发生在染色体上。这个概率说明种群中有期望值为 $Pc \times PS$ 个染色体要进行交叉操作。

为了确定交叉操作的父代，从 $i=1$ 到 $PS$ 重复以下过程：从 $[0,1]$ 中产生随机数 $r$，如果 $r < Pc$，则选择 $I_i$ 作为一个父代。用 $I_1', I_2', I_3', \cdots$ 表示选择好的父代，当父代染色体数目为奇数时，舍去最后一个父代染色体，并把它们按下面的形式两两配对：

$$(I_1', I_2'), (I_3', I_4'), (I_5', I_6'), \cdots$$

下面以 $(I_1', I_2')$ 为例，展示染色体的交叉过程：

首先确定 $I_1'$ 和 $I_2'$ 中节点的数目，令较少的为 $Lg$。其次从区间 $[2, Lg-2]$ 中随机产生一个整数，设为 $c$。然后交换染色体 $I_1'$ 和 $I_2'$ 中 $c$ 点及 $c$ 点以后的元素，形成新的个体，如下所示：

交叉前：

$$I_1': Path:[v_1, v_2, \cdots, v_{c-1}, \vdots v_c, \cdots, v_{w-1}, v_w];$$
$$PL:[e_{v_1 v_2 k_1}, \cdots, e_{v_{c-2} v_{c-1} k_{c-2}}, \vdots e_{v_{c-1} v_c k_{c-1}}, \cdots, e_{v_{w-1} v_w k_{w-1}}]$$
$$I_2': Path:[v_1', v_2', \cdots, v_{c-1}', \vdots v_c', \cdots, v_{t-1}', v_t'];$$
$$PL:[e_{v_1' v_2' k_1'}, \cdots, e_{v_{c-2}' v_{c-1}' k_{c-2}'}, \vdots e_{v_{c-1}' v_c' k_{c-1}'}, \cdots, e_{v_{t-1}' v_t' k_{t-1}'}]$$

令 $Lg = \min(w, t)$ [$\min(a,b)$ 表示取 $a$ 和 $b$ 中较小者]，然后在 $[2, Lg-2]$ 区间内产生一个随机整数 $c$，于是产生了子代 $I_1''$ 和 $I_2''$。

交叉后：

$$I_1'': Path:[v_1, v_2, \cdots, v_{c-1}, \vdots v_c', \cdots, v_{t-1}', v_t'];$$
$$PL:[e_{v_1 v_2 k_1}, \cdots, e_{v_{c-2} v_{c-1} k_{c-2}}, \vdots e_{v_{c-1} v_c' k_{c-1}'}, \cdots, e_{v_{t-1}' v_t' k_{t-1}'}]$$

$$I_2'' : Path : [v_1', v_2', \cdots, v_{c-1}', \vdots v_c, \cdots, v_{w-1}, v_w];$$
$$PL : [e_{v_1'v_2'k_1'}, \cdots, e_{v_{c-2}'v_{c-1}'k_{c-2}'}, \vdots e_{v_{c-1}v_ck_{c-1}}, \cdots, e_{v_wv_wk_{w-1}}]$$

交叉过程中,由于节点和边位置的改变可能会生成不可行解。于是我们需要对交叉后产生的解进行检验:

如果子代个体中有重复的节点,删除中间部分的节点和边;如果子代个体仍是一条由区域库到需求节点的路径,该个体是合法的;否则检查交叉节点之前的第一个节点是否与交叉节点后各个节点相连,如果是,删除中间部分的节点和边,并随机选择一条边连接这两个节点;如果不是,说明该个体不合法,用父代个体取代对应的子代个体。

(7) 变异操作

本书设计的变异操作是针对边的变异。

定义参数 $Pm$ 为变异概率。由 $i=1$ 到 $PS$,重复下列过程:从区间 $[0,1]$ 中随机产生数 $r$,如果 $r<Pm$,则选择染色体 $I_i$ 作为变异的父代,对染色体 $I_i$ 中各路径分别进行变异。首先,计算路径中 3PL 供应商(边)的个数,设为 $P1$。从区间 $[1,P1]$ 中随机产生一个整数,设为 $p$,即需要变异的位置。检查是否有满足要求的其他 3PL 供应商(边),如果有,随机选取一个满足要求的 3PL 供应商(边);如果没有,不做改变。

(8) 算法的主要流程

Step 1:将多重图表示成邻接矩阵的形式,利用 $K$ 短路算法对种群 $PS$ 进行初始化。

Step 2:根据适应值函数式(3-15)和评价函数式(3-16)按照轮盘赌法则选择染色体。

Step 3:对满足交叉概率 $Pc$ 的染色体,两两分组进行交叉操作。

Step 4:检验染色体中使用的节点和边的能力和信誉指标,并做出适当的调整。

Step 5:对满足变异概率 $Pm$ 的染色体,进行变异操作。

Step 6:对每个染色体进行局域搜索,如果新生成的染色体优于原来染色体,则更新染色体。

Step 7:计算每个染色体的适值函数,如果出现优于当前最优解的个体,则更新当前最优解。

Step 8:检查是否达到最大迭代次数 $NG1$。如果是转 Step 9;否则,转 Step 2。

Step 9:终止算法并输出最优解。

## 2. 嵌入 $K$ 短路算法的两阶段遗传算法

利用 KGA 算法求解单物资 4PLRP-CDPM 时,可以得到问题的满意解。但是对于大规模问题不一定能找到问题的最优解(见 3.1.4 节实验仿真)。对 KGA 计算得到的解进行研究发现:经过若干次迭代后,种群中大部分个体的第一列(路径上的节点)与最好解的第一列相同,以后迭代则是对第二列(路径上的边)进行改变。由此可见,3PL 供应商的选择甚至比路径的选择更加耗时。针对这一特点,本节利用 GA 对与最好解路径相同的解进行二次求解,即第二阶段 GA,简称嵌入 $K$ 短路算法的两阶段遗传算法($K$-shortest Path Algorithm Embedded Two Step GA,KTGA)。它的设计思路是:首先,将与最好解路径相同的染色体数目扩大到 $Q \times PS$($Q$ 为扩大的倍数),然后,对种群规模为 $Q \times PS$ 的个体进行二次 GA 操作。具体过程如下:

Step 1:在 KGA 结束前的最后一代种群中找到与 KGA 得到的最好解 $I_{\text{best}}$ 拥有相同路径的染色体,记这样的染色体的数目为 $n_{\text{best}}$。

Step 2:将个体数由 $n_{\text{best}}$ 扩大到 $Q \times PS$。假设 $v_i$ 和 $v_{i+1}$($i=1,2,\cdots,w$,$w \leqslant n$)是 $n_{\text{best}}$ 某一个体中的两个相邻节点,随机产生一个 1 至 $r$ 之间的整数作为将物资从 $v_i$ 运至 $v_{i+1}$ 的 3PL 供应商(如果该 3PL 供应商无法进行节点 $v_i$ 至节点 $v_{i+1}$ 的配送工作则重新选择 3PL 供应商)。重复此过程直到路径中的 3PL 供应商被重新指派成功并生成与 $I_{\text{best}}$ 拥有相同路径但不同 3PL 供应商的新染色体。

Step 3:重复步骤 Step 2 直到生成 $Q \times PS - n_{\text{best}}$ 个染色体。新生成的 $Q \times PS - n_{\text{best}}$ 个染色体与第一阶段 GA 生成的 $n_{\text{best}}$ 个染色体共同构成了第二阶段 GA 的初始种群。

Step 4:根据适应值函数式(3-15)按照轮盘赌法则选择染色体。

Step 5:对满足交叉概率 $Pc$ 的染色体的第二列(路径上的边)进行交叉操作。

Step 6:对满足变异概率 $Pm$ 的染色体的第二列进行变异操作。

Step 7:计算染色体的适应值,如果出现优于当前最优解的个体,则更新当前最优解。

Step 8:重复 Step 4 到 Step 7 直到最大迭代次数 $NG2$。

Step 9:算法终止,输出最好解。

这里,我们将融入第二阶段 GA 的 KGA 叫作嵌入 $K$ 短路算法的两阶段遗传算法(KTGA)。它的流程图如图 3-3 所示。

## 3. 枚举算法

为了检验 KGA 和 KTGA 得到的解的质量,我们编写了用于对比的枚举算

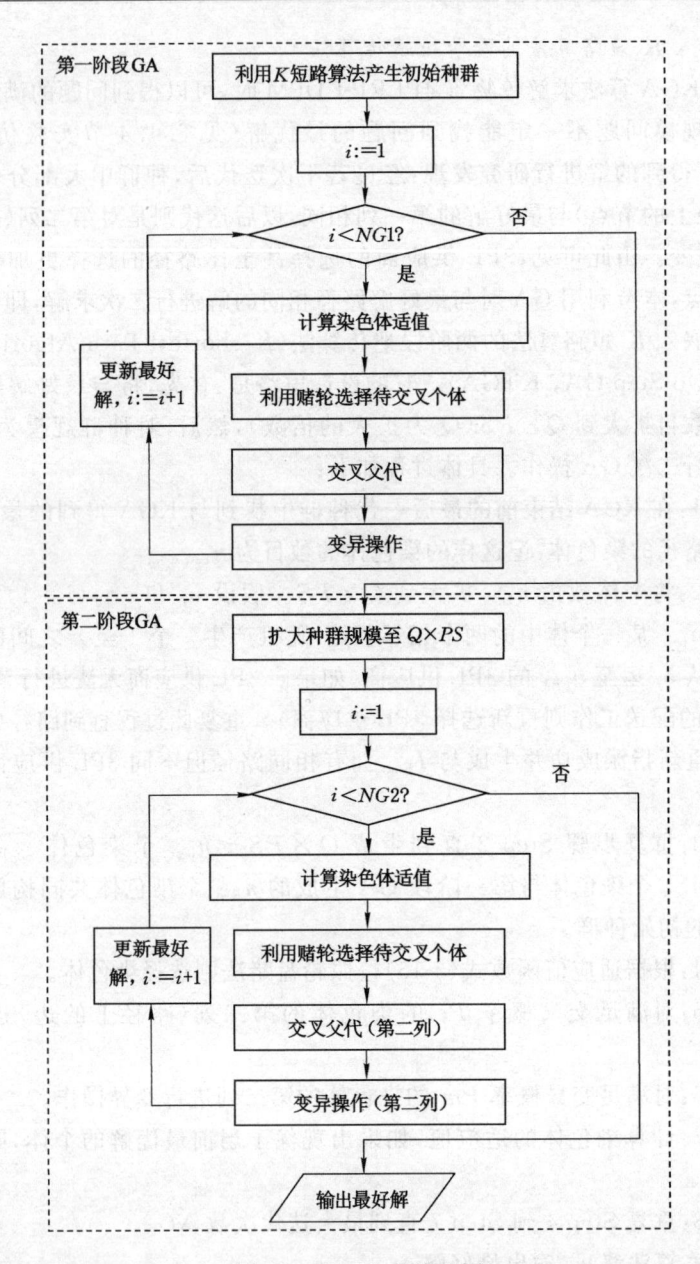

图 3-3 KTGA 的流程图

法。由于解的空间十分庞大,我们设计了基于回溯的两阶段枚举算法:第一阶段求出随机产生的简单图上的所有路径;第二阶段改变路径上的边从而生成多重图上的所有路径。

Step 1:在简单图上产生所有从区域库到需求节点的路径。

Step 1.1:按照 3.1.3 中)解的初始化的方法,随机产生一个简单图 $G'$。

Step 1.2:在简单图 $G'$ 上随机生成一条从区域库到需求节点的路径 $Pp=[v_1,v_2,\cdots,v_w]$($w$ 是路径上节点的个数)。

Step 1.3:$i:=w-1$。

Step 1.4:如果节点 $v_i$ 不存在除路径 $Pp$ 外的其他相邻节点,转 Step 1.5;否则,假设有 $W$ 个这样的节点,并令它们分别是 $c_1,c_2,\cdots,c_W$。

Step 1.4.1:$j:=0$。

Step 1.4.2:如果 $j \geqslant W$,转 Step 1.5;否则,$j:=j+1$。

Step 1.4.3:如果 $c_j$ 是终点,记录这条新产生的从区域库到需求节点的路径,并转 Step 1.4.2;否则,如果 $c_j$ 不存在除了 $v_i$ 以外的其他邻接点,转 Step 1.4.2;否则转 Step 1.4,按照 Step 1.4 的方法找到与 $c_j$ 相邻的其他节点和路径。

Step 1.5:如果 $i \geqslant 2$,$i:=i-1$ 并转 Step 1.4;否则转 Step 1.6。

Step 1.6:输出简单图 $G'$ 上从区域库到需求节点的所有路径。

Step 2:枚举 Step 1 产生的所有路径的边,生成多重图上的所有路径。

Step 3:计算路径的适应值,最小者即为问题的最优解。

### 3.1.4 实验仿真

在这一节中,我们首先介绍三类用来对算法进行测试的计算实例。其次,以实例一为例对影响 KTGA 性能的主要参数做了简要分析。然后,利用 KTGA 对实例进行计算,并将 KGA、GA 与枚举算法计算得到的结果进行对比,说明算法的有效性。最后,通过改变换乘成本(换乘费用和时间),展示了换乘成本对 4PL 供应商决策的影响。

算法采用 Matlab 7.0 进行实现,并在 Core 2 2.83GHZ PC 上运行。具体的分析过程如下:

1. 实例描述

在这一节中,我们设计了三类 4PLRP-CDPM 算例。第一类是根据对电力物资的配送过程构造的 8 节点 4PLRP-CDPM 展示网络。第二类和第三类是随机生成的网络,分别对应三个小规模 4PLRP-CDPM 网络和五个大规模 4PLRP-CDPM 网络。具体产生过程如下:

对于第一类算例,假设某 4PL 物流公司准备承揽一项由区域库到物资需求点(电力公司)之间的运输任务。涉及的节点包括区域库、中转站和需求节点。在这一配送网络中,用边来表示每个 3PL 供应商并对它们进行编号。如果两个城市之间有多个与 4PL 合作的 3PL 供应商,则用对应编号的边将这两个城市连接起来。图 3-1 展示了该 4PL 公司拥有的一个多 3PL 供应商配送网络。图中每个 3PL 供应商(边)和节点(可能是区域库、中转站或需求节点)均具有费用、时间、承载能力和信誉属性。假设费用以 100 元为单位,时间以天为单位,承载能力以吨为单位,电力公司拟配送的物资质量为 4。于是问题便转化为在指定交货期内由单点到单点的配送问题。假设电力公司指定 4PL 供应商需在 24 天内将货物由区域库(节点 1)运至需求节点(节点 8),沿途所有中转节点和 3PL 供应商可提供的能力均不能小于 4、信誉均不能小于 6 且在中转节点的换乘时间为 1 天,换乘费用为 100 元。在对不满足约束式(3-6)~式(3-9)的 3PL 供应商进行预处理后,余下的数据如表 3-1,表 3-2 所示。

表 3-1　3PL 数据

| 起点 | 终点 | 边 | 费用 | 时间 | 能力 | 信誉 | 起点 | 终点 | 边 | 费用 | 时间 | 能力 | 信誉 |
|---|---|---|---|---|---|---|---|---|---|---|---|---|---|
| 1 | 2 | 1 | 1 | 0.3 | 10 | 12 | 3 | 6 | 5 | 9 | 20 | 10 | 10 |
| 1 | 2 | 3 | 2 | 0.2 | 7 | 12 | 3 | 7 | 1 | 12 | 17 | 8 | 8 |
| 1 | 2 | 4 | 4 | 0.1 | 8 | 11 | 3 | 7 | 2 | 9 | 20 | 6 | 8 |
| 1 | 3 | 1 | 2 | 2.0 | 9 | 11 | 4 | 5 | 2 | 10 | 7 | 7 |  |
| 1 | 3 | 2 | 7 | 1.3 | 10 | 7 | 4 | 7 | 3 | 9 |  | 10 | 7 |
| 1 | 3 | 3 | 5 | 1.4 | 8 | 7 | 4 | 8 | 2 | 13 | 22 | 6 | 7 |
| 1 | 3 | 4 | 8 | 1.2 | 10 | 8 | 4 | 8 | 14 | 20 |  | 9 |  |
| 2 | 3 | 1 | 5 | 2.2 | 5 | 8 | 4 | 8 | 12 | 23 | 9 | 9 |  |
| 2 | 3 | 3 | 3 | 1.8 | 10 | 9 | 4 | 8 | 14 | 24 | 10 | 8 |  |
| 2 | 4 | 1 | 10 | 3 | 4 | 9 | 4 | 8 | 15 | 26 | 8 | 8 |  |
| 2 | 4 | 4 | 4 | 4 | 7 | 10 | 5 | 6 | 3 | 8 | 3.5 | 5 | 6 |
| 2 | 4 | 5 | 6 | 5 | 8 | 10 | 5 | 6 | 4 | 7 | 3.2 | 6 | 6 |
| 2 | 6 | 2 | 10 | 20 | 6 | 8 | 5 | 6 | 2 | 10 | 3.8 | 4 | 6 |
| 2 | 6 | 4 | 11 | 19 | 4 | 8 | 5 | 6 | 4 | 8 | 4.1 | 9 | 8 |
| 2 | 7 | 2 | 11 | 22 | 8 | 8 | 5 | 6 |  | 11 | 3.5 |  |  |
| 2 | 7 | 4 | 12 | 21 | 4 | 9 | 6 | 3 | 2 | 1.1 | 10 | 7 |  |
| 3 | 4 | 2 | 1.5 | 8 | 6 |  | 6 | 7 | 5 | 3 | 0.9 | 8 | 6 |
| 3 | 4 | 3 | 4 | 1.8 | 9 | 6 | 6 | 8 | 1 | 0.6 | 6 | 10 |  |
| 3 | 4 | 5 | 4 | 1.6 | 8 | 8 | 6 | 8 | 2 | 0.5 | 7 | 10 |  |
| 3 | 5 | 1 | 9 | 11 | 6 | 8 | 6 | 8 | 3 | 0.4 | 4 | 8 |  |
| 3 | 5 | 4 | 7 | 13 | 8 | 8 | 7 | 8 | 3 | 3 | 0.3 | 12 | 8 |

# 第3章 确定环境下的4PLRP-CDPM

表3-1(续)

| 起点 | 终点 | 边 | 费用 | 时间 | 能力 | 信誉 | 起点 | 终点 | 边 | 费用 | 时间 | 能力 | 信誉 |
|---|---|---|---|---|---|---|---|---|---|---|---|---|---|
| 3 | 5 | 5 | 8 | 12 | 5 | 8 | 7 | 8 | 4 | 1 | 0.5 | 10 | 7 |
| 3 | 6 | 3 | 10 | 19 | 4 | 10 | 7 | 8 | 5 | 2 | 0.4 | 8 | 7 |

表3-2 点的数据

| 节点 | 停靠费用 | 停靠时间 | 换乘费用 | 换乘时间 | 能力 | 信誉 |
|---|---|---|---|---|---|---|
| 1 | 1 | 0.5 | 0 | 0 | 10 | 12 |
| 2 | 1 | 0.5 | 1 | 1 | 10 | 10 |
| 3 | 2 | 0.5 | 1 | 1 | 8 | 10 |
| 4 | 5 | 1 | 1 | 1 | 8 | 10 |
| 5 | 3 | 3 | 1 | 1 | 5 | 8 |
| 6 | 4 | 1 | 1 | 1 | 5 | 8 |
| 7 | 2 | 1 | 1 | 1 | 6 | 10 |
| 8 | 1 | 1 | 0 | 0 | 10 | 10 |

对于第二类和第三类算例,它们分别由 $n=15,30,50$ 的小规模4PLRP-CDPM物资配送网络和 $n=500,1\,000,2\,000,3\,000,5\,000$ 的大规模4PLRP-CDPM物资配送网络组成。它们的数据和参数是随机产生的。假设$[a,b]$表示在 $a$ 到 $b$ 之间($a \leqslant b$)随机产生一个整数,那么它们产生的方法如表3-3所示。

表3-3 需要设置的参数

| 参数 | 设置方式 |
|---|---|
| $r_{ij}$ | 当 $i \neq d, i \neq j$ 时,$r_{ij} := [2, r]$;从 $r$ 个3PL供应商中随机产生 $r_{ij}$ 个不同的3PL供应商 |
| $T_{ijk}$ | 当 $k=1$ 时,$T_{ijk} := [10, 30]$;否则 $T_{ijk} := T_{ij(k-1)} - [1, 3]$ |
| $T_i$ | $T_i := [1, 4]$ |
| $T'_i$ | $T'_i := [2, 6]$ |
| $C_{ijk}$ | 当 $k=1$ 时,$C_{ijk} := [2, 30]$;否则 $C_{ijk} := C_{ij(k-1)} + [1, 3]$ |
| $C_i$ | $C_i := [1, 4]$ |
| $C'_i$ | $C'_i := [2, 6]$ |
| $P$ | $P := [1, 6]$ |
| $P_{ijk}$ | $P_{ijk} := [3, 8]$ |
| $P'_i$ | $P'_i := [4, 10]$ |

表3-3(续)

| 参数 | 设置方式 |
|---|---|
| $A$ | $A:=[2,6]$ |
| $A_{ijk}$ | $A_{ijk}:=[4,8]$ |
| $A'_i$ | $A'_i:=[4,10]$ |

$r_{ij}$ 的数目决定 4PLRP-CDPM 物资配送网络中任意两个节点实际相连接的 3PL 供应商的数目,确定 $r_{ij}$ 后再随机生成 $r_{ij}$ 个不同的 3PL 供应商。表 3-3 中的参数可以随机产生的网络中 3PL 供应商和中转节点的运输时间、费用等信息,于是给定 $n$ 的数目便可生成一个 4PLRP-CDPM 网络。

2. 参数分析

参数设置是智能算法设计中的重要问题之一。虽然已有学者对此做过讨论,但是一般针对的是在特定环境下特定算法的研究。对于本书设计的算法,参数设置同样是研究其特性的重要指标之一。在这一节中以实例一为例,分析了 KTGA 主要参数对其行为的影响。这些参数分别是种群规模 $PS$、K 短路次数 $K$、迭代次数 $NG$(在 KTG 中,$NG=NG1+NG2$,$NG1$ 表示第一阶段 GA 的迭代次数,$NG2$ 表示第二阶段 GA 的迭代次数)、倍数 $Q$、交叉概率 $Pc$ 和变异概率 $Pm$。

在每组设定的参数下运行 KTGA 20 次,记录 20 次中找到的最好解(Best)、最差解(Bad)、解的均值(Avg)以及解的标准偏差(msd)后对结果进行评价。解的均值和标准偏差的求法如下:

$$\mathrm{Avg}(\bar{Z}) = \frac{1}{II}\sum_{i=1}^{II}\bar{Z}_i \qquad (3-17)$$

$$\mathrm{msd}(\bar{Z}) = \sqrt{\frac{1}{II-1}\sum_{i=1}^{II}(\bar{Z}_i - \mathrm{Avg}(\bar{Z}))^2} \qquad (3-18)$$

其中,$II$ 为结果的个数,$\bar{Z}_i$ 为第 $i$ 次程序运行的最好解。

Time 表示算法运行 1 次所需的平均时间(单位是秒)。算法中的各个参数既是相互独立又是相互关联的。为此,文中将相互之间存在一定关联的参数放在一起进行研究。在研究算法性能时,首先将参数设为较小的值,测试算法的计算结果。如果此时的偏差较大,则需先增加各参数的数值后再进行计算。如果偏差减小,说明改变参数是有效的。继续增大各参数直到算法的偏差不再降低。此时的参数设置记为最佳设置。由于各参数增加的幅度由人来操作,所以参数的最佳设置方案可能存在多种可能。因此在讨论参数对 KTGA 的影响时,研究的参数是在其他参数为同一组最佳设置的状态下进行的。经多次实验,各组参数下得到的结果如表 3-4~表 3-10 所示。具体分析过程如下。

(1) 参数 $PS$ 对 KTGA 的影响

表 3-4 参数 $PS$ 对 KTGA 的影响

| PS | K | NG1 | NG2 | Q | $Pc$ | $Pm$ | T | Best | Bad | Avg | msd | Time |
|---|---|---|---|---|---|---|---|---|---|---|---|---|
| 5 | 3 | 15 | 15 | 2 | 0.50 | 0.20 | 24 | 22 | 26 | 23 | 0.9 | <1 |
| 10 | 3 | 15 | 15 | 2 | 0.50 | 0.20 | 24 | 22 | 22 | 22 | 0 | <1 |
| 15 | 3 | 15 | 15 | 2 | 0.50 | 0.20 | 24 | 22 | 22 | 22 | 0 | <1 |
| 20 | 3 | 15 | 15 | 2 | 0.50 | 0.20 | 24 | 22 | 22 | 22 | 0 | <1 |
| 30 | 3 | 15 | 15 | 2 | 0.50 | 0.20 | 24 | 22 | 22 | 22 | 0 | <1 |

从表 3-4 可以看出,当 $PS=5$ 时,算法存在偏差。逐渐增加算法的种群规模,$PS=10$ 时算法的偏差为 0。此后再增加种群规模算法的偏差均是 0,由此可知 $PS=10$ 是算法种群规模的最佳设置。

(2) 参数 $K$ 对 KTGA 的影响

表 3-5 参数 $K$ 对 KTGA 的影响

| PS | K | NG1 | NG2 | Q | $Pc$ | $Pm$ | T | Best | Bad | Avg | msd | Time |
|---|---|---|---|---|---|---|---|---|---|---|---|---|
| 10 | 1 | 15 | 15 | 2 | 0.50 | 0.20 | 24 | 22 | 27 | 24 | 1.6 | <1 |
| 10 | 2 | 15 | 15 | 2 | 0.50 | 0.20 | 24 | 22 | 24 | 23 | 0.5 | <1 |
| 10 | 3 | 15 | 15 | 2 | 0.50 | 0.20 | 24 | 22 | 22 | 22 | 0 | <1 |
| 10 | 4 | 15 | 15 | 2 | 0.50 | 0.20 | 24 | 22 | 22 | 22 | 0 | <1 |

$K$ 短路次数 $K$ 从初始解的质量上影响着算法的偏差。如表 3-5 所示,当 $K=3$ 时算法的偏差为 0。这说明初始解的质量对算法起着决定性的作用,同时也说明了在解的初始化中添加 $K$ 短路算法是必要的。

(3) 参数 $NG1$ 对 KTGA 的影响

表 3-6 参数 $NG1$ 对 KTGA 的影响

| PS | K | NG1 | NG2 | Q | $Pc$ | $Pm$ | T | Best | Bad | Avg | msd | Time |
|---|---|---|---|---|---|---|---|---|---|---|---|---|
| 10 | 3 | 5 | 15 | 2 | 0.50 | 0.20 | 24 | 40 | 46 | 42 | 1.8 | <1 |
| 10 | 3 | 10 | 15 | 2 | 0.50 | 0.20 | 24 | 40 | 43 | 41 | 0.6 | <1 |
| 10 | 3 | 15 | 15 | 2 | 0.50 | 0.20 | 24 | 40 | 40 | 40 | 0 | <1 |
| 10 | 3 | 20 | 15 | 2 | 0.50 | 0.20 | 24 | 40 | 40 | 40 | 0 | <1 |

表3-6(续)

| PS | K | NG1 | NG2 | Q | Pc | Pm | T | Best | Bad | Avg | msd | Time |
|---|---|---|---|---|---|---|---|---|---|---|---|---|
| 10 | 3 | 25 | 15 | 2 | 0.50 | 0.20 | 24 | 40 | 40 | 40 | 0 | <1 |
| 10 | 3 | 30 | 15 | 2 | 0.50 | 0.20 | 24 | 40 | 40 | 40 | 0 | <1 |

对于KTGA,存在两阶段GA操作,分别迭代$NG1$和$NG2$次。为了测试二者对算法的影响,我们分别对它们进行了研究。从表3-6可以看出当$NG1=15$时,算法的偏差为0;此后再增加第一阶段GA的迭代次数不再会对解的质量产生影响。

(4) 参数$NG2$对KTGA的影响

表3-7 参数$NG2$对KTGA的影响

| PS | K | NG1 | NG2 | Q | Pc | Pm | T | Best | Bad | Avg | msd | Time |
|---|---|---|---|---|---|---|---|---|---|---|---|---|
| 10 | 3 | 15 | 0 | 2 | 0.50 | 0.20 | 24 | 22 | 28 | 24 | 2.6 | <1 |
| 10 | 3 | 15 | 5 | 2 | 0.50 | 0.20 | 24 | 22 | 26 | 23 | 1.8 | <1 |
| 10 | 3 | 15 | 10 | 2 | 0.50 | 0.20 | 24 | 22 | 25 | 23 | 1.2 | <1 |
| 10 | 3 | 15 | 15 | 2 | 0.50 | 0.20 | 24 | 22 | 22 | 22 | 0 | <1 |
| 10 | 3 | 15 | 20 | 2 | 0.50 | 0.20 | 24 | 22 | 22 | 22 | 0 | <1 |
| 10 | 3 | 15 | 25 | 2 | 0.50 | 0.20 | 24 | 22 | 22 | 22 | 0 | <1 |

从表3-7可以看出,当$NG2=0$,即第二阶段GA不发生作用时得到的最坏解、均值和偏差均差于第二阶段GA发生作用时的情境;增加第二阶段GA迭代的次数,算法的偏差减小,当$NG2=15$时,算法的偏差为0。由表3-6和表3-7可见,KTGA只有在两阶段GA同时发挥作用时结果最好。

(5) 参数$Q$对KTGA的影响

表3-8 参数$Q$对KTGA的影响

| PS | K | NG1 | NG2 | Q | Pc | Pm | T | Best | Bad | Avg | msd | Time |
|---|---|---|---|---|---|---|---|---|---|---|---|---|
| 10 | 3 | 15 | 15 | 1 | 0.50 | 0.20 | 24 | 22 | 25 | 23 | 0.8 | <1 |
| 10 | 3 | 15 | 15 | 2 | 0.50 | 0.20 | 24 | 22 | 22 | 22 | 0 | <1 |
| 10 | 3 | 15 | 15 | 3 | 0.50 | 0.20 | 24 | 22 | 22 | 22 | 0 | <1 |
| 10 | 3 | 15 | 15 | 4 | 0.50 | 0.20 | 24 | 22 | 22 | 22 | 0 | <1 |

表3-8展示了倍数参数$Q$对KTGA的影响。从表3-8可以看出当$Q=1$时

算法的计算结果存在偏差,当 $Q=2$ 时算法的偏差为 0,之后再增加 $Q$ 值时,结果不变。由此可见 $Q=2$ 是对第二阶段 GA 的一个合理的设置。

(6) 参数 $Pc$ 对 KTGA 的影响

表 3-9 参数 $Pc$ 对 KTGA 的影响

| PS | K | NG1 | NG2 | Q | Pc | Pm | T | Best | Bad | Avg | msd | Time |
|---|---|---|---|---|---|---|---|---|---|---|---|---|
| 10 | 3 | 15 | 15 | 2 | 0.40 | 0.20 | 24 | 22 | 24 | 23 | 0.6 | <1 |
| 10 | 3 | 15 | 15 | 2 | 0.50 | 0.20 | 24 | 22 | 22 | 22 | 0 | <1 |
| 10 | 3 | 15 | 15 | 2 | 0.60 | 0.20 | 24 | 22 | 22 | 22 | 0 | <1 |
| 10 | 3 | 15 | 15 | 2 | 0.70 | 0.20 | 24 | 22 | 22 | 22 | 0 | <1 |
| 10 | 3 | 15 | 15 | 2 | 0.80 | 0.20 | 24 | 22 | 22 | 22 | 0 | <1 |

交叉概率 $Pc$ 对算法的影响如表 3-9 所示。它的取值决定了算法的收敛速度。当 $Pc=0.5$ 时算法的偏差为 0,以后再增加交叉概率 $Pc$ 的值算法的性能也不会再有改变,因此 $Pc=0.5$ 是 KTGA 的一个最佳设置。

(7) 参数 $Pm$ 对 KTGA 的影响

表 3-10 参数 $Pm$ 对 KTGA 的影响

| PS | K | NG1 | NG2 | Q | Pc | Pm | T | Best | Bad | Avg | msd | Time |
|---|---|---|---|---|---|---|---|---|---|---|---|---|
| 10 | 3 | 15 | 15 | 2 | 0.50 | 0.10 | 24 | 22 | 26 | 24 | 1.5 | <1 |
| 10 | 3 | 15 | 15 | 2 | 0.50 | 0.15 | 24 | 22 | 25 | 23 | 0.8 | <1 |
| 10 | 3 | 15 | 15 | 2 | 0.50 | 0.20 | 24 | 22 | 22 | 22 | 0 | <1 |
| 10 | 3 | 15 | 15 | 2 | 0.50 | 0.25 | 24 | 22 | 22 | 22 | 0 | <1 |
| 10 | 3 | 15 | 15 | 2 | 0.50 | 0.30 | 24 | 22 | 22 | 22 | 0 | <1 |

变异概率 $Pm$ 对算法的影响如表 3-10 所示。当 $Pm=0.20$ 时算法的偏差为 0,此时即为 $Pm$ 的一个最佳设置。

由上面的分析可知对于实例一中 8 个节点的算例,KTGA 的参数设置如下:

$$\alpha=20, K=3, \gamma=0.05, PS=10, NG1=NG2=15,$$
$$Q=2, Pc=0.5, Pm=0.2$$

于是得到实例一的最优解为:

$$Path:[1268]; PL:[144]$$

总费用 22,完成时间为 23.4。

这意味着,当4PL接到电力公司委托的由区域库(节点1)到物资需求节点(节点8)的配送任务并被告知该项任务要求在24天内完成时,4PL供应商选择节点2和节点6作为转运节点,编号为1的3PL供应商首先将电力物资由区域库1配送至中转节点2,然后在中转节点2(需支付转换3PL供应商的换乘费用和时间)选择编号为4的3PL供应商负责由节点2到节点6以及节点6到物资需求节点8的配送任务。

同理,对于实例二中 $n=15,30,50$ 的算例,令 $s=1,d=n$ 并利用本节的方法进行参数设置,得到的参数设置结果如下:

当 $n=15$ 时,
$\alpha=20, K=4, \gamma=0.05, PS=10, NG1=NG2=15, Q=2, Pc=0.5, Pm=0.2$;

当 $n=30$ 时,
$\alpha=20, K=4, \gamma=0.05, PS=15, NG1=NG2=20, Q=2, Pc=0.6, Pm=0.3$;

当 $n=50$ 时,
$\alpha=20, K=4, \gamma=0.05, PS=15, NG1=NG2=25, Q=2, Pc=0.6, Pm=0.4$。

对于实例三中 $n=500,1\,000,2\,000,3\,000,5\,000$ 的算例,同样令 $s=1,d=n$ 并利用本节的方法进行参数设置,得到的参数设置结果如下:

当 $n=500$ 时,
$\alpha=20, K=5, \gamma=0.05, PS=50, NG1=NG2=75, Q=4, Pc=0.6, Pm=0.5$;

当 $n=1\,000$ 时,
$\alpha=20, K=6, \gamma=0.05, PS=80, NG1=NG2=100, Q=4, Pc=0.6, Pm=0.5$;

当 $n=2\,000$ 时,
$\alpha=20, K=6, \gamma=0.05, PS=100, NG1=NG2=200, Q=5, Pc=0.6, Pm=0.5$;

当 $n=3\,000$ 时,
$\alpha=20, K=6, \gamma=0.05, PS=150, NG1=NG2=400, Q=5, Pc=0.6, Pm=0.5$;

当 $n=5\,000$ 时,
$\alpha=20, K=7, \gamma=0.05, PS=200, NG1=NG2=500, Q=5 Pc=0.6, Pm=0.5$。

3. 算法分析

在这一节中,为了说明算法的有效性,将KTGA计算实例一、实例二和实例三得到的结果与枚举算法(Enumeration Method, EM)、GA和KGA计算得到的结果进行比较,具体内容如下。

对于KTGA,三类算例的参数设置情况已在参数设置分析中给出。GA(即本书设计的KGA省去K短路算法部分)和KGA的参数设置方法与KTGA类似,其中 $\alpha, \gamma, Pc, Pm$(包括KGA中的参数K)可参照相应节点数KTGA的设置结果,而种群规模 $PS$ 和迭代次数 $NG$(在KTGA中 $NG=NG1+$

NG2)二者与KTGA有一定的差别。因此在表3-11中对比算法的同时给出了各个算法在计算不同规模问题时使用的种群规模 PS 和迭代次数 NG 的设置情况。具体的设置和结果如表3-11所示。其中"一"表示在枚举算法中不存在或者不能在有限时间内得到可行解。按照3.1.3节中设计的枚举算法,对于实例一 8 节点的 4PLRP-CDPM 网络,枚举算法计算精确解的时间大约需要 62 s,并且由它计算得到的结果与使用 KTGA 计算得到的最好解是一致的。对于算例二中随机产生的节点数目较多的算例,如 15 节点,在一个随机生成的简单图中有 36 693 个可能解,而在多重图中解的数目超过 $2.5 \times 10^6$。它的计算结果与 KTGA 的相同,而它计算这一问题所需要的时间会超过 $3.1 \times 10^6$ s。对于更多的节点,枚举算法不能在有限时间内计算出结果,而 KTGA 却能在有限时间内计算出结果。由此可见 KTGA 不但可以计算得出与枚举算法相同的小规模问题的结果,还能计算得出枚举算法无法在有限时间内计算出来的大规模问题的结果。

表 3-11 对于算例二、三,枚举、GA、KGA 与 KTGA 的对比情况

| 算法 | 节点数 | 边数 | 时间 | PS | NG | Best | Bad | Avg | msd | Time |
|---|---|---|---|---|---|---|---|---|---|---|
| 枚举 | 8 | 85 | 24 | — | — | 22 | — | — | — | 62 |
| GA | 8 | 85 | 24 | 20 | 30 | 22 | 22 | 22 | 0 | <1 |
| KGA | 8 | 85 | 24 | 20 | 30 | 22 | 22 | 22 | 0 | <1 |
| KTGA | 8 | 85 | 24 | 10 | 30 | 22 | 22 | 22 | 0 | <1 |
| 枚举 | 15 | 294 | 75 | — | — | 115 | — | — | — | $>3.1 \times 10^6$ |
| GA | 15 | 294 | 75 | 30 | 30 | 115 | 115 | 115 | 0 | <1 |
| KGA | 15 | 294 | 75 | 20 | 30 | 115 | 115 | 115 | 0 | <1 |
| KTGA | 15 | 294 | 75 | 10 | 30 | 115 | 115 | 115 | 0 | <1 |
| 枚举 | 30 | 766 | 136 | — | — | — | — | — | — | — |
| GA | 30 | 766 | 136 | 50 | 40 | 192 | 197 | 194 | 2.1 | <1 |
| KGA | 30 | 766 | 136 | 30 | 40 | 192 | 195 | 193 | 0.9 | <1 |
| KTGA | 30 | 766 | 136 | 15 | 40 | 192 | 194 | 192 | 0.4 | <1 |
| 枚举 | 50 | 1 414 | 250 | — | — | — | — | — | — | — |
| GA | 50 | 1414 | 250 | 100 | 50 | 274 | 283 | 277 | 4.8 | 2 |
| KGA | 50 | 1 414 | 250 | 50 | 50 | 274 | 279 | 276 | 2.3 | 9 |

表3-11(续)

| 算法 | 节点数 | 边数 | 时间 | PS | NG | Best | Bad | Avg | msd | Time |
|---|---|---|---|---|---|---|---|---|---|---|
| KTGA | 50 | 1 414 | 250 | 15 | 50 | 274 | 277 | 275 | 0.7 | 4 |
| 枚举 | 500 | 15 700 | 1 800 | — | — | — | — | — | — | — |
| GA | 500 | 15 700 | 1 800 | 300 | 150 | 1 146 | 1 237 | 1 203 | 41.2 | 10 |
| KGA | 500 | 15 700 | 1 800 | 100 | 150 | 1 146 | 1 178 | 1 160 | 15.1 | 73 |
| KTGA | 500 | 15 700 | 1 800 | 50 | 150 | 1 146 | 1 162 | 1 154 | 7.3 | 25 |
| 枚举 | 1 000 | 31 345 | 3 000 | — | — | — | — | — | — | — |
| GA | 1 000 | 31 345 | 3 000 | 400 | 200 | 2 259 | 2 385 | 2 332 | 58.6 | 30 |
| KGA | 1 000 | 31 345 | 3 000 | 150 | 200 | 2 259 | 2 315 | 2 282 | 21.8 | 97 |
| KTGA | 1 000 | 31 345 | 3 000 | 80 | 200 | 2 259 | 2 293 | 2 274 | 13.4 | 45 |
| 枚举 | 2 000 | 63 250 | 7 000 | — | — | — | — | — | — | — |
| GA | 2 000 | 63 250 | 7 000 | 800 | 400 | 5 041 | 5 216 | 5 143 | 88.2 | 165 |
| KGA | 2 000 | 63 250 | 7 000 | 250 | 400 | 5 041 | 5 154 | 5 097 | 38.6 | 596 |
| KTGA | 2 000 | 63 250 | 7 000 | 400 | 400 | 5 041 | 5 117 | 5 069 | 22.1 | 267 |
| 枚举 | 3 000 | 94 428 | 10 000 | — | — | — | — | — | — | — |
| GA | 3 000 | 94 428 | 10 000 | 1 000 | 800 | 7 994 | 8 266 | 8 158 | 123.2 | 363 |
| KGA | 3 000 | 94 428 | 10 000 | 300 | 800 | 7 961 | 8 136 | 8 044 | 63.5 | 1 241 |
| KTGA | 3 000 | 94 428 | 10 000 | 150 | 800 | 7 961 | 8 079 | 8 031 | 41.8 | 588 |
| 枚举 | 5 000 | 157 352 | 17 000 | — | — | — | — | — | — | — |
| GA | 5 000 | 157 352 | 17 000 | 1 500 | 1 000 | 14 870 | 15 334 | 15 147 | 225.4 | 640 |
| KGA | 5 000 | 157 352 | 17 000 | 500 | 1 000 | 14 832 | 15 142 | 15 005 | 94.9 | 2 479 |
| KTGA | 5 000 | 157 352 | 17 000 | 200 | 1 000 | 14 817 | 14 981 | 14 910 | 68.0 | 1 052 |

对于较大规模的问题,由于枚举算法无法在有限时间内计算出结果,为说明KTGA的有效性,我们选用GA和KGA两种算法与KTGA进行比较。从表3-11可以看出,对于实例一和实例二中的算例,三种算法均能达到同样的最好解,并且最差解、均值和计算时间差别不大。但是从解的偏差上看,当$n=8$和15时,三种算法的偏差为0,当$n=30$时,KTGA和KGA的偏差低于GA的偏差,当$n=50$时,GA的偏差是4.8,而KGA和KTGA的偏差分别是2.3和0.7,可见对于实例一和实例二中小规模的算例来说,KTGA和KGA要优于

## 第3章 确定环境下的 4PLRP-CDPM

GA,且随着规模的增加(由 15 到 50),KTGA 同样优于 KGA。对于实例三中的算例,从计算结果的质量上看,当 $n=500,1\,000,2\,000$ 时,三种算法可以得到相同的最好解,但是 KTGA 解的均值和偏差优于 GA 和 KGA 计算得到的结果。当 $n=3000$ 时,GA 不再能得到与 KGA 和 KTGA 相同的最好解,而它的解的偏差也超过了 100,这说明 GA 对于求解 $n \geqslant 3\,000$ 的 4PLRP-CDPM 已显得有些力不从心。当 $n=5\,000$ 时,KTGA 得到的最好解在三种算法中仍然最优,并且由它计算得到的解的均值、偏差和最坏解均要远远优于其他两种算法。这也说明了第二阶段 GA 的有效性。从计算解的时间上看,在计算同等规模问题时,GA 计算时间最短,但是对于 $n \geqslant 3\,000$ 的问题,GA 计算所得的解的波动较大。因此,对于规模不太大或者对解的质量要求不高时,可以选择 GA。对于 KGA,由于在初始化中添加了 $K$ 短路算法,它的计算时间最长,但是它的解的质量,尤其是 $n \geqslant 3\,000$ 的问题,要远远高于 GA 解的质量。而 KTGA 不但能得到更高质量的解,还能通过增加第二阶段 GA 降低 $K$ 短路算法在初始化时的使用次数(种群规模),从而降低计算时间。通过上面的叙述可知 KTGA 对解决此类问题的有效性。

4. 问题分析

表 3-12 展示了在不同时间约束下,换乘成本(换乘费用和时间)对 4PL 供应商决策的影响。从表 3-12 可以看出,在同一时间约束下,换乘成本越大,选择的 3PL 供应商越趋近一致,且配送费用越大。这是因为在考虑换乘成本后 4PL 更趋向于选择具有跨域配送能力的 3PL 从而减少由于转换 3PL 供应商而产生的费用。例如,当时间约束为 23 时,如果不考虑换乘成本,配送路径为[1 3 7 8],[1 1 4],运输费用为 21,配送时间为 22.5。但是在考虑换乘成本的情况下,这一配送方案超时,因此需要 4PL 重新决策从而找到满足约束且总配送费用最小的方案。随着配送时间增加,可选择的 3PL 增多,配送成本(费用和时间)有所下降且有时会得到多个最优配送方案。例如,当时间约束为 25,换乘成本为 0 时,选择路径[1 2 7 8]和 3PL 供应商[1 4 4]也可以在规定时间内以费用 19 完成任务。与此同时,在相同换乘成本下,配送时间越长,总的配送费用越低,这也反映出 4PL 在决策过程中的作用。

表 3-12 换乘成本对路径选择的影响

| 换乘费用 | 换乘时间 | 时间约束 | 路径 | 3PL 供应商 | 运费 | 时间 |
| --- | --- | --- | --- | --- | --- | --- |
| 0 | 0 | 23 | [1 3 7 8] | [1 1 4] | 21 | 22.5 |
| 1 | 1 | 23 | [1 2 6 8] | [4 4 4] | 24 | 22.6 |
| 2 | 2 | 23 | [1 2 6 8] | [4 4 4] | 24 | 22.6 |

表3-12(续)

| 换乘费用 | 换乘时间 | 时间约束 | 路径 | 3PL供应商 | 运费 | 时间 |
| --- | --- | --- | --- | --- | --- | --- |
| 0 | 0 | 24 | [1 2 6 8] | [1 2 3] | 19 | 23.9 |
| 1 | 1 | 24 | [1 2 6 8] | [1 4 4] | 22 | 23.8 |
| 2 | 2 | 24 | [1 3 6 8] | [3 3 3] | 24 | 24 |
| 0 | 0 | 25 | [1 2 6 8] | [1 2 3] | 19 | 23.9 |
| 1 | 1 | 25 | [1 2 7 8] | [4 4 4] | 22 | 24.6 |
| 2 | 2 | 25 | [1 2 7 8] | [4 4 4] | 22 | 24.6 |
| 0 | 0 | 26 | [1 3 7 8] | [1 2 4] | 18 | 25.5 |
| 1 | 1 | 26 | [1 2 7 8] | [4 4 4] | 20 | 24.8 |
| 2 | 2 | 26 | [1 2 7 8] | [1 4 4] | 21 | 24.8 |

## 3.2 多物资 4PLRP-CDPM

多物资 4PLRP-CDPM 是指当电力公司需要同时从多个区域库配送不同种类的物资到多个需求点时，由 4PL 供应商进行的总体供应链协同工作。在这种情况下，由于配送物资的种类多、目标分散，单一 3PL 供应商很难胜任，而 4PL 则更能发挥自身的优势。

### 3.2.1 问题描述

假设某电力公司为了保障供给，需要从不同区域库向多个需求节点配送电力物资并委托 4PL 供应商承揽这批配送任务。在电力公司指定的配送区域内，由 $r$ 个与 4PL 长期合作的 3PL 供应商和 $n$ 个节点(这些节点包含区域库、中转站和需求节点)构成了 4PL 的配送网络。4PL 根据 3PL 供应商的配送范围指派任务。当电力公司发布配送任务时，他们会提出对任务配送时的要求。在配送过程中，由于不同种类的电力物资在选择 3PL 供应商或存储要求上的不同可能会导致配送成本(费用和时间)不同，但所有物资在各中转节点的停靠与换乘成本相同。由于 3PL 供应商自身的业务范围、配送能力或成本之间的差异，使得 4PL 供应商可能会在配送途中更换 3PL 供应商。并且假设，如果 4PL 在某中转节点使用了上一路段所有任务均未使用过的 3PL 供应商，则需计算转换 3PL 的成本，否则继续配送的 3PL 供应商仅是在后继路段增加了新的配送任务，无须增加转换成本。3PL 在配送过程和经过中转节点时需要一定的费用和时间且电力公司对 3PL 的信誉有一定的要求。3PL 供应商和转运节点的承载能力有

## 第3章 确定环境下的 4PLRP-CDPM

限且配送的最大货物量不应超出自身的承载能力。

将上述问题的 3PL 供应商看作边并以编号 $1,\cdots,r$ 标识，于是得到 4PLRP-CDPM 配送网络多重图 $G(V,E)$（其中 $V$ 为节点集，$E$ 为边集）。

基于上述假设，为建立 4PLRP-CDPM 模型需要定义的参数及变量如下：

参数说明：

$r$：配送网络中 3PL 供应商的数量；

$T^{sd}$：由区域库 $s$ 到需求节点 $d$ 配送物资时的交货时间；

$T_{ijk}$：3PL 供应商 $k$ 将物资由节点 $i$ 配送到节点 $j$ 的时间；

$T_i^{sd}$：由区域库 $s$ 到需求节点 $d$ 配送物资途经节点 $i$ 时的停靠时间；

$T'_i$：在节点 $i$ 更换 3PL 供应商的时间；

$b_i^{sd}$：由区域库 $s$ 到需求节点 $d$ 配送物资时节点 $i$ 对物资的需求量，即

$$b_i^{sd} = \begin{cases} -1, & i \text{ 是由 } s \text{ 到 } d \text{ 运输时的起始节点} \\ 1, & i \text{ 是由 } s \text{ 到 } d \text{ 运输时的目的节点} \\ 0, & \text{否则} \end{cases}$$

$C_{ijk}^{sd}$：由区域库 $s$ 到需求节点 $d$ 的物资在由 3PL 供应商 $k$ 经节点 $i$ 运至节点 $j$ 时的费用；

$C_i$：在中转节点 $i$ 的停靠费用；

$P_{ijk}$：3PL 供应商 $k$ 在节点 $i$ 至节点 $j$ 配送时的最大承载能力；

$P^{sd}$：由区域库 $s$ 到需求节点 $d$ 配送的物资总量；

$P'_i$：节点 $i$ 的最大承载能力，指该节点可承受的最大物资量，如搬运、加工和存储等由于自身能力的限制带来的对承载物资总量的限制；

$A_{ijk}$：3PL 供应商 $k$ 在节点 $i$ 至节点 $j$ 配送时累计的信誉评价；

$A$：客户对承运商——3PL 供应商信誉指标的要求；

$A'_i$：节点 $i$ 的信誉指标，指该节点在长期物流活动中如及时发货、服务态度等积累下来的信誉度。

变量定义：

$x_{ijk}^{sd}$：在 4PL 由区域库 $s$ 向需求节点 $d$ 配送物资时，供应商 $k$ 是否承担由节点 $i$ 到节点 $j$ 的配送任务，即

$$x_{ijk}^{sd} = \begin{cases} 1, & \text{供应商 } k \text{ 负责 } i \text{ 到 } j \text{ 的配送任务} \\ 0, & \text{否则} \end{cases}$$

$y_i^{sd}$：节点 $i$ 是否承担由区域库 $s$ 到需求节点 $d$ 的中转任务，即

$$y_i^{sd} = \begin{cases} 1, & \text{点 } i \text{ 承担中转任务} \\ 0, & \text{否则} \end{cases}$$

$z_i^{sd}(k)$：在由区域库 $s$ 到需求节点 $d$ 配送物资途经节点 $i$ 时，是否将承运商

转变为 3PL 供应商 $k$。如果 3PL 供应商 $k$ 在途经该点前的上一路段已承揽了配送任务($\forall s,d$),那么 3PL 供应商 $k$ 仅在节点 $i$ 增加了新的配送任务,于是不收转换成本;否则需计算它的转换成本,即

$$z_i^{sd}(k) = \begin{cases} 1, & y_i^{sd}=1 \text{ 且 } \sum_{s}^{S}\sum_{d}^{D}\sum_{j}^{n} x_{jik}^{sd}=0 \\ 0, & \text{否则} \end{cases}$$

其中,$k\in\{1,2,\cdots,r\}$,$s\in\{1,\cdots,S\}$,$d\in\{1,\cdots,D\}$。

### 3.2.2 数学模型

本节目标是求得满足约束条件的所有配送任务的费用最省方案,即在保证费用最省的情况下,同时考虑 3PL 供应商、转运节点以及转换 3PL 供应商的费用和时间。根据上述描述,建立的模型如下:

$$Z = \min \sum_{s=1}^{S}\sum_{d=1}^{D}\left(\sum_{i=1}^{n}\sum_{j=1}^{n}\sum_{k=1}^{r} C_{ijk}^{sd} x_{ijk}^{sd} + \sum_{i=1}^{n} C_i y_i^{sd} + \sum_{i=1}^{n} C'_i z_i^{sd}(k)\right) \quad (3-19)$$

$$\text{s.t.} \quad \sum_{i=1}^{n}\sum_{j=1}^{n}\sum_{k=1}^{r} T_{ijk} x_{ijk}^{sd} + \sum_{i=1}^{n} T_i^{sdm} y_i^{sd} + \sum_{i=1}^{n} T'_i z_i^{sd}(k) \leqslant T^{sd} \quad (3-20)$$

$$\sum_{i=1}^{n}\sum_{k=1}^{r} x_{ijk}^{sd} - \sum_{i=1}^{n}\sum_{k=1}^{r} x_{jik}^{sd} = b_j^{sd}, j\in\{1,2,\cdots,n\} \quad (3-21)$$

$$\sum_{i=1}^{n}\sum_{k=1}^{r} x_{ijk}^{sd} = y_j^{sd}, j\in\{s,\cdots,n\} \quad (3-22)$$

$$\sum_{j=1}^{n}\sum_{k=1}^{r} x_{ijk}^{sd} = y_i^{sd}, i\in\{1,2,\cdots,n-d\} \quad (3-23)$$

$$\sum_{s}^{S}\sum_{d}^{D} P^{sd} x_{ijk}^{sd} \leqslant P_{ijk}, i,j\in\{1,2,\cdots,n\}, k\in\{1,2,\cdots,r\} \quad (3-24)$$

$$\sum_{s}^{S}\sum_{d}^{D} P^{sd} y_i^{sd} \leqslant P'_i, i\in\{1,2,\cdots,n\} \quad (3-25)$$

$$A x_{ijk}^{sd} \leqslant A_{ijk}, i,j\in\{1,2,\cdots,n\}, k\in\{1,2,\cdots,r\} \quad (3-26)$$

$$A y_i^{sd} \leqslant A'_i, i\in\{1,2,\cdots,n\} \quad (3-27)$$

$$z_i^{sd}(k) \leqslant y_i^{sd}, i\in\{1,2,\cdots,n\} \quad (3-28)$$

$$y_s^{sd} = 1 \quad (3-29)$$

$$y_{n-d+1}^{sd} = 1 \quad (3-30)$$

$$x_{ijk}^{sd}, y_i^{sd}, z_i^{sd}(k) = 0 \text{ 或 } 1, i,j\in\{1,2,\cdots,n\} \quad (3-31)$$

在上面的模型中,$k\in\{1,2,\cdots,r\}$,$s\in\{1,\cdots,S\}$,$d\in\{1,\cdots,D\}$。式(3-19)为目标函数,表示所有任务在配送途中、在转运节点停靠和转换的费用总耗;式(3-20)表示由区域库 $s$ 到需求节点 $d$ 配送的货物到达目的地的时间不大于电力

公司要求的时间；式(3-21)表示流量平衡；式(3-22)、式(3-23)表示选择的节点是从区域库到需求节点的通路；式(3-24)和式(3-25)分别表示选择的3PL供应商和转运节点的承载能力不应小于客户在对应路段要求的承载能力之和；式(3-26)和式(3-27)分别表示选择的3PL供应商和转运节点的信誉指标不应小于客户要求的指标；式(3-28)表示在节点$i$转换则一定在$i$点中转；式(3-29)、式(3-30)分别表示路径的起始和终止节点；式(3-31)表示$x_{ijk}^{sd}$，$y_i^{sd}$和$z_i^{sd}(k)$为0-1变量。

为了简化问题，在求解之前先对问题中涉及的3PL进行预处理。与单物资4PLRP-CDPM不同的是由于多物资配送可能在不同任务中同时使用相同的3PL供应商或转运节点，因此在多物资4PLRP-CDPM中并不能对承载能力约束进行处理，而仅能对不满足信誉指标要求的3PL和转运节点进行处理。具体处理方法如下：

针对式(3-26)和式(3-27)，在模型求解之前，4PL供应商可以根据客户的要求对不满足信誉指标条件的3PL供应商和转运节点予以回避。于是原问题转化为以式(3-19)为目标函数，式(3-20)~式(3-25)、式(3-28)~式(3-31)为约束的混合整数规划模型。由于3PL供应商和转运节点的信誉指标可以在预处理中予以删除，在接下来的章节中不再考虑这一因素。下面，我们将对多物资4PLRP-CDPM进行求解。

### 3.2.3 算法设计

为求解上述模型，本节针对多物资4PLRP-CDPM的特点，设计了基于$K$短路算法的自组织迁移算法(KSOMA)、KSOMA和遗传算法相结合的KSOM-GA，以及用于测试求解效果的近似枚举算法。

1. KSOMA

(1) 编码机制

对于多物资4PLRP-CDPM的每个解中包含多条路径，每个解包含两个部分，分别对应路径中的节点和边。$Path^{sd}(s=1,2,\cdots,S,d=1,2,\cdots,D)$表示将物资由区域库$s$配送到需求节点$d$时，途经的节点集，即$Path^{sd}=\{v_o^{sd}|o=1,2,\cdots,w\}$。它具有费用、时间和承载能力属性，其中节点$v_o^{sd}(o=1,2,\cdots,w)$表示当需要将物资由区域库$s$配送到需求节点$d$时经过的第$o$个节点。$PL^{sd}(s=1,2,\cdots,S,d=1,2,\cdots,D)$表示当需要将物资由区域库$s$配送到需求节点$d$时，使用的3PL供应商(边)的集合，即$PL^{sd}=\{e_{o(o+1)k_o}^{sd}|o=1,2,\cdots,w-1\}$。它同样具有费用、时间和承载能力属性，其中$e_{o(o+1)k_o}^{sd}(o=1,2,\cdots,w-1)$表示由区域库$s$配送到需求节点$d$的过程中，将货物由节点$o$配送到节点$o+1$时，由两者

之间的 3PL 供应商 $k_o$($k_o$ 表示路径上选择的第 $o$ 个 3PL 供应商)负责该段的配送任务。

解码时,如果某一节点或边被选中,那么该节点或边对应的决策变量为 1,否则为 0。

双列变长的编码结构构成了该算法的个体。每个个体 $a$ 由 $S\times D$ 条路径组成,共同构成一个解。于是染色体 $I_i(i=1,\cdots,PS)$ 由 $a(i).Path^{sd}$ 和 $a(i).PL^{sd}(s=1,2,\cdots,S,d=1,2,\cdots,D)$ 共同组成。同单物资 4PLRP-CDPM 一样,点的随机组合不会构成一条从区域库到需求节点的通路,即可能存在不可行解。此外,约束条件的增加也会使原本可行的解变得不可行。因此,为了避免不可行解,在可行解的构造中,还需要判断各个节点和边的能力是否满足要求,具体过程如下:

(2) 可行解的构造

可行解是在多重图 $G$ 中生成的,但与单物资 4PLRP-CDPM 不同的是,在选择节点和边的过程中需要对相应的节点和边的承载能力进行判断:如果能力满足电力公司要求,则可以承担任务,并在各自的能力上减去已使用的载货量;否则,随机选择其他满足条件的节点或者边。例如,从起始点 $v_1^{sm}$ 出发,随机选取一个与 $v_1^{sm}$ 相邻的节点,令该节点为 $v_2^{sm}$,通往节点 $v_2^{sm}$ 的边作为 $e_{v_1^{sm}v_2^{sm}k_1}^{sm}$。如果 $v_2^{sm}$ 和相应的边($f_{v_1^{sm}v_2^{sm}}$)的当前能力均满足电力公司要求,则选择 $f_{v_1^{sm}v_2^{sm}}$ 承担此段任务并修改中转节点和边的承载能力,即 $P'_i := P'_i - B^{sm} \cdot y_{v_2^{sm}}^{sm}$,$P_{ijk} := P_{ijk} - B^{sm} \cdot x_{v_1^{sm}v_2^{sm}f_{v_1^{sm}v_2^{sm}}}^{sm}$,$F := F - F(:, f_{v_1^{sm}v_2^{sm}})$($D(:, j)$ 表示矩阵 $D$ 中列为 $j$ 的行);否则 $f_{v_1^{sm}v_2^{sm}} := 0$,随机选择另外一个与 $v_1^{sm}$ 直接相邻的节点进行判断。如果 $F(v_1^{sm},:)=0$,表示没有与 $v_1^{sm}$ 相邻的节点,则重新生成简单图,重复此过程直到选择的 $v_i^{sm}(i=2,3,\cdots,w,w<n)$ 为终点。重复此过程 $S\times D$ 次,生成初始个体并计算 $S\times D$ 条路径的总的配送费用和时间。

(3) 适应值函数

将时间约束作为一个罚函数加入目标函数中得到适应值函数:

$$f = \sum_{s=1}^{S}\sum_{d=1}^{D}(\sum_{i=1}^{n}\sum_{j=1}^{n}\sum_{k=1}^{r}C_{ijk}^{sd}x_{ijk}^{sd} + \sum_{i=1}^{n}C_i y_i^{sd} + \sum_{i=1}^{n}C'_i z_i^{sd}(k)) + \alpha \cdot \sum_{s=1}^{S}\sum_{d=1}^{D}(\max(0, TT^{sd} - T^{sd})) \quad (3\text{-}32)$$

其中,$TT^{sd}$ 表示由区域库 $s$ 到需求节点 $d$ 配送时的实际运输时间,$s=1,2,\cdots,S,d=1,2,\cdots,D$。$\alpha(\alpha\geqslant 1)$ 为惩罚系数,它的取值由具体问题而定。

按照适值函数将染色体 $I_1, I_2, \cdots, I_{PS}$ 按照由好到坏的顺序进行排序(这里,染色体的适值函数越小表明该染色体越好)。设参数 $\gamma \in (0,1)$,定义基于序的评价函数为：

$$\text{eval}(I_i) = \gamma(1-\gamma)^{i-1}, i=1,2,\cdots,PS \quad (3-33)$$

(4) SOMA

在配送过程中,由于 3PL 供应商的业务范围、能力限制等原因会导致 4PL 在中转节点更换 3PL 供应商。转运的目标是完成任务并减少配送费用。但是在解的生成过程中边的随机选择将无法保障解的质量。为了提高解的质量,引入 SOMA。首先在搜索空间中随机产生 PS 个个体构成初始种群 $P^0$,然后进行迁移。在每次迁移过程中,将具有最优适值的个体定义为 Leader,其余个体依据预设的步长 $step$ 向最优个体进行迁移。在个体迁移前,首先根据 PRT 参数(通常定义为[0,1]区间内的实数)生成摄动向量 $PRTVector$,对于每个个体 $(j=1,2,\cdots,PS)$,若 $rand_j < PRT$,则 $PRTVector_j := 1$,否则 $PRTVector_j := 0$,其中,$rand_j$ 为[0,1]区间内均匀分布的随机数。

摄动向量 $PRTVector$ 决定个体是否向 Leader 移动。个体的迁移方程定义如下[163]：

$$x_{i,j}^{ML_{\text{new}}} := x_{i,j,\text{start}}^{ML} + (x_{i,j}^{ML} - x_{i,j,\text{start}}^{ML}) \cdot \mu \cdot PRTVector_j \quad (3-34)$$

其中,ML 代表迁移次数,$\mu \in <0, \text{by stepto}, \text{PathLength}>$,每个个体依据步长参数 $step$ 跳跃,一直持续到限定的位置 PathLength,形成一条由当前个体指向 Leader 所在位置的搜索轨迹,最后个体返回此次迁移搜索到的最优位置。

假设当前最优解为 best,于是求解多物资 4PLRP-CDPM 的 SOMA 如下：

Step 1：设 $i := 1$。

Step 2：计算当前个体 $a(i)$ 和 best 中节点的数目,较少者记为 $l$。

Step 3：通过 PRT 产生 $l-1$ 个摄动向量 $PRTVector_j(j=1,2,\cdots,l-1)$。

对于每个摄动向量 $PRTVector_j$,随机产生(0,1)之间的随机数 $rand_j$。如果 $rand_j < PRT$,$PRTVector_j := 1$;否则 $PRTVector_j := 0$。

Step 4：将个体 $a(i)$ 向最优个体 best 迁移：

Step 4.1：如果 $PRTVector_j = 1$,那么将 $a(i)$ 按下列方式移动：

对于 $a(i)$ 上的 3PL 供应商 $j(j=1,\cdots,l-1)$,如果 $a(i).PL^{sd}(j) = \text{best}(i).PL^{sd}(j)$(即 $a(i).Path^{sd}(j) = \text{best}(i).Path^{sd}(j)$ 且 $a(i).Path^{sm}(j+1) = \text{best}(i).Path^{sm}(j+1)$),那么在节点 $j$ 和节点 $j+1$ 之间随机选择另一个能力符合要求的 3PL 供应商,扣除本次 3PL 供应商使用的能力,并还原原 3PL 供应商的能力。如果 $a(i).Path^{sd}(j) != \text{best}(i).Path^{sd}(j)$,检查节点 $\text{best}(i).Path^{sd}(j)$ 是否有足够的剩余能力负担 $a(i).Path^{sd}$。如果有,$a(i).Path^{sd}(j) :=$

best$(i).Path^{sd}(j)$,并按照 3.2.3 节中介绍的方法构造后续可行路径,如果有替换的节点和边,则更新能力;否则不做替换。

Step 4.2:如果新生成的个体优于 $a(i)$,则更新 $a(i)$;

Step 4.3:重复 Step 4.1 和 Step 4.2 直到 $j=l-1$。

Step 5:如果产生优于当前最优解的个体,则更新当前最优解。

Step 6:$i:=i+1$,如果 $i<=PS$,转 Step 2,否则转 Step 7。

Step 7:重复 Step 2 到 Step 6 直到最大循环代数 $NG1$。

2. KSOMGA

利用 KSOMA 算法求解多物资 4PLRP-CDPM 时可以得到问题的满意解。但是对于大规模问题不一定能找到问题的最优解(见 3.2.4 节的算法分析)。从 KSOMA 解的特点来看,我们发现解在经过若干次迭代后,种群个体的第一列主要集中在几组路径上,之后的迭代则是对这几组路径上的边进行改变。针对这一特点,我们首先找到迭代一定次数后种群较集中的路径组合,然后利用 GA 对这些路径组合上的边进行二次操作。具体过程如下:首先,找出个体主要集中的路径组合(假设为 $q$ 组),分别求出这些路径组中拥有的个体数并按照由多至少进行排列,设为 $PS_1,PS_2,\cdots,PS_q$。将这些路径组的染色体数目分别扩大至 $Q$ 倍,然后,对扩大后的路径组分别使用 GA 进行求解。需要注意的是,GA 操作针对的是"具有相同路径组的个体",并且操作过程分别作用在同一起始节点和目的节点的路径的边上。具体过程如下:

Step 1:设 KSOMA 最后一代种群中不同的路径类型数为 $q$,记录每种路径下由不同 3PL 供应商组成的解的个数,分别记为 $PS_1,PS_2,\cdots,PS_q$,令 $PS'=PS_1+PS_2+\cdots+PS_q$,其中 $PS'\leqslant PS$。

Step 2:生成新的种群。

Step 2.1:$j:=1$。

Step 2.2:将第 $j$ 个路径组中的个体由 $PS_j$ 扩大到 $Q\times PS_j$。假设 $v_i^{sd}$ 和 $v_{i+1}^{sd}(i=1,2,\cdots,w,w\leqslant n)$ 是 $PS_j$ 中由区域库 $s$ 到需求节点 $d$ 路径上的两个相邻节点,随机产生一个 1 至 $d_{v_iv_{i+1}}$ 之间的整数作为将物资从 $v_i$ 配送至 $v_{i+1}$ 的 3PL 供应商。重复此过程直到路径中的所有 3PL 供应商均重新指派完成并生成与 $PS_j$ 中个体拥有相同路径的新的染色体。

Step 2.3:重复步骤 Step 2.2 直到个体中的所有路径均重新指派 3PL 供应商。

Step 2.4:重复步骤 Step 2.2 和 Step 2.3 直到生成 $(Q-1)\times PS_j$ 个染色体。

Step 2.5:$j:=j+1$;如果 $j>p$,新的初始种群 $Q\times PS'$ 生成完毕,转

Step 3；否则转 Step 2.2。

Step 3：按照轮盘赌法则选择染色体。

Step 4：对满足交叉概率 $Pc$ 的染色体的第二列（路径上的边）进行交叉操作。

Step 5：对满足变异概率 $Pm$ 的染色体的第二列进行变异操作。

Step 6：计算染色体的适值函数式(3-32)，如果出现优于当前最优解的个体，则更新当前最优解。

Step 7：重复 Step 3 到 Step 6 直到最大迭代次数 $NG2$。

Step 8：算法终止，输出最好解。

这里，我们将融入 GA 的 KSOMA 叫作嵌入 GA 的 KSOMA，即 KSOMGA。

3. 枚举算法

为了检验 KSOMGA 解的效果，我们编写了枚举算法。由于多物资 4PLRP-CDPM 解空间庞大，枚举算法是这样设计的：首先在一个随机产生的简单图中利用递归调用的方法找到由第一个区域库到第一个需求节点所有满足能力要求的路径。其次通过改变路径上的 3PL 供应商求出多重图中由区域库到需求节点的所有路径。记录每条路径上点和边的使用情况并从多重图中减去该路径使用过的边和点的承载能力。然后按照上述方法生成第二个组合的所有路径……重复此过程，直到生成 $S×D$ 条路径。最后，枚举出所有由区域库到需求节点的可能路径组合，并将各路径组合按照适值函数从小到大排列。于是适值最小的组合即为枚举的结果。

### 3.2.4 实验仿真

1. 实例描述

3.1 节给出了单物资 4PLRP-CDPM 实例的数据和构造方法。但是在多物资 4PLRP-CDPM 中，由于物资的种类和数量增多加上一些 3PL 供应商可能希望获得更多的配送任务，因此 3PL 供应商在面对 4PL 发出的多项配送任务时可能会给出不同的报价以满足电力公司在承运方面的要求。

对于第一类 4PLRP-CDPM 算例，假设有一批物资需要从区域库 1 和区域库 2 运往需求节点 7 和 8。为了更好地承接这批配送任务，部分 3PL 供应商和中转节点适当调整了配送报价、能力及换乘成本。表 3-13 和表 3-14 为调整后的 3PL 供应商和节点的费用、时间和承载能力。在表 3-14 中，如果某节点作为起点，该节点的换乘费用和时间则表示启动费用和时间；如果某节点作为终点，该节点的换乘费用和时间则表示卸货费用和时间。为了使用方便，表 3-14 还给出了各转运节点的存储费用，这部分数据将在后续章节中使用。

表 3-13 3PL 供应商的初始承载能力及运费报价

| 起点 | 终点 | 3PL | 费用 | 时间 | 能力 | 起点 | 终点 | 3PL | 费用 | 时间 | 能力 |
|---|---|---|---|---|---|---|---|---|---|---|---|
| 1 | 2 | 1 | 1 | 0.3 | 7 | 3 | 6 | 5 | 8 | 17 | 6 |
| 1 | 2 | 3 | 2 | 0.25 | 6 | 3 | 7 | 1 | 9 | 19 | 7 |
| 1 | 2 | 4 | 3 | 0.15 | 8 | 3 | 7 | 2 | 10 | 17 | 5 |
| 1 | 3 | 1 | 3 | 1.5 | 5 | 4 | 5 | 3 | 6 | 10 | 7 |
| 1 | 3 | 2 | 5 | 1.3 | 7 | 4 | 5 | 4 | 7 | 9 | 8 |
| 1 | 3 | 3 | 4 | 1.4 | 6 | 4 | 6 | 2 | 13 | 22 | 7 |
| 1 | 3 | 4 | 6 | 1.2 | 8 | 4 | 6 | 3 | 14 | 20 | 9 |
| 2 | 3 | 1 | 5 | 2.2 | 5 | 4 | 6 | 4 | 12 | 23 | 6 |
| 2 | 3 | 3 | 6 | 2 | 7 | 4 | 7 | 4 | 14 | 24 | 5 |
| 2 | 4 | 1 | 10 | 3 | 8 | 4 | 7 | 5 | 15 | 26 | 7 |
| 2 | 4 | 4 | 8 | 4 | 8 | 5 | 6 | 3 | 8 | 3.5 | 8 |
| 2 | 4 | 5 | 5 | 5 | 6 | 5 | 6 | 4 | 7 | 3.2 | 7 |
| 2 | 6 | 2 | 10 | 20 | 7 | 5 | 7 | 2 | 10 | 3.8 | 7 |
| 2 | 6 | 4 | 11 | 19 | 8 | 5 | 7 | 4 | 8 | 4.1 | 6 |
| 2 | 7 | 2 | 11 | 22 | 6 | 5 | 7 | 5 | 11 | 3.5 | 8 |
| 2 | 7 | 4 | 12 | 21 | 8 | 6 | 7 | 3 | 2 | 1.1 | 5 |
| 3 | 4 | 2 | 5 | 1.5 | 8 | 6 | 7 | 5 | 3 | 0.9 | 8 |
| 3 | 4 | 3 | 4 | 1.8 | 9 | 6 | 8 | 3 | 1 | 0.6 | 7 |
| 3 | 4 | 5 | 3 | 1.6 | 8 | 6 | 8 | 4 | 2 | 0.5 | 6 |
| 3 | 5 | 1 | 9 | 11 | 8 | 6 | 8 | 5 | 3 | 0.4 | 8 |
| 3 | 5 | 4 | 7 | 13 | 8 | 7 | 8 | 3 | 3 | 0.3 | 4 |
| 3 | 5 | 5 | 8 | 12 | 8 | 7 | 8 | 4 | 1 | 0.5 | 7 |
| 3 | 6 | 3 | 9 | 16 | 6 | 7 | 8 | 5 | 2 | 0.4 | 8 |

表 3-14 节点的承载能力及运费报价

| 节点 | 停靠费用 | 停靠时间 | 换乘费用 | 换乘时间 | 存储费用 | 能力 |
|---|---|---|---|---|---|---|
| 1 | 1 | 0.5 | 1 | 1 | 3 | 50 |

表3-14(续)

| 节点 | 停靠费用 | 停靠时间 | 换乘费用 | 换乘时间 | 存储费用 | 能力 |
| --- | --- | --- | --- | --- | --- | --- |
| 2 | 1 | 0.5 | 3 | 0.6 | 2 | 20 |
| 3 | 2 | 0.5 | 2 | 1 | 2 | 12 |
| 4 | 5 | 1 | 10 | 1.2 | 5 | 15 |
| 5 | 3 | 3 | 5 | 4 | 3 | 12 |
| 6 | 4 | 1 | 6 | 4 | 4 | 10 |
| 7 | 2 | 1 | 4 | 1.5 | 2 | 20 |
| 8 | 1 | 1 | 1 | 1 | 1 | 50 |

针对多物资 4PLRP-CDPM 的特点,对于第二、三类多物资 4PLRP-CDPM 网络同样是随机生成的。对于多物资 4PLRP-CDPM 网络中的节点集 $V$,$NO$ 表示可能与节点 $i(\forall i \in V)$ 有边相连的邻接点的个数。$D$ 为邻接矩阵[其中 $D(i,j)=r$ 表示 $i$ 到 $j$ 有 $r$ 条边,$i,j \in V$]。$d(i,j).cost(ii)$ 和 $d(i,j).time(ii)$ 分别表示节点 $i$ 到节点 $j$ 的第 $ii$ ($ii=1,\cdots,r$) 条边上的费用和时间属性。多物资 4PLRP-CDPM 网络数据的生成过程如下:

Step 1:生成与节点 $i$ 相连的节点。

$\forall j \in V \cup j \neq n \cup j \neq i$,如果 $|j-i| \leqslant NO$,随机产生 $1 \sim NO$ 之间的随机整数 $t1$。如果 $t1 > NO-1$,则假设 $i$ 到 $j$ 之间没有边相连,令 $D(i,j)=0$;否则假设 $i$ 到 $j$ 有 $r$ 条边相连,令 $D(i,j)=r$。

Step 2:生成边(3PL供应商)的费用、时间和承载能力属性。

$\forall i,j \in V, \forall ii \in r$,如果 $D(i,j) \neq 0$,随机产生 $0 \sim 1$ 之间的随机数 $t2$。如果 $t2 > 0.2$,则假设 $i$ 到 $j$ 第 $ii$ 条边的配送费用为 $1 \sim 15$ 之间的随机整数,即 $d(i,j).cost(ii) = rand(1,15)$;否则令 $d(i,j).cost(ii) = +\infty$,即表示 $i$ 到 $j$ 第 $ii$ 条边的 3PL 无法运输。$i$ 到 $j$ 第 $ii$ 条边的配送时间为两点之间的距离除以费用,即 $d(i,j).time(ii) = |i-j|/d(i,j).cost(ii)$。当 $t2 \leqslant 0.2$ 或是对于 $D(i,j)=0$ 的节点,3PL 供应商的费用和时间为无穷大。当 $d(i,j).cost(ii) \neq +\infty$ 时,$i$ 到 $j$ 第 $ii$ 条边的承载能力为 $3 \sim 10$ 之间的随机整数,即 $d(i,j).ability(ii) = rand(3,10)$。

Step 3:生成节点的费用、时间和承载能力属性。

$\forall i \in V$,对节点 $i$ 的中转和转运费用分别赋予 $2 \sim 12$ 之间的随机整数;对节点 $i$ 的中转和转运时间分别赋予 $4 \sim 14$ 之间的随机整数;对节点 $i$ 的承载能力赋予 $10 \sim 20$ 之间的随机整数。

2. 参数分析

在这一节中,仍以实例一为例,按照 3.1.4 节中介绍的方法分析 KSOMGA 主要参数对其行为的影响。这些参数分别是 $PS,K,NG1,NG2,q,Q,PRT,Pc,Pm$ 具体过程见表 3-15~表 3-23。

(1) 参数 $PS$ 对 KSOMGA 的影响

表 3-15　参数 $PS$ 对 KSOMGA 的影响

| PS | K | NG1 | NG2 | q | Q | PRT | Pc | Pm | Best | Bad | Avg | msd | Time |
|---|---|---|---|---|---|---|---|---|---|---|---|---|---|
| 10 | 3 | 10 | 20 | 2 | 2 | 0.6 | 0.50 | 0.20 | 87 | 92 | 89 | 1.9 | <1 |
| 15 | 3 | 10 | 20 | 2 | 2 | 0.6 | 0.50 | 0.20 | 87 | 91 | 88 | 1.3 | <1 |
| 20 | 3 | 10 | 20 | 2 | 2 | 0.6 | 0.50 | 0.20 | 87 | 87 | 87 | 0 | <1 |
| 30 | 3 | 10 | 20 | 2 | 2 | 0.6 | 0.50 | 0.20 | 87 | 87 | 87 | 0 | <1 |
| 40 | 3 | 10 | 20 | 2 | 2 | 0.6 | 0.50 | 0.20 | 87 | 87 | 87 | 0 | <1 |

从表 3-15 可以看出,随着种群规模的增大,算法的偏差减小,当 $PS=20$ 时算法的偏差为 0,此后再增加种群规模算法的偏差不变,因此 $PS=20$ 是种群规模的最佳设置。

(2) 参数 $K$ 对 KSOMGA 的影响

表 3-16　参数 $K$ 对 KSOMGA 的影响

| PS | K | NG1 | NG2 | q | Q | PRT | Pc | Pm | Best | Bad | Avg | msd | Time |
|---|---|---|---|---|---|---|---|---|---|---|---|---|---|
| 20 | 1 | 10 | 20 | 2 | 2 | 0.6 | 0.50 | 0.20 | 87 | 95 | 90 | 2.8 | <1 |
| 20 | 2 | 10 | 20 | 2 | 2 | 0.6 | 0.50 | 0.20 | 87 | 90 | 88 | 0.9 | <1 |
| 20 | 3 | 10 | 20 | 2 | 2 | 0.6 | 0.50 | 0.20 | 87 | 87 | 87 | 0 | <1 |
| 20 | 4 | 10 | 20 | 2 | 2 | 0.6 | 0.50 | 0.20 | 87 | 87 | 87 | 0 | <1 |
| 20 | 5 | 10 | 20 | 2 | 2 | 0.6 | 0.50 | 0.20 | 87 | 87 | 87 | 0 | <1 |

参数 $K$ 从初始解的质量上影响着算法的偏差。当 $K=1$ 即 $K$ 短路算法不发生作用时算法的偏差为 2.8。增加 $K$ 的数量,算法偏差减小,当 $K=3$ 时算法的偏差为 0,这说明初始解的质量对算法起着重要的作用,同时也说明了在解的初始化中添加 $K$ 短路算法是必要的。

(3) 参数 $NG1$ 对 KSOMGA 的影响

## 第3章 确定环境下的4PLRP-CDPM

**表 3-17 参数 $NG1$ 对 KSOMGA 的影响**

| PS | K | NG1 | NG2 | q | Q | PRT | Pc | Pm | Best | Bad | Avg | msd | Time |
|---|---|---|---|---|---|---|---|---|---|---|---|---|---|
| 20 | 3 | 5 | 20 | 2 | 2 | 0.6 | 0.50 | 0.20 | 87 | 90 | 88 | 0.8 | <1 |
| 20 | 3 | 10 | 20 | 2 | 2 | 0.6 | 0.50 | 0.20 | 87 | 87 | 87 | 0 | <1 |
| 20 | 3 | 15 | 20 | 2 | 2 | 0.6 | 0.50 | 0.20 | 87 | 87 | 87 | 0 | <1 |
| 20 | 3 | 20 | 20 | 2 | 2 | 0.6 | 0.50 | 0.20 | 87 | 87 | 87 | 0 | <1 |

KSOMGA 中存在两阶段算法的迭代，分别迭代了 $NG1$ 和 $NG2$ 次。从表 3-17 可以看出，对于 KSOMA 中使用的迭代次数 $NG1$，当 $NG1=10$ 时，算法的偏差为 0，由此得到参数 $NG1$ 的一个最佳设置。

（4）参数 $NG2$ 对 KSOMGA 的影响

**表 3-18 参数 $NG2$ 对 KSOMGA 的影响**

| PS | K | NG1 | NG2 | q | Q | PRT | Pc | Pm | Best | Bad | Avg | msd | Time |
|---|---|---|---|---|---|---|---|---|---|---|---|---|---|
| 20 | 3 | 10 | 0 | 2 | 2 | 0.6 | 0.50 | 0.20 | 90 | 97 | 93 | 2.8 | <1 |
| 20 | 3 | 10 | 5 | 2 | 2 | 0.6 | 0.50 | 0.20 | 88 | 95 | 91 | 1.9 | <1 |
| 20 | 3 | 10 | 10 | 2 | 2 | 0.6 | 0.50 | 0.20 | 87 | 91 | 88 | 0.8 | <1 |
| 20 | 3 | 10 | 15 | 2 | 2 | 0.6 | 0.50 | 0.20 | 87 | 89 | 88 | 0.3 | <1 |
| 20 | 3 | 10 | 20 | 2 | 2 | 0.6 | 0.50 | 0.20 | 87 | 87 | 87 | 0 | <1 |
| 20 | 3 | 10 | 25 | 2 | 2 | 0.6 | 0.50 | 0.20 | 87 | 87 | 87 | 0 | <1 |

从表 3-18 可以看出，当 $NG2=0$，即 GA 不发生作用时得不到问题的最好解，且最坏解和均值也差于 GA 发生作用时的情境；增加 GA 迭代的次数，算法的偏差减小，当 $NG2=10$ 时，算法得到问题的最好解；继续增加 GA 迭代的次数，当 $NG2=20$ 时算法的偏差为 0。故 $NG2=20$ 是 GA 迭代次数的一个最佳设置。由此可见，只有迭代次数 $NG1$ 和 $NG2$ 同时发挥作用才能使结果最优。

（5）参数 $q$ 对 KSOMGA 的影响

**表 3-19 参数 $q$ 对 KSOMGA 的影响**

| PS | K | NG1 | NG2 | q | Q | PRT | Pc | Pm | Best | Bad | Avg | msd | Time |
|---|---|---|---|---|---|---|---|---|---|---|---|---|---|
| 20 | 3 | 10 | 20 | 1 | 2 | 0.6 | 0.50 | 0.20 | 87 | 92 | 88 | 1.1 | <1 |
| 20 | 3 | 10 | 20 | 2 | 2 | 0.6 | 0.50 | 0.20 | 87 | 87 | 87 | 0 | <1 |

表3-19(续)

| PS | K | NG1 | NG2 | q | Q | PRT | Pc | Pm | Best | Bad | Avg | msd | Time |
|---|---|---|---|---|---|---|---|---|---|---|---|---|---|
| 20 | 3 | 10 | 20 | 3 | 2 | 0.6 | 0.50 | 0.20 | 87 | 87 | 87 | 0 | <1 |
| 20 | 3 | 10 | 20 | 4 | 2 | 0.6 | 0.50 | 0.20 | 87 | 87 | 87 | 0 | <1 |

当 $q=1$ 即只对 $NG1$ 迭代结束后得到的最好解进行 GA 操作时,可能会得不到问题的最好解。增加 GA 操作的解的形态,由表 3-19 可知,当 $q=2$ 时,算法的偏差为 0。

(6) 参数 $Q$ 对 KSOMGA 的影响

表 3-20 参数 $Q$ 对 KSOMGA 的影响

| PS | K | NG1 | NG2 | q | Q | PRT | Pc | Pm | Best | Bad | Avg | msd | Time |
|---|---|---|---|---|---|---|---|---|---|---|---|---|---|
| 20 | 3 | 10 | 20 | 2 | 1 | 0.6 | 0.50 | 0.20 | 87 | 90 | 88 | 1.0 | <1 |
| 20 | 3 | 10 | 20 | 2 | 2 | 0.6 | 0.50 | 0.20 | 87 | 87 | 87 | 0 | <1 |
| 20 | 3 | 10 | 20 | 2 | 3 | 0.6 | 0.50 | 0.20 | 87 | 87 | 87 | 0 | <1 |
| 20 | 3 | 10 | 20 | 2 | 4 | 0.6 | 0.50 | 0.20 | 87 | 87 | 87 | 0 | <1 |

表 3-20 展示了参数 $Q$ 对 KSOMGA 的影响。从表 3-20 可以看出 $Q=2$ 是对 GA 种群规模扩大倍数的一个合理设置:当 $Q=1$ 时算法的计算结果出现偏差,而当 $Q>2$ 时算法的偏差为 0,却只是白白耗费了 CPU 的运行时间。

(7) 参数 $PRT$ 对 KSOMGA 的影响

表 3-21 参数 $PRT$ 对 KSOMGA 的影响

| PS | K | NG1 | NG2 | q | Q | PRT | Pc | Pm | Best | Bad | Avg | msd | Time |
|---|---|---|---|---|---|---|---|---|---|---|---|---|---|
| 20 | 3 | 10 | 20 | 2 | 2 | 0.3 | 0.50 | 0.20 | 87 | 89 | 88 | 0.5 | <1 |
| 20 | 3 | 10 | 20 | 2 | 2 | 0.4 | 0.50 | 0.20 | 87 | 88 | 87 | 0.3 | <1 |
| 20 | 3 | 10 | 20 | 2 | 2 | 0.5 | 0.50 | 0.20 | 87 | 88 | 87 | 0.2 | <1 |
| 20 | 3 | 10 | 20 | 2 | 2 | 0.6 | 0.50 | 0.20 | 87 | 87 | 87 | 0 | <1 |
| 20 | 3 | 10 | 20 | 2 | 2 | 0.7 | 0.50 | 0.20 | 87 | 87 | 87 | 0 | <1 |

表 3-21 展示了参数 $PRT$ 对 KSOMGA 的影响。从表 3-21 可以看出 $PRT=0.6$ 是对 $PRT$ 的一个合理设置:减少 $PRT$,算法出现偏差;增大 $PRT$,算法的偏差不变,却只是浪费了 CPU 的运行时间。

(8) 参数 $Pc$ 对 KSOMGA 的影响

## 第3章 确定环境下的 4PLRP-CDPM

表 3-22 参数 $Pc$ 对 KSOMGA 的影响

| PS | K | NG1 | NG2 | q | Q | PRT | Pc | Pm | Best | Bad | Avg | msd | Time |
|---|---|---|---|---|---|---|---|---|---|---|---|---|---|
| 20 | 3 | 10 | 20 | 2 | 2 | 0.6 | 0.40 | 0.20 | 87 | 89 | 88 | 0.7 | <1 |
| 20 | 3 | 10 | 20 | 2 | 2 | 0.6 | 0.50 | 0.20 | 87 | 88 | 88 | 0 | <1 |
| 20 | 3 | 10 | 20 | 2 | 2 | 0.6 | 0.60 | 0.20 | 87 | 87 | 87 | 0 | <1 |
| 20 | 3 | 10 | 20 | 2 | 2 | 0.6 | 0.70 | 0.20 | 87 | 87 | 87 | 0 | <1 |
| 20 | 3 | 10 | 20 | 2 | 2 | 0.6 | 0.80 | 0.20 | 87 | 87 | 87 | 0 | <1 |

交叉概率 $Pc$ 对算法的影响如表 3-22 所示,当 $Pc=0.5$ 时算法的偏差为 0,以后再增加种群的交叉概率算法的性能也不会再有改变,因此 $Pc=0.5$ 是一个最佳设置。

(9) 参数 $Pm$ 对 KSOMGA 的影响

表 3-23 参数 $Pm$ 对 KSOMGA 的影响

| PS | K | NG1 | NG2 | q | Q | PRT | Pc | Pm | Best | Bad | Avg | msd | Time |
|---|---|---|---|---|---|---|---|---|---|---|---|---|---|
| 20 | 3 | 10 | 20 | 2 | 2 | 0.6 | 0.50 | 0.10 | 87 | 89 | 88 | 0.8 | <1 |
| 20 | 3 | 10 | 20 | 2 | 2 | 0.6 | 0.50 | 0.15 | 87 | 88 | 87 | 0.2 | <1 |
| 20 | 3 | 10 | 20 | 2 | 2 | 0.6 | 0.50 | 0.20 | 87 | 87 | 87 | 0 | <1 |
| 20 | 3 | 10 | 20 | 2 | 2 | 0.6 | 0.50 | 0.25 | 87 | 87 | 87 | 0 | <1 |
| 20 | 3 | 10 | 20 | 2 | 2 | 0.6 | 0.50 | 0.30 | 87 | 87 | 87 | 0 | <1 |

变异概率 $Pm$ 对算法的影响如表 3-23 所示,当 $Pm=0.20$ 时算法的偏差为 0,此时即为 $Pm$ 的一个最佳设置。

由上面的分析可知对于实例一中 8 个节点的算例,KSOMGA 的参数设置如下:
$\alpha=20, K=3, \gamma=0.05, PS=20, NG1=10, NG2=20, q=2, Q=2, PRT=0.6, Pc=0.5, Pm=0.2$

同理,对于实例二中 $n=15,30,50$ 的算例网络和实例三中 $n=500, 1\,000, 2\,000, 3\,000, 5\,000$ 的算例网络,分别利用本节的方法进行参数设置,于是得到它们的参数设置情况如表 3-24 所示。

表 3-24 KSOMGA 对实例二和实例三算例的参数设置情况

| n | α | γ | PS | K | NG1 | NG2 | q | Q | PRT | Pc | Pm |
|---|---|---|---|---|---|---|---|---|---|---|---|
| 15 | 20 | 0.05 | 30 | 4 | 15 | 25 | 2 | 2 | 0.6 | 0.5 | 0.2 |

表3-24(续)

| $n$ | $\alpha$ | $\gamma$ | PS | K | NG1 | NG2 | $q$ | $Q$ | PRT | Pc | Pm |
|---|---|---|---|---|---|---|---|---|---|---|---|
| 30 | 20 | 0.05 | 30 | 4 | 20 | 30 | 3 | 3 | 0.6 | 0.6 | 0.3 |
| 50 | 20 | 0.05 | 40 | 4 | 25 | 35 | 3 | 3 | 0.6 | 0.6 | 0.4 |
| 500 | 20 | 0.05 | 120 | 5 | 60 | 100 | 4 | 4 | 0.7 | 0.6 | 0.5 |
| 1 000 | 20 | 0.05 | 150 | 6 | 100 | 150 | 4 | 4 | 0.7 | 0.6 | 0.5 |
| 2 000 | 20 | 0.05 | 200 | 6 | 150 | 250 | 4 | 5 | 0.7 | 0.6 | 0.5 |
| 3 000 | 20 | 0.05 | 300 | 6 | 250 | 400 | 4 | 5 | 0.7 | 0.6 | 0.5 |
| 5 000 | 20 | 0.05 | 500 | 7 | 300 | 500 | 5 | 5 | 0.7 | 0.6 | 0.5 |

3. 算法分析

假设某4PL供应商拟承揽由区域库$v_s=1,2(S=2)$到需求节点$v_d=7,8$($D=2$)的电力物资配送任务。4PL需要根据3PL供应商和转运节点的费用时间报价及他们的承载能力为各项任务选择适合的3PL供应商和中转节点并同时考虑3PL供应商的换乘成本。即,如果4PL在某中转节点启用了上一路段所有任务均未使用过的3PL供应商,则需计算转换3PL产生的费用和时间。算法使用Matlab 7.0并在core 2 2.83GHz Pc上实现。经多次实验,假设$T^{18}=27$,$T^{17}=T^{28}=T^{27}=24$,各任务对承载能力的要求均为4,得到的最优解为:

[1,2,7,8],[4,4,4];[1,3,7],[1,1];[2,6,8],[4,4];[2,7],[4]

这意味着,在规定时间内,为了把物资从区域库($v_s=1,2$)运至需求节点($v_d=7,8$),3PL供应商4负责了三项配送任务,分别是由区域库1途经中转节点2和7到达需求节点8、由区域库2途经中转节点6到达需求节点8以及由区域库2直达需求节点7。而3PL供应商1负责了一项配送任务,即由区域库1途经中转节点3到达需求节点7。任务完成后,经4PL供应商统计,四项任务的总配送费用是87。

为了说明KSOMGA求解4PLRP-CDPM的有效性,接下来将分别利用KSOMGA、枚举算法和其他智能算法(GA、KSOMA和KTGA)计算不同规模的多物资4PLRP-CDPM算例,并进行对比分析。对于KSOMGA,三类算例的参数设置情况已在3.2.4节的参数分析中给出。与其进行对比的算法GA、KSOMA和KTGA的参数设置方法与KSOMGA类似,其中$\beta$,$K$,$\gamma$,PRT,$Q$,Pc,Pm的设置方法可参照KSOMGA的设置结果,而种群规模PS和迭代次数NG(KTGA中NG=NG1+NG2)与KSOMGA有一定的差别,因此在表3-25中对比算法的同时给出了各个算法在计算不同规模问题时使用的种群规模PS和迭代次数NG的设置情况。假设每个算例运行20次,具体结果如表3-25所示。

表 3-25 中,"—"表示在相应算法中不存在该项信息。对于枚举算法,当 $n=8$ 时,计算精确解的时间大约需要 78 012 秒,并且它的结果与使用 GA、KSOMA、KTGA 和 KSOMGA 计算得到的结果一致。当 $n=15$ 时,枚举算法无法在有限时间内求得最优解。但是 KSOMGA 在有限时间内却可以得到最好解,并且偏差仅为 1.5。可见 KSOMGA 在计算多物资 4PLRP-CDPM 问题上与枚举算法相比具有一定的优势。

表 3-25 枚举、GA、KSOMA、KTGA 与 KSOMGA 的对比情况

| 算法 | 节点数 | 边数 | PS | NG | Best | Bad | Avg | msd | Time |
|---|---|---|---|---|---|---|---|---|---|
| 枚举 | 8 | 85 | — | — | 87 | — | — | — | 78 012 |
| GA | 8 | 85 | 30 | 40 | 87 | 90 | 88 | 0.8 | <1 |
| KSOMA | 8 | 85 | 10 | 40 | 87 | 87 | 87 | 0 | <1 |
| KTGA | 8 | 85 | 10 | 40 | 87 | 87 | 87 | 0 | <1 |
| KSOMGA | 8 | 85 | 10 | 30 | 87 | 87 | 87 | 0 | <1 |
| 枚举 | 15 | 294 | — | — | — | — | — | — | — |
| GA | 15 | 294 | 50 | 50 | 436 | 451 | 440 | 6.2 | 5 |
| KSOMA | 15 | 294 | 30 | 50 | 436 | 445 | 438 | 3.1 | 20 |
| KTGA | 15 | 294 | 20 | 50 | 436 | 441 | 438 | 1.6 | 8 |
| KSOMGA | 15 | 294 | 20 | 40 | 436 | 441 | 438 | 1.5 | 8 |
| 枚举 | 30 | 766 | — | — | — | — | — | — | — |
| GA | 30 | 766 | 70 | 60 | 621 | 643 | 628 | 9.8 | 13 |
| KSOMA | 30 | 766 | 40 | 40 | 621 | 638 | 626 | 5.2 | 42 |
| KTGA | 30 | 766 | 20 | 60 | 621 | 631 | 624 | 3.4 | 20 |
| KSOMGA | 30 | 766 | 20 | 50 | 621 | 630 | 624 | 3.1 | 20 |
| 枚举 | 50 | 1 414 | — | — | — | — | — | — | — |
| GA | 50 | 1 414 | 100 | 80 | 967 | 1 008 | 980 | 22.6 | 26 |
| KSOMA | 50 | 1 414 | 60 | 80 | 967 | 981 | 974 | 8.5 | 124 |
| KTGA | 50 | 1 414 | 30 | 80 | 967 | 977 | 970 | 5.7 | 55 |
| KSOMGA | 50 | 1 414 | 30 | 80 | 967 | 977 | 970 | 5.7 | 53 |
| 枚举 | 500 | 15 700 | — | — | — | — | — | — | — |
| GA | 500 | 15 700 | 300 | 200 | 5 536 | 5 679 | 5 573 | 73.5 | 96 |
| KSOMA | 500 | 15 700 | 100 | 200 | 5 532 | 5 604 | 6 551 | 37.8 | 473 |
| KTGA | 500 | 15 700 | 50 | 200 | 5 532 | 5 580 | 6 543 | 19.1 | 208 |

表3-25(续)

| 算法 | 节点数 | 边数 | PS | NG | Best | Bad | Avg | msd | Time |
|---|---|---|---|---|---|---|---|---|---|
| KSOMGA | 500 | 15 700 | 50 | 160 | 5 532 | 5 577 | 6 542 | 18.6 | 203 |
| 枚举 | 1 000 | 31 345 | — | — | — | — | — | — | — |
| GA | 1 000 | 31 345 | 400 | 300 | 7 253 | 7 478 | 7 316 | 118.4 | 184 |
| KSOMA | 1 000 | 31 345 | 150 | 300 | 7 244 | 7 361 | 7 287 | 59.4 | 836 |
| KTGA | 1 000 | 31 345 | 100 | 300 | 7 244 | 7 344 | 7 273 | 41.3 | 388 |
| KSOMGA | 1 000 | 31 345 | 100 | 250 | 7 244 | 7 342 | 7 271 | 40.2 | 375 |
| 枚举 | 2 000 | 63 250 | — | — | — | — | — | — | — |
| GA | 2 000 | 63 250 | 800 | 500 | 19 477 | 19 852 | 19 630 | 177.8 | 704 |
| KSOMA | 2 000 | 63 250 | 300 | 500 | 19 458 | 19 608 | 19 501 | 75.6 | 3 766 |
| KTGA | 2 000 | 63 250 | 150 | 400 | 19 458 | 19 562 | 19 476 | 48.6 | 1 482 |
| KSOMGA | 2 000 | 63 250 | 150 | 350 | 19 458 | 19 559 | 19 473 | 46.9 | 1 463 |
| 枚举 | 3 000 | 94 428 | — | — | — | — | — | — | — |
| GA | 3 000 | 94 428 | 1 000 | 800 | 32 390 | 32 864 | 32 503 | 215.3 | 2 046 |
| KSOMA | 3 000 | 94 428 | 400 | 800 | 32 347 | 32 579 | 32 417 | 94.1 | 8 911 |
| KTGA | 3 000 | 94 428 | 200 | 700 | 32 344 | 32 485 | 32 381 | 66.2 | 4 173 |
| KSOMGA | 3 000 | 94 428 | 200 | 650 | 32 342 | 32 478 | 32 377 | 64.8 | 4 152 |
| 枚举 | 5 000 | 157 352 | — | — | — | — | — | — | — |
| GA | 5 000 | 157 352 | 1 500 | 1 000 | 57 392 | 58 033 | 57 578 | 289.5 | 5 318 |
| KSOMA | 5 000 | 157 352 | 600 | 1 000 | 57 293 | 57 589 | 57 379 | 131.8 | 16 739 |
| KTGA | 5 000 | 157 352 | 300 | 900 | 57 281 | 57 467 | 57 344 | 85.6 | 9 784 |
| KSOMGA | 5 000 | 157 352 | 300 | 800 | 57 276 | 57 431 | 57 332 | 81.5 | 9 736 |

对于枚举算法不能在有限时间内计算出的更多节点的算例,我们利用GA、KSOMA和KTGA与KSOMGA进行比较。对于实例一和实例二中的算例,GA、KSOMA、KTGA和KSOMGA四种算法在计算多物资4PLRP-CDPM时均能达到相同的最好解。但是从解的偏差来看,GA算法得到的最差解、均值均大于KSOMA、KTGA和KSOMGA算法得到的结果,并且解的偏差也较大。这时如果决策者对计算结果质量要求不高,那么三种算法的计算能力均能满足要求。但是,如果决策者希望得到较高质量的解,则使用KTGA和KSOMGA。对于实例三中的算例,从计算结果的质量上看,对于$n=500,1\,000,2\,000$的算例,GA算法的偏差加大,并且GA不再能得到与KSOMA、KTGA和KSOMGA相同的最好解。与此同时,由于$K$短路算法的计算时间较长,使KSOMA

算法的求解时间明显大于改进后的 KTGA 和 KSOMGA 的求解时间。当 $n=3\,000$ 时,算法的最好解出现差异,KSOMGA 与其他三个智能算法相比均存在微弱优势,但 KTGA 的计算结果与 KSOMGA 相差不大。当 $n=5\,000$ 时,KSOMGA 的优势进一步加强,并且从最差解、均值和偏差的结果可以看出 KSOMGA 计算得到的结果具有更好的稳定性。这说明增加了第二阶段 GA 的 KTGA 即便是选择了更多的迭代次数仍无法得到与 KSOMGA 同样的最好解。而对几组路径同时扩展的 KSOMGA 则要优于仅对一条路径扩展的 KTGA。从计算解的时间上看,对于同等规模的问题,GA 的计算时间最短,但是当 $n \geqslant 2000$ 时,GA 解的波动较大。因此,只有在问题规模不太大或者对解的质量要求不高时才能选择 GA。对于 KSOMA,由于在初始化中添加了 K 短路算法,它的计算时间最长,且它的解的质量,尤其是对 $n \geqslant 2\,000$ 的问题,要远远高于 GA 解的质量。对于 KTGA,通过增加第二阶段 GA,不但能够得到更高质量的解,还降低了 K 短路算法在初始化时的使用次数,从而降低了计算时间。但是,由于第二阶段的 GA 操作仅是对第一阶段中产生的最好解进行计算,因此对多物资 4PLRP-CDPM 这样的多路径组合问题,尤其是节点数目多的时候会显露出它的弊端。对于 KSOMGA,从算法的计算结果可以看出,它的结果在四种算法中是最优的。总的来说,KTGA 这种仅对与第一阶段最好解进行扩展的方式,对每个染色均具有多条路径的多物资 4PLRP-CDPM 问题来说不如 KSOMGA 有效。KSOMGA 多组路径扩展的方式进一步提高了求解多物资 4PLRP-CDPM 解的质量。因此,KSOMGA 对解决此类多任务问题是有效的。

4. 问题分析

表 3-26 展示了 $n=30$ 时 4PL 协同模式与 3PL 供应商独立运输时的对比情况。假设 $S=1,D=1$,在协同模式下,当 $C'_i=T'_i=0$ 时,3PL 供应商的转换成本为 0,这时 4PLRP-CDPM 转化为 4PL 路径问题[19]。随着转换费用增加,4PL 尽量使用相同 3PL 供应商。与此同时,随着转运时间增加,配送方案也会有所改变。从表 3-26 可以看出,在满足时间约束的条件下,相同转换费用不同转换时间下的配送费用相同。但是随着转换时间的增加,如 $C'_i=1,T'_i=20$,4PL 便无法按时完成任务,这时总的运输费用也会明显增大。

表 3-26 不同运输方式下转换成本对最优解的影响

| $C'_i$ | $T'_i$ | 协同运输 | | 3PL(1) | 3PL(2) | 3PL(5) |
|---|---|---|---|---|---|---|
| | | 路径 | 3PL 供应商 | 时间/费用 | 时间/费用 | 时间/费用 |
| 0 | 0 | [15 11 18 22 23 30] | [5 3 2 3 2 3] | 66.7/227.6 | 95.2/227.9 | 86.7/234.1 | 88.3/296.0 |
| 1 | 0 | [15 11 18 22 23 30] | [1 1 1 1 1 1] | 95.2/229.9 | 95.2/229.9 | 84.6/236.1 | 88.3/297.0 |

表3-26(续)

| $C'_i$ | $T'_i$ | 协同运输 | | 3PL(1) | 3PL(2) | 3PL(5) |
|---|---|---|---|---|---|---|
| | | 路径 | 3PL供应商 | 时间/费用 | 时间/费用 | 时间/费用 |
| 1 | 5 | [15 11 18 22 23 30] | [1 1 1 1 1 1] | 105.2/229.9 | 105.2/229.9 | 94.6/236.1 | 98.3/297.0 |
| 1 | 10 | [15 11 18 22 23 30] | [2 2 2 2 2 2] | 104.6/236.1 | 115.2/749.9 | 104.6/236.1 | 108.3/297.0 |
| 1 | 15 | [1 5 9 16 23 30] | [5 5 5 3 3] | 105.1/270.2 | 125.2/1 749.9 | 114.6/696.1 | 118.3/1 127.0 |
| 1 | 20 | [15 11 18 22 23 30] | [2 2 2 2 2 2] | 124.6/1 696.1 | 135.2/2 749.9 | 124.6/1 696.1 | 128.3/2 127.0 |
| 2 | 0 | [15 11 18 22 23 30] | [1 1 1 1 1 1] | 95.2/231.9 | 95.2/231.9 | 84.6/238.1 | 88.3/299.0 |
| 2 | 5 | [15 11 18 22 23 30] | [1 1 1 1 1 1] | 105.2/231.9 | 105.2/231.9 | 94.6/238.1 | 98.3/299.0 |
| 2 | 10 | [15 11 18 22 23 30] | [2 2 2 2 2 2] | 104.6/238.1 | 115.2/751.9 | 104.6/238.1 | 108.3/299.0 |
| 2 | 15 | [1 5 9 16 23 30] | [5 5 5 3 3] | 105.1/273.2 | 125.2/1 751.9 | 114.6/698.1 | 118.3/1 129.0 |
| 2 | 20 | [15 11 18 22 23 30] | [2 2 2 2 2 2] | 124.6/1 698.1 | 135.2/2 751.9 | 124.6/1 698.1 | 128.3/2 129.0 |
| 3 | 0 | [15 11 18 22 23 30] | [1 1 1 1 1 1] | 95.2/233.9 | 95.2/233.9 | 84.6/240.1 | 88.3/301.0 |
| 3 | 5 | [15 11 18 22 23 30] | [1 1 1 1 1 1] | 105.2/233.9 | 105.2/233.9 | 94.6/240.1 | 98.3/301.0 |
| 3 | 10 | [15 11 18 22 23 30] | [2 2 2 2 2 2] | 104.6/240.1 | 115.2/753.9 | 104.6/240.1 | 108.3/301.0 |
| 3 | 15 | [1 5 9 16 23 30] | [5 5 5 3 3] | 105.1/276.2 | 125.2/1 753.9 | 114.6/700.1 | 118.3/1 131.0 |
| 3 | 20 | [15 11 18 22 23 30] | [2 2 2 2 2 2] | 124.6/1 700.1 | 135.2/2 753.9 | 124.6/1 700.1 | 128.3/2 131.0 |
| 4 | 0 | [15 11 18 22 23 30] | [1 1 1 1 1 1] | 95.2/235.9 | 95.2/235.9 | 84.6/242.1 | 88.3/303.0 |
| 4 | 5 | [15 11 18 22 23 30] | [1 1 1 1 1 1] | 105.2/235.9 | 105.2/235.9 | 94.6/242.1 | 98.3/303.0 |
| 4 | 10 | [1 5 9 16 23 30] | [5 5 5 1 4] | 104.6/242.1 | 115.2/755.9 | 104.6/242.1 | 108.3/303.0 |
| 4 | 15 | [1 5 9 16 23 30] | [5 5 5 3 3] | 105.1/279.2 | 125.2/1 755.9 | 114.6/702.1 | 118.3/1 133.0 |
| 4 | 20 | [15 11 18 22 23 30] | [2 2 2 2 2 2] | 124.6/1 702.1 | 135.2/2 755.9 | 124.6/1 702.1 | 128.3/2 133.0 |

由于3PL业务范围的限制,在$n=30$的算例中,只有3PL供应商1,2,5能够独自完成任务。如果使用它们独立运输,虽然不需要支付转换成本,但可能会增加总的配送费用。对表3-26中不同转换成本下完成任务的个数(图3-4)以及与协同运输相比运输费用的增加幅度(图3-5)上来看,协同运输模式不仅可以节省费用,还在完成任务个数(图3-4)以及完成任务时的费用上(图3-5)明显优于客户使用单3PL供应商的结果。

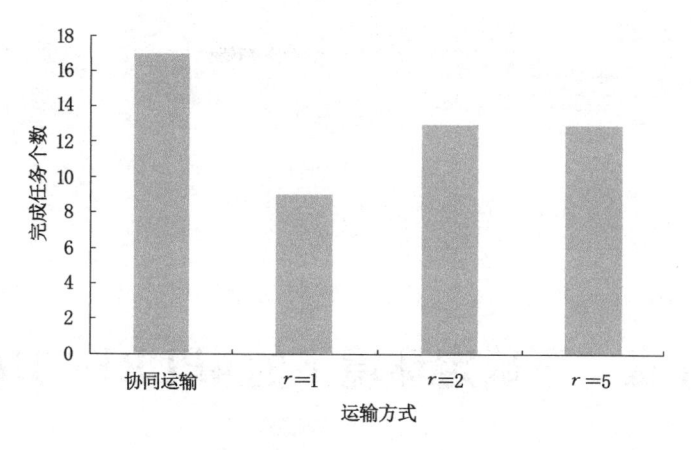

图 3-4 不同运输方式下 4PL 完成任务的情况

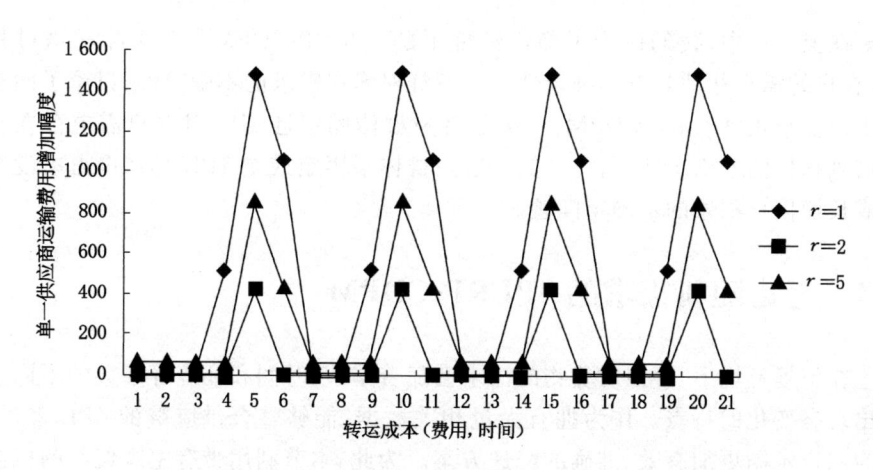

图 3-5 不同转运成本下 3PL 供应商 1,2,5 的费用增加幅度图

## 3.3 本章小结

电力物资协同配送下的 4PL 协同配送问题(4PLRP-CDPM)是一类复杂的优化问题。本书在考虑转运成本基础上,针对电力公司要求 4PL 供应商承担的任务数目不同,分别提出了单物资 4PLRP-CDPM 和多物资 4PLRP-CDPM。通过算法的设计与求解,展现了 4PL 在整合 3PL 供应商中的作用。为使问题更具一般性,在接下来的章节中,我们将对考虑具体特征的多物资 4PLRP-CDPM 进行讨论。为了叙述方便,在不产生歧义的情况下,我们将多物资 4PLRP-CDPM 简称为 4PLRP-CDPM。

# 第 4 章 不确定环境下的 4PLRP-CDPM

在上一章中,我们讨论了确定环境下的 4PLRP-CDPM。在实际配送过程中,客户的需求往往具有不确定性。本章针对客户需求的不确定性,讨论了两类不确定需求的 4PLRP-CDPM:一类是客户群体固定且 4PL 对客户需求存在长期信息积累的不确定问题;另一类是客户群体不固定或是 4PL 对客户需求没有形成长期信息积累的不确定问题。

## 4.1 考虑随机需求的 4PLRP-CDPM

在市场环境下,客户对货物的需求会随着季节、时间和环境等参数的不同呈现出动态变化的特点。作为拥有大量相关数据、能够整合供应链的 4PL 来说,应为用户定制更加有效、准确的配送方案。为此,本节利用带有主观偏好的机会约束规划对考虑随机需求的 4PLRP-CDPM 进行研究。

### 4.1.1 问题描述

假设 4PL 供应商与某电力公司合作,长期承揽供应点 $v_1 \sim v_n$ 之间的配送任务。其中,$v_1 \sim v_n$ 是区域库、中转节点或者需求节点。当节点作为区域库时,负责发出物资。当节点作为中转节点时,负责转运物资。这时它们的承载能力有限且转运需要支付转运成本(费用和时间)。运输网络中存在多个与 4PL 长期合作的 3PL 供应商,他们具有配送费用、时间和能力三个属性。经 4PL 对与电力公司长期物资往来的数据统计发现,需求节点对物资的需求会随着季节呈现出明显的动态变化。为更好适应这种状况,4PL 对物资需求进行了长期统计并采用带有主观偏好的随机变量对其进行刻画。假设网络由 $r$ 个 3PL 供应商

# 第4章 不确定环境下的 4PLRP-CDPM

组成,将每个3PL供应商看作一条边并以编号 $1,\cdots,r$ 标识,然后4PL根据3PL供应商的配送范围指派任务,于是便得到考虑随机需求的4PLRP-CDPM配送网络多重图 $G(V,E)$(如图3-1)。

模型参数及变量描述如下:

$r$:运输网络中3PL供应商的数量;

$T^{sd}$:从区域库 $s$ 到需求节点 $d$ 配送物资时由电力公司指定的交货时间;

$T_{ijk}$:3PL供应商 $k$ 将物资由节点 $i$ 运输到节点 $j$ 的时间;

$T_i^{sd}$:由区域库 $s$ 到需求节点 $d$ 配送物资途经节点 $i$ 时的停靠时间;

$T'_i$:在节点 $i$ 更换3PL供应商的时间;

$C_{ijk}^{sd}$:表示由区域库 $s$ 到需求节点 $d$ 配送时3PL供应商 $k$ 运输单位物资(比如,一捆电缆、一个集装箱等)时的费用;

$C'_i$:在中转节点 $i$ 停靠单位物资时的费用;

$C''_i$:在节点 $i$ 更换3PL供应商的费用;

$P_{ijk}$:表示3PL供应商 $k$ 将物资由节点 $i$ 运至节点 $j$ 的配送能力;

$P'_i$:节点 $i$ 所具有的吞吐能力,指该节点可承载的最大物资量,如搬运、加工和存储等能力限制而带来的对物资量的限制;

$\overline{B}^{sd}$:表示由区域库 $s$ 到需求节点 $d$ 配送物资时客户的随机需求量;

$\overline{b}_i^{sd}$:由区域库 $s$ 到需求节点 $d$ 配送时,电力物资在节点 $i$ 的随机需求量,

$$\overline{b}_i^{sd}=\begin{cases}-\overline{B}^{sd}, & i\text{ 是由 }s\text{ 到 }d\text{ 配送时的起始节点}\\ \overline{B}^{sd}, & i\text{ 是由 }s\text{ 到 }d\text{ 配送时的目的节点}\\ 0, & \text{否则}\end{cases}$$

变量定义:

$x_{ijk}^{sd}$:供应商 $k$ 是否承担区域库 $s$ 到需求节点 $d$ 由中转节点 $i$ 到中转节点 $j$ 的运输任务,即

$$x_{ijk}^{sd}=\begin{cases}1, & \text{供应商 }k\text{ 负责 }i\text{ 到 }j\text{ 的运输任务}\\ 0, & \text{否则}\end{cases}$$

$y_i^{sd}$:节点 $i$ 是否承担由区域库 $s$ 到需求节点 $d$ 的中转任务,即

$$y_i^{sd}=\begin{cases}1, & \text{节点 }i\text{ 承担中转任务}\\ 0, & \text{否则}\end{cases}$$

$z_i^{sd}(k)$:在由区域库 $s$ 到需求节点 $d$ 配送物资并途经点 $i$ 时,是否转换3PL供应商为 $k$。如果3PL供应商 $k$ 在途经该点的上一路段被某个任务使用($\forall s,d$),那么该供应商 $k$ 仅在节点 $i$ 增加了新的配送任务,则无转换成本;否则计算转换成本。即

$$z_i^{sd}(k) = \begin{cases} 1, & y_i^{sd}=1 \text{ 且 } \sum_s^S \sum_d^D \sum_j^n x_{jik}^{sd}=0 \\ 0, & \text{否则} \end{cases}$$

### 4.1.2 数学模型

考虑随机需求的 4PLRP-CDPM 的目标是在满足用户对交货时间要求的情况下求得费用最小路径组。建立的数学模型如下：

$$Z = \min \sum_s^S \sum_d^D \overline{C^{sd}} \tag{4-1}$$

s.t. $Pr(\sum_{i=1}^n \sum_{j=1}^n \sum_{k=1}^r C_{ijk}^{sd} \overline{B^{sd}} \cdot x_{ijk}^{sd} + \sum_{i=1}^n C'_i \overline{B^{sd}} \cdot y_i^{sd} + \sum_{i=1}^n C''_i z_i^{sd}(k) \leqslant \overline{C^{sd}}) \geqslant \alpha$

$$\tag{4-2}$$

$$\sum_{i=1}^n \sum_{j=1}^n \sum_{k=1}^r T_{ijk} x_{ijk}^{sd} + \sum_{i=1}^n T_i^{sd} y_i^{sd} + \sum_{i=1}^n T'_i z_i^{sd}(k) \leqslant T^{sd} \tag{4-3}$$

$$\sum_{i=1}^n \overline{B^{sd}} x_{ijk}^{sd} - \sum_{i=1}^n \overline{B^{sd}} x_{jik}^{sd} = \overline{b_j^{sd}}, j \in \{1,2,\cdots,n\} \tag{4-4}$$

$$\sum_{i=1}^n \sum_{k=1}^r x_{ijk}^{sd} = y_j^{sd}, j \in \{2,\cdots,n\} \tag{4-5}$$

$$\sum_{j=1}^n \sum_{k=1}^r x_{ijk}^{sd} = y_i^{sd}, i \in \{1,2,\cdots,n-1\} \tag{4-6}$$

$$Pr\{\sum_{s=1}^S \sum_{d=1}^D \overline{B^{sd}} x_{ijk}^{sd} \leqslant P_{ijk}\} \geqslant \beta, i,j \in \{1,2,\cdots,n\} \tag{4-7}$$

$$Pr\{\sum_{s=1}^S \sum_{d=1}^D \overline{B^{sd}} y_i^{sd} \leqslant P'_i\} \geqslant \gamma, i \in \{1,2,\cdots,n\} \tag{4-8}$$

$$z_i^{sd}(k) \leqslant y_i^{sd}, i \in \{1,2,\cdots,n\} \tag{4-9}$$

$$y_s^{sd} = 1 \tag{4-10}$$

$$y_{n-d+1}^{sd} = 1 \tag{4-11}$$

$$x_{ijk}^{sd}, y_i^{sd}, z_i^{sd}(k) = 0 \text{ 或 } 1, i,j \in \{1,2,\cdots,n\} \tag{4-12}$$

在上面的模型中，$k \in \{1,2,\cdots,r\}, s \in \{1,\cdots,S\}, d \in \{1,\cdots,D\}$。式 (4-1) 为目标函数，$\overline{C}$ 表示 $\sum_{i=1}^n \sum_{j=1}^n \sum_{k=1}^r C_{ijk}^{sd} \overline{B^{sd}} \cdot x_{ijk}^{sd} + \sum_{i=1}^n C'_i \overline{B^{sd}} \cdot y_i^{sd} + \sum_{i=1}^n C''_i z_i^{sd}(k) \leqslant \overline{C^{sd}}$ 在置信水平为 $\alpha$ 时所取得的极小值；式 (4-2) 是一个随机不等式，表示完成配送任务的总成本（随机值）不大于目标函数 $\overline{C}$ 的置信性至少为 $\alpha(\alpha \in (0,1])$；式 (4-3) 表示到达需求节点的时间不大于电力公司要求的供

货时间;式(4-4)表示网络流流量平衡;式(4-5)、式(4-6)表示选择的节点是从区域库到需求节点的通路;式(4-7)表示3PL供应商$k$由节点$i$到节点$j$配送的实际物资之和小于其承载能力的置信水平不小于$\beta(\beta\in(0,1])$;式(4-8)表示转运节点承载的实际物资之和小于其承载能力的置信水平不小于$\gamma(\gamma\in(0,1])$;式(4-9)表示在节点$i$转换3PL供应商则一定在节点$i$中转;式(4-10)、式(4-11)表示路径的起始和终止节点;式(4-12)表示$x_{ijk}^{sd}$,$y_i^{sd}$和$z_i^{sd}(k)$为模型的0-1决策变量。

### 4.1.3 算法设计

针对上述建立的随机模型,算法设计分为两个部分:一是随机模拟;二是基于优先权编码的遗传算法。

1. 随机模拟

在上述建立的模型中,式(4-2),式(4-7)和式(4-8)中存在随机变量,无法直接求解。这里我们采用随机模拟[121]技术分别对它们进行模拟。

对于式(4-2),为找到使其成立的最大$\overline{C^{sd}}$。

令$g^{sd}(x^{sd},y^{sd},z^{sd},\overline{B^{sd}})=\sum_{i=1}^{n}\sum_{j=1}^{n}\sum_{k=1}^{r}C_{ijk}^{sd}\overline{B^{sd}}\cdot x_{ijk}^{sd}+\sum_{i=1}^{n}C'_i\overline{B^{sd}}\cdot y_i^{sd}+\sum_{i=1}^{n}C''_iz_i^{sd}(k)$,并假设随机变量$\overline{B^{sd}}$的概率分布为$\varphi(\overline{B^{sd}})$。为找到使(4-2)成立的最小值$\overline{C^{sd}}$,从概率分布$\varphi(\overline{B^{sd}})$中生成$N$个独立的随机变量$\overline{B_1^{sd}},\overline{B_2^{sd}},\cdots,\overline{B_N^{sd}}$,于是得到序列$C_1^{sd},C_2^{sd},\cdots,C_N^{sd}$,其中$\overline{C_i^{sd}}=g^{sd}(x^{sd},y^{sd},z^{sd},\overline{B_i^{sd}})$,$i=1,2,\cdots,N$。令$Ng'$为$\alpha N$的整数部分,由大数定律,序列$C_1^{sd},C_2^{sd},\cdots,C_N^{sd}$中第$N'$个最大的元素可以作为$C^{sd}$的估计。具体步骤如下:

Step 1:从概率分布$\varphi(\overline{B^{sd}})$中生成$N$个独立的随机变量$\overline{B_1^{sd}},\overline{B_2^{sd}},\cdots,\overline{B_N^{sd}}$。

Step 2:令$\overline{C_i^{sd}}=g^{sd}(x^{sd},y^{sd},z^{sd},\overline{B_i^{sd}})$,$i=1,2,\cdots,N$。

Step 3:令$N'$为$\alpha N$的整数部分。

Step 4:返回序列$C_1^{sd},C_2^{sd},\cdots,C_N^{sd}$中第$N'$个最大的元素作为$\overline{C^{sd}}$的估计。

对于式(4-7)和式(4-8),分别令$h^{sd}(x^{sd},\overline{B^{sd}})=\sum_{s=1}^{S}\sum_{d=1}^{D}\overline{B^{sd}}x_{ijk}^{sd}-P_{ijk}$,$p^{sd}(y^{sd},\overline{B^{sd}})=\sum_{s=1}^{S}\sum_{d=1}^{D}\overline{B^{sd}}y_i^{sd}-P'_i$,其中$\overline{B^{sd}}$的概率分布为$\varphi(\overline{B^{sd}})$。对任意的决策变量$x_{ijk}^{sd}$或$y_i^{sd}$,检验机会约束式(4-7)或式(4-8)是否成立。首先,从概率分布$\varphi(\overline{B^{sd}})$中生成$N$个独立的随机变量$\overline{B_1^{sd}},\overline{B_2^{sd}},\cdots,\overline{B_N^{sd}}$,设$Nh'$和$Np'$分别是$N$次

实验中 $h_j^{sd}(x^{sd},\overline{B_i^{sd}}) \leqslant 0$ 和 $p_j^{sd}(y^{sd},\overline{B_i^{sd}}) \leqslant 0(j=1,2,\cdots,k), i=1,2,\cdots,N$ 成立的次数，即产生的随机变量中满足约束的个数。由大数定律，可以分别使用 $Nh'$ 和 $Np'$ 估计概率。于是机会约束式(4-7)[或式(4-8)]成立当且仅当概率 $Nh'/N \geqslant \beta(Np'/N \geqslant \gamma)$。

对于式(4-7)，具体步骤如下：

Step 1：置 $Nh'=0(Np'=0)$；

Step 2：从概率分布 $\varphi(\overline{B^{sd}})$ 中生成随机变量 $\overline{B^{sd}}$；

Step 3：如果 $h_j^{sd}(x^{sd},\overline{B_i^{sd}}) \leqslant 0, j=1,2,\cdots,k$，则 $Nh'++$；

Step 4：重复 Step 2 和 Step 3 共 $N$ 次；

Step 5：如果 $Nh'/N \geqslant \beta$，返回成立，否则返回不成立。

式(4-8)与式(4-7)均属于机会约束，处理方式类似，这里不再给出具体的处理步骤。

2. 基于优先权编码的遗传算法

(1) 优先权编码

鉴于随机需求 4PLRP-CDPM 也可以被看作是带有约束条件的多重图最短路问题，为便于求解，本节将路径中的节点和边(3PL 供应商)同时作为编码基因，设计了与 3.1.3 节不同的基于优先权编码方式的遗传算法(Genetic Algorithm based on the Double Array Priority Coding Method, DAP-GA)。具体内容如下：

根据问题的特点，每个解包含两个部分，分别对应路径中的节点和边。染色体的长度对应 4PLRP-CDPM 网络中节点的个数。对于图 4-1 所示的配送网络 $G(V,E)(|V|=8)$，随机生成每个节点的优先权，并根据节点的优先权生成路径。假设 $S=2, D=2$，路径组用 $l_i^{sd}(s=1,2,\cdots,S;d=1,2,\cdots,D)$ 表示。以 $l^{11}$ 为例，对于节点，首先为每个节点随机分配一个 $1\sim n$($n$ 为节点个数)之间不重复的随机数(假设生成路径 $l^{11}$ 的节点优先权如图 4-1 所示)。然后从节点 1 的邻接点(节点 2 和节点 3)中选择优先权较大的(节点 2,3 的优先级分别为 1 和 3)节点(节点 3)作为路径上的第二个节点。接着从节点 3 出发选择与其相邻且未被选过节点中优先级最大的[节点 3(1),4(8),6(7),7(5)]节点(节点 4)作为下一个节点……重复此过程直到终点 8 为止。

为记录各节点在路径中出现的位置，将它们在路径中出现的顺序按照 1,2,……的顺序进行排序(不在路径中的节点设为 0)。例如，在图 4-1 中，节点 6 在路径中的次序为"4"，这表示由当前优先权确定的路径中第 4 个节点为"节点 6"。于是通过优先权编码方式得到的路径便可由"路径中的次序"行轻松读出。

# 第4章 不确定环境下的 4PLRP-CDPM

| 节点 | 1 | 2 | 3 | 4 | 5 | 6 | 7 | 8 |
|---|---|---|---|---|---|---|---|---|
| 优先权 | 4 | 1 | 3 | 8 | 6 | 7 | 5 | 2 |
| 路径中的次序 | 1 | 0 | 2 | 3 | 0 | 4 | 5 | 6 |

图 4-1 节点的编码

对于边来说，由于路径次序相邻的节点（除 0 与 1 外）之间一定存在边，因此，我们为次序行不为 0 的节点（除终点外）在可选的 3PL 供应商范围内随机选择一个 3PL 供应商作为从该节点到后继相邻节点的边。于是得到完整的路径：

$$1 \to 3 \to 4 \to 6 \to 7 \to 8$$
$$\quad 1 \quad 2 \quad 3 \quad 3 \quad 4$$

当解中存在多项配送任务时，同样可以根据不同节点的优先权生成路径并匹配边。使用同样的方式，这一初始解中的其他路径为：

$$1 \to 3 \to 7 \qquad 2 \to 6 \to 8 \qquad 2 \to 6 \to 7$$
$$\;\; 2 \quad 1 \qquad\quad\; 4 \quad 5 \qquad\quad\; 2 \quad 3$$

（2）适应值函数

利用优先权编码方式可以得到问题的初始解，但是得到的初始解不一定满足约束式(4-3)。因此本书将时间约束作为一个罚函数加入目标函数中，其形式为

$$f = \sum_{s}^{S}\sum_{d}^{D}\bar{C}^{sd} + \sigma \cdot \sum_{s=1}^{S}\sum_{d=1}^{D}(\max(0, TT^{sd} - T^{sd})) \tag{4-13}$$

其中，$TT^{sd}$ 表示由区域库 $s$ 到需求节点 $d$ 配送物资时的实际运输时间，$s=1,2,\cdots,S, d=1,2,\cdots,D$。$\sigma(\sigma \geq 1)$ 为惩罚系数，它的取值由具体问题而定。

按照适值函数将染色体 $I_1, I_2, \cdots, I_{PS}$ 按照由好到坏的顺序进行排列（这里，染色体的适值函数值越小表明该染色体越好）。设参数 $\mu \in (0,1)$，定义基于序的评价函数为：

$$\text{eval}(I_i) = \mu(1-\mu)^{i-1}, i=1,2,\cdots,PS \tag{4-14}$$

（3）选择机制

选择过程以旋转赌轮 $PS$ 次为基础。按照染色体的适应度，每次旋转都为新的种群选择一个染色体，具体过程如下：

Step 1：对每个染色体 $I_o$，计算累计概率 $q_o$：

$$q_0 = 0, q_o = \sum_{i=1}^{o} eval(I_i), o=1,2,\cdots,PS;$$

Step 2：从区间$(0,q_{PS}]$中产生一个随机数$r$；

Step 3：若$q_{o-1}<r<q_o$，选择第$o$个染色体$I_o(1\leqslant o\leqslant PS)$；

Step 4：重复 Step 2 和 Step 3 共$PS$次，得到$PS$个复制的染色体。

（4）交叉操作

在每代种群中，交叉操作以$Pc$的概率发生在染色体上。这个概率说明种群中有期望值为$Pc\times PS$个染色体要进行交叉操作。

为了确定交叉操作的父代，从$i=1$到$PS$重复以下过程：从$[0,1]$中产生随机数$r$，如果$r<Pc$，则选择$I_i$作为一个父代。用$I_1',I_2',I_3',\cdots$表示选择好的父代，当父代染色体数目为奇数时，舍去最后一个父代染色体，并把它们按下面的形式两两配对：

$$(I_1',I_2'),(I_3',I_4'),(I_5',I_6'),\cdots$$

假设$S=2,D=1$，两个染色体$I_1'$和$I_2'$的编码如图 4-2 和图 4-3 所示。下面以$(I_1',I_2')$为例，展示染色体的交叉过程：

| 节点 | 1 | 2 | 3 | 4 | 5 | 6 | 7 | 8 |
|---|---|---|---|---|---|---|---|---|
| 优先权 | 4 | 1 | 3 | 8 | 6 | 7 | 5 | 2 |
| $l_1^{11}$路径次序 | 1 | 0 | 2 | 3 | 0 | 4 | 5 | 6 |
| $l_1^{11}$3PL(边) | 1 | 0 | 2 | 3 | 0 | 3 | 4 | 0 |
| $l_1^{21}$路径次序 | 0 | 1 | 0 | 2 | 0 | 3 | 4 | 5 |
| $l_1^{21}$3PL(边) | 0 | 1 | 0 | 2 | 0 | 3 | 4 | 0 |

图 4-2 $I_1'$路径组的编码

| 节点 | 1 | 2 | 3 | 4 | 5 | 6 | 7 | 8 |
|---|---|---|---|---|---|---|---|---|
| 优先权 | 2 | 4 | 6 | 5 | 1 | 8 | 7 | 3 |
| $l_2^{11}$路径次序 | 1 | 0 | 2 | 0 | 0 | 3 | 4 | 5 |
| $l_2^{11}$3PL(边) | 3 | 0 | 5 | 0 | 0 | 5 | 4 | 0 |
| $l_2^{21}$路径次序 | 0 | 1 | 0 | 0 | 0 | 2 | 3 | 4 |
| $l_2^{21}$3PL(边) | 0 | 3 | 0 | 0 | 0 | 3 | 5 | 0 |

图 4-3 $I_2'$路径组的编码

Step 1：根据个体随机生成的优先权（图 4-2，图 4-3），得到待交叉的个体：

$I_1':l_1^{11}:1\to3\to4\to6\to7\to8$      $l_1^{21}:2\to4\to6\to7\to8$
           1 2 3 3 4                1 2 3 3

# 第4章 不确定环境下的4PLRP-CDPM

$I_2': l_2^{11}: 1 \to 3 \to 6 \to 7 \to 8$　　　　$l_2^{21}: 2 \to 6 \to 7 \to 8$
　　　　3　5　5　4　　　　　　　　　3　3　5

Step 2:相同起始、目的节点的路径为一组,两两交叉。设交叉点为 $p$, $p:=random(8)$;

Step 3:假设 $p=5$,以 $p$ 为交叉点将两个染色体中节点 $p$ 及节点 $p$ 之后的各个位置进行交换,交叉前两个个体如图4-4所示。

| 节点 | 1 | 2 | 3 | 4 | 5 | 6 | 7 | 8 |
|---|---|---|---|---|---|---|---|---|
| 优先权 | 4 | 1 | 3 | 8 | 6 | 7 | 5 | 2 |
| $l_1^{11}$ 路径次序 | 1 | 0 | 2 | 3 | 0 | 4 | 5 | 6 |
| $l_1^{11}$ 3PL(边) | 1 | 0 | 2 | 3 | 0 | 3 | 4 | 0 |
| $l_1^{21}$ 路径次序 | 0 | 1 | 0 | 2 | 0 | 3 | 4 | 5 |
| $l_1^{21}$ 3PL(边) | 0 | 1 | 0 | 2 | 0 | 3 | 3 | 0 |

| 节点 | 1 | 2 | 3 | 4 | 5 | 6 | 7 | 8 |
|---|---|---|---|---|---|---|---|---|
| 优先权 | 2 | 4 | 6 | 5 | 1 | 8 | 7 | 3 |
| $l_2^{11}$ 路径次序 | 1 | 0 | 2 | 0 | 0 | 3 | 4 | 5 |
| $l_2^{11}$ 3PL(边) | 3 | 0 | 5 | 0 | 0 | 5 | 4 | 0 |
| $l_2^{21}$ 路径次序 | 0 | 1 | 0 | 0 | 0 | 2 | 3 | 4 |
| $l_2^{21}$ 3PL(边) | 0 | 3 | 0 | 0 | 0 | 3 | 5 | 0 |

图4-4　交叉前染色体 $I_1'$ 和 $I_2'$ 的路径组编码

交叉后两个个体如图4-5所示。

Step 4:解的检验:

由于节点和边位置的改变可能会导致某些节点的优先级重复,从而导致不可行解。

当解不可行时,检验原则如下:

　　Step 4.1:按照随机分配原则,为优先级重复的基因位重新分配优先级。

　　Step 4.2:根据重新分配的优先级生成新的路径。

| 节点 | 1 | 2 | 3 | 4 | 5 | 6 | 7 | 8 |
|---|---|---|---|---|---|---|---|---|
| 优先权 | 4 | 1 | 3 | 8 | 1 | 8 | 7 | 3 |
| $l_1^{11}$ 路径次序 | 1 | 0 | 2 | 3 | 0 | 3 | 4 | 5 |
| $l_1^{11}$ 3PL(边) | 1 | 0 | 2 | 3 | 0 | 5 | 4 | 0 |
| $l_1^{21}$ 路径次序 | 0 | 1 | 0 | 2 | 0 | 2 | 3 | 4 |
| $l_1^{21}$ 3PL(边) | 0 | 1 | 0 | 2 | 0 | 3 | 5 | 0 |

| 节点 | 1 | 2 | 3 | 4 | 5 | 6 | 7 | 8 |
|---|---|---|---|---|---|---|---|---|
| 优先权 | 2 | 4 | 6 | 5 | 6 | 7 | 5 | 2 |
| $l_2^{11}$ 路径次序 | 1 | 0 | 2 | 0 | 0 | 4 | 5 | 6 |
| $l_2^{11}$ 3PL(边) | 3 | 0 | 5 | 0 | 0 | 3 | 4 | 0 |
| $l_2^{21}$ 路径次序 | 0 | 1 | 0 | 0 | 0 | 3 | 4 | 5 |
| $l_2^{21}$ 3PL(边) | 0 | 3 | 0 | 0 | 0 | 3 | 3 | 0 |

图 4-5 交叉后染色体 $I_1'$ 和 $I_2'$ 的路径组编码

Step 4.3:在新生成的路径中,如果 3PL 供应商仍然可行,则 3PL 不变;否则如果路径改变,则置 3PL 供应商为 0;如果路径不变,从可选择的 3PL 供应商中随机选择一个作为新的 3PL 供应商并重新计算解的适值,检验后得到的染色体如图 4-6 所示。

(5) 变异操作

本节设计的变异操作包括点的变异和边的变异。

定义参数 $Pm_1$ 和 $Pm_2$ 分别为节点和边的变异概率。由 $i=1$ 到 $PS$,重复下列过程:从区间$[0,1]$中产生随机数 $r$,如果 $r<Pm_j(j=1,2)$,则选择染色体 $I_i$ 作为变异的父代,对染色体 $I_i$ 中的各路径分别进行变异。

针对节点:由于 $N$ 个节点的优先权为 $1\sim N$ 之间不重复的整数,因此在变异时采用的是两节点优先权互换的变异方法。假设节点的个数为 $N$。首先从 $N$ 个节点中随机选择两个不重复的变异节点(设为 $w_1$ 和 $w_2$,$w_1\in[1,N]$),然后交换节点 $w_1$ 和 $w_2$ 的优先权。最后,根据新生成的优先权修改路径次序及边的编码。

# 第4章 不确定环境下的 4PLRP-CDPM

| | | | | | $p$ | | | |
|---|---|---|---|---|---|---|---|---|
| 节点 | 1 | 2 | 3 | 4 | 5 | 6 | 7 | 8 |
| 优先权 | 4 | 1 | 3 | 8 | 1<->5 | 8<->6 | 7 | 3<->2 |
| $l_1^{11}$ 路径次序 | 1 | 0 | 2 | 3 | 0 | 3<->0 | 4 | 5 |
| $l_1^{11}$ 3PL(边) | 1 | 0 | 2 | 3<->4 | 0 | 5<->0 | 4 | 0 |
| $l_1^{21}$ 路径次序 | 0 | 1 | 0 | 2 | 0 | 0 | 3 | 4 |
| $l_1^{21}$ 3PL(边) | 0 | 1 | 0 | 2<->5 | 0 | 3<->0 | 5 | 0 |

| 节点 | 1 | 2 | 3 | 4 | 5 | 6 | 7 | 8 |
|---|---|---|---|---|---|---|---|---|
| 优先权 | 2 | 4 | 6 | 5 | 6<->3 | 7 | 5<->1 | 2<->8 |
| $l_2^{11}$ 路径次序 | 1 | 0 | 2 | 0 | 0 | 4<->3 | 5<->0 | 6<->4 |
| $l_2^{11}$ 3PL(边) | 3 | 0 | 5 | 0 | 3 | 4<->0 | 0 | 0 |
| $l_2^{21}$ 路径次序 | 0 | 1 | 0 | 0 | 0 | 3<->2 | 4<->0 | 5<->3 |
| $l_2^{21}$ 3PL(边) | 0 | 3<->2 | 0 | 0 | 0 | 3 | 3<->0 | 0 |

图 4-6 经检验后染色体 $I_1'$ 和 $I_2'$ 的路径组编码

针对边:首先计算路径中 3PL 供应商(边)的个数,设为 $P1$。从区间[1, $P1$]中随机产生一个整数,设为 $p$,即需要变异的位置。检查是否有满足要求的其他 3PL 供应商(边)可以承担此项任务,如果有,随机选取一个满足要求的 3PL 供应商(边),扣除本次使用的能力,并将原 3PL 供应商使用的能力还原;如果没有,不做改变。

(6) 算法的主要流程

Step 1:利用双列优先权编码方式对种群 $PS$ 进行初始化;

Step 2:利用随机模拟[121]为适应值函数式(4-13)和式(4-7)、式(4-8)产生训练后的输出数据;

Step 3:按照轮盘赌法则选择染色体;

Step 4:对满足交叉概率 $Pc$ 的染色体,两两分组进行交叉操作;

Step 5:检验染色体中使用的节点和边的承载能力,并做出适当的调整;

Step 6:对于满足变异概率 $Pm$ 的染色体,进行变异操作;

Step 7:计算每个染色体的适值函数,如果出现优于当前最优解的个体,则更新当前最优解;

Step 8:检查是否达到最大迭代次数 $NG$。如果是,转 Step 9;否则,转 Step 2;

Step 9:算法终止并输出最优解。

#### 4.1.4 实验仿真

本节算法利用 Matlab 7.0 进行实现,并在 Core 2 2.83GHZ PC 上运行。具体过程如下。

1. 实例描述

为了更好测试 DAP-GA 对求解随机需求 4PLRP-CDPM 的效果,我们采用 3.2.4 节中的实例并设 $\alpha=\beta=\gamma=0.8$。下面,从参数设置、算法比较及主观偏好 $\alpha$ 对计算结果的影响三个角度进行分析。

假设某 4PL 供应商承揽了一组某电力公司的配送任务,如图 3-1 所示,其中节点 1 和节点 2 为区域库,即物资的发货节点$[v_s=1,2(S=2)]$,节点 7 和节点 8 为需求节点,即$[v_d=1,2(D=2)]$。物资需要从两个区域库分别发往两个需求节点。不同线路之间配送的物资量由电力公司指定,且当物资在规定的区域库和需求节点之间配送时,其他节点均可作为中转节点。假设电力公司的需求会随着季节等因素动态变化,并且经 4PL 供应商长期对电力公司需求的统计发现他们的需求成正态分布 $N(5,1^2)$,由此可根据 $3\sigma$ 准则假设需求的取值在$[2,8]$区间内。

2. 参数分析

在 DAP-GA 中,影响算法性能的参数包括种群规模 $PS$、迭代次数 $NG$、交叉概率 $Pc$ 变异概率 $Pm$ 和交货时间 $T^{sd}(s\in\{1,\cdots,S\},d\in\{1,\cdots,D\})$。

在每组设定的参数下运行 DAP-GA 50 次,记录 50 次中找到的最好解(Best),最差解(Bad)、解的均值(Avg)以及解的标准偏差(msd)对结果进行评价。表 4-1~表 4-5 展示了对实例一参数的具体分析过程。

(1) 参数 $PS$ 对 DAP-GA 的影响

**表 4-1 参数 $PS$ 对 DAP-GA 的影响**

| PS | NG | Pc | Pm | $T^{sd}$ | Best | Bad | Avg | msd | Time |
|----|----|------|------|----|-------|-------|-------|-----|------|
| 5  | 20 | 0.50 | 0.20 | 26 | 233.9 | 236.2 | 234.8 | 1.2 | <1 |
| 10 | 20 | 0.50 | 0.20 | 26 | 233.9 | 233.9 | 233.9 | 0   | <1 |
| 15 | 20 | 0.50 | 0.20 | 26 | 233.9 | 233.9 | 233.9 | 0   | <1 |
| 20 | 20 | 0.50 | 0.20 | 26 | 233.9 | 233.9 | 233.9 | 0   | <1 |
| 30 | 20 | 0.50 | 0.20 | 26 | 233.9 | 233.9 | 233.9 | 0   | <1 |

## 第4章 不确定环境下的 4PLRP-CDPM

从表 4-1 可以看出,当 $PS=5$ 时,算法存在偏差。逐渐增加算法的种群规模,当 $PS=10$ 时算法的偏差为 0。此后再增加种群规模算法的偏差均为 0,由此可知 $PS=10$ 是算法种群规模的最佳设置。

(2) 参数 $NG$ 对 DAP-GA 的影响

表 4-2 参数 $NG$ 对 DAP-GA 的影响

| PS | NG | $Pc$ | $Pm$ | $T^{sd}$ | Best | Bad | Avg | msd | Time |
|---|---|---|---|---|---|---|---|---|---|
| 10 | 10 | 0.50 | 0.20 | 26 | 233.9 | 237.2 | 234.8 | 1.1 | <1 |
| 10 | 15 | 0.50 | 0.20 | 26 | 233.9 | 235.6 | 234.1 | 0.7 | <1 |
| 10 | 20 | 0.50 | 0.20 | 26 | 233.9 | 233.9 | 233.9 | 0 | <1 |
| 10 | 25 | 0.50 | 0.20 | 26 | 233.9 | 233.9 | 233.9 | 0 | <1 |
| 10 | 30 | 0.50 | 0.20 | 26 | 233.9 | 233.9 | 233.9 | 0 | <1 |

表 4-2 展示了迭代次数 $NG$ 对 DAP-GA 的影响。当 $NG=10$ 时,算法存在偏差;当 $NG=15$ 时偏差减小;当 $NG \geqslant 20$ 时偏差为 0。由此可知 $NG=20$ 是算法迭代次数的最佳设置。

(3) 参数 $Pc$ 对 DAP-GA 的影响

表 4-3 参数 $Pc$ 对 DAP-GA 的影响

| PS | NG | $Pc$ | $Pm$ | $T^{sd}$ | Best | Bad | Avg | msd | Time |
|---|---|---|---|---|---|---|---|---|---|
| 10 | 20 | 0.30 | 0.20 | 26 | 233.9 | 236.4 | 234.6 | 0.9 | <1 |
| 10 | 20 | 0.40 | 0.20 | 26 | 233.9 | 234.8 | 234.0 | 0.3 | <1 |
| 10 | 20 | 0.50 | 0.20 | 26 | 233.9 | 233.9 | 233.9 | 0 | <1 |
| 10 | 20 | 0.60 | 0.20 | 26 | 233.9 | 233.9 | 233.9 | 0 | <1 |
| 10 | 20 | 0.70 | 0.20 | 26 | 233.9 | 233.9 | 233.9 | 0 | <1 |

交叉概率 $Pc$ 对算法的影响如表 4-3 所示。当 $Pc=0.3$ 时算法存在 0.9 的偏差,当 $Pc=0.4$ 时算法偏差减小,当 $Pc=0.5$ 时算法偏差为 0。之后再增加交叉概率 $Pc$ 的值算法的性能没有改变,因此 $Pc=0.5$ 是一个最佳设置。

(4) 参数 $Pm$ 对 DAP-GA 的影响

表 4-4 参数 $Pm$ 对 DAP-GA 的影响

| PS | NG | $Pc$ | $Pm$ | $T^{sd}$ | Best | Bad | Avg | msd | Time |
|---|---|---|---|---|---|---|---|---|---|
| 10 | 20 | 0.50 | 0.10 | 26 | 233.9 | 236.2 | 234.3 | 0.6 | <1 |

表4-4(续)

| PS | NG | Pc | Pm | $T^{sd}$ | Best | Bad | Avg | msd | Time |
|---|---|---|---|---|---|---|---|---|---|
| 10 | 20 | 0.50 | 0.15 | 26 | 233.9 | 234.5 | 234.0 | 0.2 | <1 |
| 10 | 20 | 0.50 | 0.20 | 26 | 233.9 | 233.9 | 233.9 | 0 | <1 |
| 10 | 20 | 0.50 | 0.25 | 26 | 233.9 | 233.9 | 233.9 | 0 | <1 |
| 10 | 20 | 0.50 | 0.30 | 26 | 233.9 | 233.9 | 233.9 | 0 | <1 |

变异概率 $Pm$ 对算法的影响如表 4-4 所示。当 $Pm=0.20$ 时算法的偏差为 0,此时即为 $Pm$ 的一个最佳设置。

(5) 参数 $T^{sd}$ 对 DAP-GA 的影响

表 4-5 参数 $T^{sd}$ 对 DAP-GA 的影响

| PS | NG | Pc | Pm | $T^{sd}$ | Best | Bad | Avg | msd | Time |
|---|---|---|---|---|---|---|---|---|---|
| 10 | 20 | 0.50 | 0.20 | 23 | 244.6 | 244.6 | 244.6 | 0 | <1 |
| 10 | 20 | 0.50 | 0.20 | 24 | 239.1 | 239.1 | 239.1 | 0 | <1 |
| 10 | 20 | 0.50 | 0.20 | 25 | 235.8 | 235.8 | 235.8 | 0 | <1 |
| 10 | 20 | 0.50 | 0.20 | 26 | 233.9 | 233.9 | 233.9 | 0 | <1 |
| 10 | 20 | 0.50 | 0.20 | 27 | 233.9 | 233.9 | 233.9 | 0 | <1 |

交货时间 $T^{sd}(s\in\{1,\cdots,S\},d\in\{1,\cdots,D\})$ 对算法的影响如表 4-5 所示。当 $T^{sd}=23,24,25$ 时,由于交货期的不同导致最优解的改变。但是从算法性能上看,算法的偏差为 0。这说明交货时间对算法的性能没有影响。

由上面的分析可知对于实例一中 8 节点的算例,DAP-GA 的参数设置如下:

$$PS=10, NG=20, Pc=0.5, Pm=0.2, T^{sd}=26$$

同理,对于实例二中 $n=15,30,50$ 的算例,利用本节方法进行参数设置,得到的结果如下:

当 $n=15$ 时,$PS=20, NG=50, Pc=0.6, Pm=0.2, T^{sd}=75$;

当 $n=30$ 时,$PS=30, NG=60, Pc=0.6, Pm=0.2, T^{sd}=136$;

当 $n=50$ 时,$PS=40, NG=80, Pc=0.6, Pm=0.2, T^{sd}=250$。

对于实例三中 $n=500,1\,000,2\,000,3\,000,5\,000$ 的算例,利用本节方法进行设置,得到的结果如下:

当 $n=500$ 时,$PS=80, NG=100, Pc=0.6, Pm=0.3, T^{sd}=1\,800$;

当 $n=1\,000$ 时,$PS=120, NG=300, Pc=0.6, Pm=0.3, T^{sd}=3\,000$;

当 $n=2\,000$ 时,$PS=180,NG=400,Pc=0.6,Pm=0.4,T^{sd}=4\,900$;

当 $n=3\,000$ 时,$PS=250,NG=500,Pc=0.6,Pm=0.5,T^{sd}=7\,200$;

当 $n=5\,000$ 时,$PS=400,NG=700,Pc=0.6,Pm=0.5,T^{sd}=9\,800$。

3. 算法分析

为了分析算法的有效性,仍以 $\alpha=\beta=\gamma=0.8$ 时为例,将 DAP-GA 计算的结果与 GA、KGA 和 KTGA 计算得到的结果进行比较,从而说明算法的有效性。

表 4-6 展示了基于双列变长编码机制的三种遗传算法(GA,KGA 和 KTGA)与本书设计的基于双列优先权编码方式的遗传算法(DAP-GA)的对比情况。对于 KTGA,三类算例的参数设置情况已在 3.1.4 节中给出。GA 和 KGA 的参数设置方法与 KTGA 类似,其中 $Pc$,$Pm$(包括 KGA 中的参数 $K$)的设置可参照相应节点数的 KTGA 的设置结果,而种群规模 PS 和迭代次数 NG(KTGA 中 $NG=NG1+NG2$)与 KTGA 有一定的差别。

表 4-6  DAP-GA 与 GA、KGA 和 KTGA 算法的对比情况

| 算法 | 节点数 | 边数 | 时间 | PS | NG | Best | Bad | Avg | msd | Time |
|---|---|---|---|---|---|---|---|---|---|---|
| GA | 8 | 85 | 26 | 30 | 30 | 233.9 | 236.2 | 234.5 | 0.9 | <1 |
| KGA | 8 | 85 | 26 | 10 | 30 | 233.9 | 233.9 | 233.9 | 0 | <1 |
| KTGA | 8 | 85 | 26 | 10 | 40 | 233.9 | 233.9 | 233.9 | 0 | <1 |
| DAP-GA | 8 | 85 | 26 | 20 | 30 | 233.9 | 233.9 | 233.9 | 0 | <1 |
| GA | 15 | 294 | 75 | 50 | 30 | 343.4 | 361.8 | 348.0 | 6.0 | 5 |
| KGA | 15 | 294 | 75 | 20 | 30 | 343.4 | 353.5 | 345.4 | 3.0 | 7 |
| KTGA | 15 | 294 | 75 | 20 | 50 | 343.4 | 348.7 | 344.9 | 1.4 | 8 |
| DAP-GA | 15 | 294 | 75 | 20 | 50 | 343.4 | 348.1 | 344.7 | 1.4 | 4 |
| GA | 30 | 766 | 136 | 70 | 60 | 561.3 | 583.6 | 573.0 | 10.3 | 13 |
| KGA | 30 | 766 | 136 | 40 | 40 | 561.3 | 579.0 | 567.1 | 5.3 | 44 |
| KTGA | 30 | 766 | 136 | 20 | 60 | 561.3 | 570.8 | 564.9 | 3.3 | 20 |
| DAP-GA | 30 | 766 | 136 | 30 | 60 | 561.3 | 568.6 | 563.2 | 3.2 | 11 |
| GA | 50 | 1 414 | 250 | 100 | 80 | 801.1 | 843.7 | 818.5 | 23.1 | 26 |
| KGA | 50 | 1 414 | 250 | 60 | 80 | 801.1 | 830.3 | 812.7 | 9.4 | 129 |
| KTGA | 50 | 1 414 | 250 | 30 | 80 | 801.1 | 819.4 | 806.8 | 6.1 | 56 |
| DAP-GA | 50 | 1 414 | 250 | 40 | 80 | 801.1 | 820.5 | 806.4 | 6.2 | 21 |
| GA | 500 | 15 700 | 1 800 | 300 | 200 | 4 353.5 | 4 495.5 | 4 398.1 | 74.6 | 100 |
| KGA | 500 | 15 700 | 1 800 | 100 | 200 | 4 349.6 | 4 421.8 | 4 370.4 | 40.5 | 202 |

表4-6(续)

| 算法 | 节点数 | 边数 | 时间 | PS | NG | Best | Bad | Avg | msd | Time |
|---|---|---|---|---|---|---|---|---|---|---|
| KTGA | 500 | 15 700 | 1 800 | 50 | 200 | 4 349.6 | 4 398.2 | 4 361.6 | 21.3 | 210 |
| DAP-GA | 500 | 15 700 | 1 800 | 80 | 100 | 4 349.6 | 4 401.9 | 4 360.7 | 22.1 | 97 |
| GA | 1 000 | 31 345 | 3 000 | 400 | 300 | 6 602.8 | 6 840.9 | 6 684.9 | 120.6 | 188 |
| KGA | 1 000 | 31 345 | 3 000 | 150 | 300 | 6 594.7 | 6 746.3 | 6 639.6 | 61.2 | 352 |
| KTGA | 1 000 | 31 345 | 3 000 | 100 | 300 | 6 594.7 | 6 698.5 | 6 627.3 | 44.5 | 384 |
| DAP-GA | 1 000 | 31 345 | 3 000 | 120 | 300 | 6 594.7 | 6 705.2 | 6 628.1 | 46.1 | 179 |

从表4-6中的计算结果可以看出，对于节点数 $n=8,15,30$ 的算例，四种算法均能达到同样的最好解，并且最差解、均值和计算时间差别不大。当 $n=50$ 时，四种算法均能得到相同的最好解和最差解，但是基于双列变长编码机制的基本遗传算法(GA)需要的种群规模为300，嵌入 $K$ 短路算法(KGA)后，由于初始解质量的提高，使得 KGA 在降低了种群规模的同时提高了解的质量(使用 $K$ 短路算法后，KGA 的偏差由 GA 的74.6变为40.5)。但是，由于 $K$ 短路算法计算时间长，使得 KGA 的计算时间明显高于 GA 的计算时间。为了在提高求解质量的同时兼顾计算时间上的优势，3.1.3节设计了基于 $K$ 短路的两阶段嵌入遗传算法(KTGA)，即在完成 KGA 算法后添加了第二阶段针对边的交叉和变异操作，从而通过减少使用 $K$ 短路算法构造个体的数目降低了总的时间。

KTGA 通过嵌入 $K$ 短路算法和 GA 的二次操作，在稳定了求解时间的同时提高了解的质量。但是 KTGA 解的质量依赖于多个算法的叠加，并且基于双列变长编码方式的算法在交叉操作上修复代价过大——较优的基因组合可能被破坏，子代难以继承父代优良的基因组。本节设计的基于双列优先权编码方式 DAP-GA 通过优先权的设置解决了交叉重组问题，更大程度上保留了父代的优良基因。对于不同规模的问题，虽然从计算结果的质量上看 DAP-GA 计算得到的解的均值和偏差略逊于 KTGA 得到的结果且 DAP-GA 的种群规模也要大于 KTGA 的种群规模，但是 DAP-GA 能得到与 KTGA 相同的最好解。此外，由于减少了 $K$ 短路算法模块，与 KTGA 相比，DAP-GA 在求解时间上存在着明显优势且这种优势在 $n=500, 1\,000$ 时尤为明显。由此可见，当客户对决策时间要求不高但对解的质量要求较高时，可以选择 KTGA 算法求解，反之，可以选择 DAP-GA 算法。

4. 问题分析

对于实例一，当抽样样本为 3 000 时，对于机会约束规划模型，给定不同的置信水平 $\alpha$，如图4-7所示，结果是不同的。对于相同的交货期，费用随置信水

平 $\alpha$ 的升高而增加。这反映了在实际问题中 4PL 供应商不仅可以根据用户对时间要求的紧迫程度做出决策,还可以根据费用随置信水平 $\alpha$ 增加的幅度选择最合适的置信水平,从而达到最大限度减少成本、降低费用的目的。

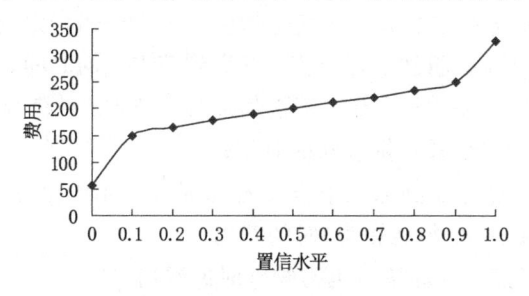

图 4-7 置信水平 $\alpha$ 对结果的影响

## 4.2 考虑模糊需求的 4PLRP-CDPM

在 4.1 节中我们讨论了考虑随机需求的 4PLRP-CDPM。但是在市场经济条件下,如果电力公司的需求不固定(包括位置、数量等),或是 4PL 供应商缺乏对电力公司需求的长期积累,则很难准确估计他们的实际需求。为此,本节针对客户需求的模糊性,利用带有主观偏好的机会约束规划模型对其进行刻画,展开了考虑模糊需求的 4PLRP-CDPM 研究。

### 4.2.1 问题描述

假设某 4PL 供应商与电力公司合作承揽节点 $v_1 \sim v_n$ 之间的电力物资配送任务。$v_1 \sim v_n$ 可能是区域库、中转节点或者需求节点,且这些节点具有转运费用、处理时间和承载能力三个属性。配送网络存在多个与 4PL 有着长期合作的 3PL 供应商,且这些 3PL 供应商拥有各自的配送费用、时间和承载能力。但是在 4PL 供应商与电力公司合作的过程中,有时会因为突发事件(如大规模停电时要快速恢复电力工作)而产生应急物资配送工作。这时,如果 4PL 供应商缺乏对突发事件的长期积累,可能会导致对物资实际需求的错判。为更好适应这种状况,本节基于模糊理论,提出了考虑模糊需求的 4PLRP-CDPM。

假设配送网络由 $r$ 个 3PL 供应商组成。4PL 根据 3PL 供应商的配送范围指派任务且将问题中的 3PL 供应商看作边并以编号 $1,\cdots,r$ 进行标识。配送过程中电力公司的需求是不确定的且 4PL 供应商对其缺少长期积累,于是得到考虑模糊需求的 4PLRP-CDPM 运输网络多重图 $G(V,E)$。图 3-1 展示了由 8 个配送节点5个3PL供应商组成的运输网络。

模型参数及变量描述如下：

$r$：配送网络中3PL供应商的数量；

$T^{sd}$：由区域库$s$到需求节点$d$配送物资时电力公司指定的交货时间；

$T_{ijk}$：3PL供应商$k$将物资由节点$i$配送到节点$j$的时间；

$T_i^{sd}$：由区域库$s$到需求节点$d$配送物资时在节点$i$的停靠时间；

$T'_i$：在节点$i$更换3PL供应商的时间；

$C_{ijk}^{sd}$：表示由区域库$s$到需求节点$d$配送时3PL供应商$k$运输单位电力物资（比如，一捆电缆、一个集装箱等）时的费用；

$C'_i$：在中转节点$i$停靠单位电力物资时的费用；

$C''_i$：在节点$i$更换3PL供应商的费用；

$\overline{f^{sd}}$：表示由区域库$s$到需求节点$d$配送物资时产生的总费用；

$P_{ijk}$：表示3PL供应商$k$将物资由节点$i$配送到节点$j$的承载能力；

$P'_i$：节点$i$所具有的吞吐能力，指该节点可承受的最大物资量，如搬运、加工和存储等能力的限制带来的对物资量的限制；

$\widetilde{B^{sd}}$：表示由区域库$s$到需求节点$d$配送物资时电力公司对物资的模糊需求量；

$\widetilde{b_i^{sd}}$：由区域库$s$到需求节点$d$配送物质时，物资在节点$i$的模糊需求量，

$$\widetilde{b_i^{sd}} = \begin{cases} -\widetilde{B^{sd}}, & i\text{ 是由 }s\text{ 到 }d\text{ 配送时的起始节点} \\ \widetilde{B^{sd}}, & i\text{ 是由 }s\text{ 到 }d\text{ 配送时的目的节点} \\ 0, & \text{否则} \end{cases}$$

变量定义：

$x_{ijk}^{sd}$：由区域库$s$到需求节点$d$配送时，供应商$k$是否承担由节点$i$到节点$j$的配送任务，即

$$x_{ijk}^{sd} = \begin{cases} 1, & \text{供应商}k\text{负责}i\text{到}j\text{的运输任务} \\ 0, & \text{否则} \end{cases}$$

$y_i^{sd}$：节点$i$是否承担由区域库$s$到需求节点$d$的配送任务，即

$$y_i^{sd} = \begin{cases} 1, & \text{节点}i\text{承担配送任务} \\ 0, & \text{否则} \end{cases}$$

$z_i^{sd}(k)$：在由区域库$s$到需求节点$d$配送物资并途经节点$i$时，是否转换3PL供应商为$k$。如果供应商$k$在途经该节点的上一路段上已经被某个任务使用过 ($\forall s,d$)，那么3PL供应商$k$仅在节点$i$增加了新的配送任务，则无须转换，不计转换成本；否则计算转换成本且转换成本由4PL负责。即

$$z_i^{sd}(k) = \begin{cases} 1, & y_i^{sd} = 1 \text{ 且 } \sum_{s}^{S}\sum_{d}^{D}\sum_{j}^{n} x_{jik}^{sd} = 0 \\ 0, & \text{否则} \end{cases}$$

### 4.2.2 数学模型

本节目标是在考虑模糊需求的情况下求得完成所有物资配送任务的最小费用路径组,且满足电力物资对完成时间以及对 3PL 供应商承载能力的要求。建立的数学模型如下:

$$Z = \min \sum_{s}^{S}\sum_{d}^{D}\left[\sum_{i=1}^{n}\sum_{j=1}^{n}\sum_{k=1}^{r} C_{ijk}^{sd}\widetilde{B^{sd}} \cdot x_{ijk}^{sd} + \sum_{i=1}^{n} C'_i \widetilde{B^{sd}} \cdot y_i^{sd} + \sum_{i=1}^{n} C''_i z_i^{sd}(k)\right] \tag{4-15}$$

$$\text{s.t.} \quad \sum_{i=1}^{n}\sum_{j=1}^{n}\sum_{k=1}^{r} T_{ijk} x_{ijk}^{sd} + \sum_{i=1}^{n} T_i^{sd} y_i^{sd} + \sum_{i=1}^{n} T'_i z_i^{sd}(k) \leqslant T^{sd} \tag{4-16}$$

$$\sum_{i=1}^{n} \widetilde{B^{sd}} x_{ijk}^{sd} - \sum_{i=1}^{n} \widetilde{B^{sd}} x_{jik}^{sd} = \widetilde{b_j^{sd}}, j \in \{1,2,\cdots,n\} \tag{4-17}$$

$$\sum_{i=1}^{n}\sum_{k=1}^{r} x_{ijk}^{sd} = y_j^{sd}, j \in \{2,\cdots,n\} \tag{4-18}$$

$$\sum_{j=1}^{n}\sum_{k=1}^{r} x_{ijk}^{sd} = y_i^{sd}, i \in \{1,2,\cdots,n-1\} \tag{4-19}$$

$$\sum_{s=1}^{S}\sum_{d=1}^{D} \widetilde{B^{sd}} x_{ijk}^{sd} \leqslant P_{ijk}, i,j \in \{1,2,\cdots,n\} \tag{4-20}$$

$$\sum_{s=1}^{S}\sum_{d=1}^{D} \widetilde{B^{sd}} y_i^{sd} \leqslant P'_i, i \in \{1,2,\cdots,n\} \tag{4-21}$$

$$z_i^{sd}(k) \leqslant y_i^{sd}, i \in \{1,2,\cdots,n\} \tag{4-22}$$

$$y_s^{sd} = 1 \tag{4-23}$$

$$y_{n-d+1}^{sd} = 1 \tag{4-24}$$

$$x_{ijk}^{sd}, y_i^{sd}, z_i^{sd}(k) = 0 \text{ 或 } 1, i,j \in \{1,2,\cdots,n\} \tag{4-25}$$

在上面的模型中,$k \in \{1,2,\cdots,r\}, s \in \{1,\cdots,S\}, d \in \{1,\cdots,D\}$。式(4-15)为目标函数,表示所有任务在运输途中、在转运节点停靠和转换的费用总耗;式(4-16)表示配送物资到需求节点的时间不大于电力公司要求的时间;式(4-17)表示网络流流量平衡;式(4-18)、式(4-19)表示选择的节点可以构成从区域库到需求节点的通路;式(4-20)表示 3PL 供应商 $k$ 由节点 $i$ 到节点 $j$ 配送的实际物资之和不应大于 3PL 供应商 $k$ 从节点 $i$ 到节点 $j$ 的最大承载量;式(4-21)表示转运节点 $i$ 实际承载的物资之和不应大于该节点的最大承载量;式(4-22)表示

在 $i$ 点转换则一定在 $i$ 点中转;式(4-23)、式(4-24)表示路径的起始和终止节点;式(4-25)表示 $x_{ijk}^{sd}$，$y_i^{sd}$ 和 $z_i^{sd}(k)$ 为模型的 0-1 决策变量。

在上述模型中，目标函数式(4-15)和约束式(4-20)~式(4-21)存在模糊需求 $\widetilde{B^{sd}}$，而模糊数与清晰值的比较在数学上是没有实际意义的。目标或约束的不清晰会造成整个模型的非精确定义，因此本书基于可信性理论[123]，给出了考虑模糊需求的 4PLRP-CDPM 机会约束规划模型:

机会约束规划是基于决策者所作决策在不利情况发生时可能不满足约束条件的情况而采用的一种原则。即允许所作决策在一定程度上不满足约束条件，但决策者应使约束条件成立的可信性不小于客户要求的某一置信水平 $\alpha(\alpha \in (0,1])$。在这种情况下，机会的意思表示约束得到满足的可信性。

对于 4.2.2 节建立的模型，如果电力公司没有具体给出对物资的明确需求，而是根据当前情况对物资需求给出的一个估计，这时我们可以利用机会约束规划对其进行建模，使模糊值的可信性达到一个预期水平，于是得到目标式(4-15)和约束式(4-20)~式(4-21)的等价形式为:

$$Z = \min \sum_{s}^{S} \sum_{d}^{D} \overline{f^{sd}} \tag{4-26}$$

$$\text{s.t.} \quad Cr\left(\sum_{i=1}^{n}\sum_{j=1}^{n}\sum_{k=1}^{r} C_{ijk}^{sd}\widetilde{B^{sd}} \cdot x_{ijk}^{sd} + \sum_{i=1}^{n} C'_i \widetilde{B^{sd}} \cdot y_i^{sd} + \sum_{i=1}^{n} C''_i z_i^{sd}(k) \leqslant \overline{f^{sd}}\right) \geqslant \alpha \tag{4-27}$$

$$Cr\left\{\sum_{s=1}^{S}\sum_{d=1}^{D}\widetilde{B^{sd}} x_{ijk}^{sd} \leqslant P_{ijk}\right\} \geqslant \beta, \quad i,j \in \{1,2,\cdots,n\} \tag{4-28}$$

$$Cr\left\{\sum_{s=1}^{S}\sum_{d=1}^{D}\widetilde{B^{sd}} y_i^{sd} \leqslant P'_i\right\} \geqslant \gamma, \quad i \in \{1,2,\cdots,n\} \tag{4-29}$$

$\overline{f^{sd}}$ 表示 $\sum_{i=1}^{n}\sum_{j=1}^{n}\sum_{k=1}^{r} C_{ijk}^{sd}\widetilde{B^{sd}} \cdot x_{ijk}^{sd} + \sum_{i=1}^{n} C'_i \widetilde{B^{sd}} \cdot y_i^{sd} + \sum_{i=1}^{n} C''_i z_i^{sd}(k)$ 在可信性水平为 $\alpha$ 时所取得的极小值;式(4-27)是一个模糊不等式，表示完成配送任务的总成本(模糊值)不大于目标函数 $\overline{f^{sd}}$ 的可信性至少为 $\alpha(\alpha \in (0,1])$;式(4-28)表示 3PL 供应商 $k$ 在节点 $i$ 到节点 $j$ 之间配送的实际物资量之和不大于其承载能力的可信性水平不小于 $\beta(\beta \in (0,1])$;式(4-29)表示转运节点承载的实际物资量之和不大于其承载能力的可信性水平不小于 $\gamma(\gamma \in (0,1])$。

### 4.2.3 算法设计

同考虑随机需求一样，在考虑模糊需求时也需要考虑模糊模拟和算法设计两个部分。在模糊模拟部分，基于模糊理论，对 4.2.2 节模型中的模糊参数进行

## 第4章 不确定环境下的 4PLRP-CDPM

仿真;在算法设计部分,考虑到3PL任务转换费用和时间对运输过程的影响,基于GA框架,采用文化遗传算法(MA)在每代变异后利用局部搜索技术进行局部寻优。具体过程如下:

1. 模糊模拟

为了求解,需要对模型中的模糊变量进行模糊模拟。对于目标函数式(4-26),令

$$g^{sd}(x^{sd}, y^{sd}, z^{sd}, \widetilde{B^{sd}}) = \sum_{i=1}^{n}\sum_{j=1}^{n}\sum_{k=1}^{r} C_{ijk}^{sd} \widetilde{B^{sd}} \cdot x_{ijk}^{sd} + \sum_{i=1}^{n} C'_i \widetilde{B^{sd}} \cdot y_i^{sd} + \sum_{i=1}^{n} C''_i z_i^{sd}(k)$$

通过下面过程找到最小的 $\overline{f^{sd}}$,使得

$$U_2: (x, y, z) \to \min\{\overline{f^{sd}} | Cr\{g^{sd}(x^{sd}, y^{sd}, z^{sd}, \widetilde{B^{sd}})) \leqslant \overline{f^{sd}}\} \geqslant \alpha\}$$

成立($0 < \alpha \leqslant 1$)。首先从可信性空间 $(\Theta, P(\Theta), Cr)$ 中随机产生 $\theta_k$,令 $v_k = (2Cr\{\theta_k\}) \wedge 1$ 且模糊向量 $\xi_k = \xi(\theta_k), k = 1, 2, \cdots, N$。同样地我们可以生成模糊向量 $\xi_k$ 并令 $v_k = \mu(\xi_k), k = 1, 2, \cdots, N$,其中 $\mu$ 是 $\xi$ 的隶属度函数。

首先在 $\widetilde{B^{sd}}(s \in \{1, \cdots, S\}, d \in \{1, \cdots, D\})$ 的 $\varepsilon$-水平截集中随机产生模糊向量 $\widetilde{\xi_q^{sd}}$,其中 $q = 1, 2, \cdots, N, \varepsilon$ 为一个充分小的正数。令 $\nu_q = \min_{s,d}\{\mu_{\xi_{ijk}}(\widetilde{\xi_q^{sd}})\}$ ($q = 1, 2, \cdots, N$),则对于任意的实数 $r$,满足可信性 $Cr\{g(x, y, z, \widetilde{\xi_q^{sd}}) \leqslant \overline{f^{sd}}\} \geqslant \alpha$ 最小的 $\overline{f^{sd}}$,可以用下面的式子来估计[123]:

$$L(r) = \frac{1}{2}(\max_{1 \leqslant q \leqslant N}\{\nu_q | g_q(x, y, z, \widetilde{\xi_q^{sd}}) \leqslant r\} +$$
$$\min_{1 \leqslant q \leqslant N}\{1 - \nu_q | g_q(x, y, z, \widetilde{\xi_q^{sd}}) > r\})$$

由于 $L(r)$ 是单调的,我们可以通过二分法找到最小值 $r$,使其满足 $L(r) \geqslant \alpha$,经过数次迭代之后,这个最小的 $r$ 可作为 $\overline{f^{sd}}$ 的估计。$\forall s \in \{1, \cdots, S\}, \forall d \in \{1, \cdots, D\}$,具体过程如下:

Step 1:在 $\widetilde{B^{sd}}$ 的 $\varepsilon$-水平截集中随机产生 $\widetilde{\xi_q^{sd}}$,其中 $q = 1, 2, \cdots, N, \varepsilon$ 为一个充分小的正数;

Step 2:对 $q = 1, 2, \cdots, N$,令 $\nu_q = \min_{s,d}\{\mu_{\xi_{ijk}}(\widetilde{\xi_q^{sd}})\}$;

Step 3:找到满足 $L(r) \geqslant \alpha$ 的最小的 $r$;

Step 4:返回 $r$;

Step 5:$\overline{f^{sd}} = r$。

对于式(4-28)和式(4-29),分别令 $\overline{h^{sd}}(x^{sd}, \overline{B^{sd}}) = \sum_{s=1}^{S}\sum_{d=1}^{D}\widetilde{B^{sd}} x_{ijk}^{sd}, \overline{p^{sd}}(y^{sd}, \widetilde{B^{sd}})$

$$= \sum_{s=1}^{S} \sum_{d=1}^{D} \widetilde{B_i^{sd}} y_i^{sd}$$，利用上述方法分别找到满足 $L(r_{\widetilde{h^{sd}}}) \geqslant \beta$ 和 $L(r_{\widetilde{p^{sd}}}) \geqslant \gamma$ 的最小的估计值 $r_{\widetilde{h^{sd}}}$ 和 $r_{\widetilde{p^{sd}}}$，于是式(4-28)和式(4-29)改写为：

$$r_{\overline{h^{sd}}} \leqslant P_{ijk}, i,j \in \{1,2,\cdots,n\} \tag{4-30}$$

$$r_{\overline{p^{sd}}} \leqslant P'_i, i \in \{1,2,\cdots,n\} \tag{4-31}$$

2. 文化遗传算法

(1) 编码机制

与考虑随机需求的 4PLRP-CDPM 一样，考虑模糊需求的 4PLRP-CDPM 也采用了基于优先权的编码方式。在编码过程中首先为网络中的每个节点分配优先级，然后根据节点的优先级及可行解的构造方法构造路径，最后为路径中的边分配 3PL 供应商并计算路径的总费用。

(2) 适应值函数

针对上述模型，将时间约束作为罚函数加入目标函数中，其形式为

$$f = \sum_{s}^{S} \sum_{d}^{D} \overline{f^{sd}} + \sigma \cdot \sum_{s=1}^{S} \sum_{d=1}^{D} (\max(0, TT^{sd} - T^{sd})) \tag{4-32}$$

其中，$TT^{sd}$ 表示由区域库 $s$ 到需求节点 $d$ 配送物资时的实际运输时间，$s=1,2,\cdots,S,d=1,2,\cdots,D$。$\sigma(\sigma \geqslant 1)$ 为惩罚系数，它的取值由具体问题而定。

按照适值函数将染色体 $I_1,I_2,\cdots,I_{PS}$ 按照由好到坏的顺序进行排序（这里，染色体的适值函数越小表明该染色体越好）。设参数 $\mu \in (0,1)$，定义基于序的评价函数为：

$$\text{eval}(I_i) = \mu(1-\mu)^{i-1}, i=1,2,\cdots,PS \tag{4-33}$$

(3) 选择机制

选择过程以旋转赌轮 $PS$ 次为基础。按照染色体的适应度，每次旋转都为新的种群选择一个染色体，具体过程见 4.1.3 节中的选择机制。

(4) 交叉操作

在每代种群中，交叉操作以 $Pc$ 的概率发生在染色体上。对于每代中的个体，从 $i=1$ 到 $PS$ 重复以下过程：从[0,1]中产生随机数 $r$，如果 $r<Pc$，则选择 $I_i$ 作为一个父代。用 $I'_1,I'_2,I'_3,\cdots$ 表示选择好的父代，当父代染色体数目为奇数时，舍去最后一个父代染色体，并把它们按下面的形式两两配对：

$$(I'_1,I'_2),(I'_3,I'_4),(I'_5,I'_6),\cdots$$

具体过程详见 4.1.3 节中的交叉操作。

(5) 变异操作

在变异操作中，定义参数 $Pm_1$ 和 $Pm_2$ 分别为节点和边的变异概率。由 $i=1$ 到 $PS$，重复下列过程：从区间[0,1]中产生随机数 $r$，如果 $r<Pm_j(j=1,2)$，则

## 第4章 不确定环境下的4PLRP-CDPM

选择染色体 $I_i$ 作为变异的父代,对染色体 $I_i$ 中的各条路径分别进行变异。具体过程详见4.1.3节中的变异操作。

(6) 局域搜索

每次变异结束后,将会得到一个满意解,但不一定是最优解。鉴于GA容易陷入局部最优,利用局域搜索跳出局优尤为重要。4PL供应商的主要任务是整合供应链,而整合要以减少成本为主要目的;加之3PL转换会收取转换费用,因此在满足约束的情况下如何避免3PL的不必要转换是设计局域搜索算法的主要目的。根据这一思想,本书设计了关于边的局域搜索方案:

边的局域搜索分为路径内搜索和染色体内搜索两种方式:

第一种为路径内搜索:对于每条路径,检查相邻节点之间3PL的使用情况。如果某条边使用的3PL供应商与相邻路段使用的3PL供应商均不相同,则检查是否可以使用与前一路段或后一路段相同的3PL供应商。如果可以使用,则修改原来使用的3PL,并更改对应的3PL供应商的承载能力;否则,如果3PL供应商的承载能力不允许或者不存在与相邻路段相同的3PL供应商,则不做改变。

第二种为染色体内搜索:当染色体中的路径个数大于等于2时,在第一种搜索方式的基础上进行二次搜索。检查各条路径中是否存在相同的中转节点,如果存在,在该中转节点的所有后继可承载的3PL供应商中选择一个在该节点之前的各路段中使用过且费用最小的3PL供应商;否则不做改变。

(7) 算法的主要流程

Step 1:利用双列优先权编码方式对种群PS进行初始化。

Step 2:利用模糊模拟[123]为式(4-30)、式(4-31)及适应值函数式(4-32)产生训练后的输出数据。

Step 3:按照轮盘赌法则选择染色体。

Step 4:对满足交叉概率 $Pc$ 的染色体,两两分组进行交叉操作。

Step 5:检验染色体中使用过的节点和边的承载能力,并做出适当的调整。

Step 6:对满足变异概率 $Pm$ 的染色体,进行变异操作。

Step 7:计算每个染色体的适值函数,如果出现优于当前最优解的个体,则更新当前最优解。

Step 8:对染色体进行局域搜索,如果新生成的染色体优于原来的染色体,则对染色体进行更新。

Step 9:计算每个染色体的适值函数,如果有优于当前最优解的个体,则更新当前最优解。

Step 10:检查是否达到最大迭代次数 $NG$,如果是转Step 11;否则转Step 2。

Step 11:终止算法并输出最优解。

#### 4.2.4 实验仿真

1. 实例描述

这一节中,为了测试 MA 的求解效果,我们采用 3.2.4 节中的实例,并以 $\alpha=\beta=\gamma=0.8$ 时为例,从参数设置、算法比较及主观偏好 $\alpha$ 对计算结果的影响三个角度进行了分析。

假设某 4PL 供应商承揽了一组由电力公司委托的物资配送任务(如图 3-1 所示),其中节点 1 和节点 2 为区域库$[v_s=1,2(S=2)]$,节点 7 和节点 8 为需求节点$[(v_d=1,2(D=2)]$。物资需要分别从两个区域库出发配送至两个需求节点。每条线路配送的物资量由电力公司指定,且当物资在两点之间运输时,其他节点为中转节点。假设配送网络中的电力物资需求不固定,且 4PL 供应商缺少对突发事件的长期积累,用三角模糊数表示物资的需求。

2. 参数分析

与 DAP-GA 一样,在 MA 中影响算法性能的参数包括种群规模 $PS$、迭代次数 $NG$、交叉概率 $Pc$、变异概率 $Pm$ 和交货时间 $T^{sd}(s\in\{1,\cdots,S\},d\in\{1,\cdots,D\})$。

在每组设定的参数下运行 MA 50 次,记录 MA 在 50 次计算中得到的最好解(Best)、最差解(Bad)、均值(Avg)以及标准偏差(msd)并对结果进行评价。表 4-7~表 4-11 展示了实例一参数设置的具体分析过程。

(1) 参数 $PS$ 对 MA 的影响

表 4-7　参数 $PS$ 对 MA 的影响

| PS | NG | Pc | Pm | $T^{sd}$ | Best | Bad | Avg | msd | Time |
|---|---|---|---|---|---|---|---|---|---|
| 10 | 20 | 0.30 | 0.10 | 26 | 228.6 | 234.0 | 230.3 | 1.9 | <1 |
| 15 | 20 | 0.30 | 0.10 | 26 | 228.6 | 230.7 | 229.1 | 0.5 | <1 |
| 20 | 20 | 0.30 | 0.10 | 26 | 228.6 | 228.6 | 228.6 | 0 | <1 |
| 25 | 20 | 0.30 | 0.10 | 26 | 228.6 | 228.6 | 228.6 | 0 | <1 |
| 30 | 20 | 0.30 | 0.10 | 26 | 228.6 | 228.6 | 228.6 | 0 | <1 |

从表 4-7 可以看出,当 $PS=10,15$ 时,算法存在偏差。逐渐增加算法的种群规模,当 $PS=20$ 时算法的偏差为 0。此后再增加种群规模算法的偏差均为 0,由此可知 $PS=20$ 是算法种群规模的最佳设置。

(2) 参数 $NG$ 对 MA 的影响

# 第4章 不确定环境下的 4PLRP-CDPM

表 4-8 参数 $NG$ 对 MA 的影响

| PS | NG | Pc | Pm | $T^{sd}$ | Best | Bad | Avg | msd | Time |
|----|----|------|------|----|-------|-------|-------|-----|------|
| 20 | 10 | 0.30 | 0.10 | 26 | 228.6 | 233.0 | 230.3 | 1.2 | <1 |
| 20 | 15 | 0.30 | 0.10 | 26 | 228.6 | 231.1 | 229.5 | 0.7 | <1 |
| 20 | 20 | 0.30 | 0.10 | 26 | 228.6 | 228.6 | 228.6 | 0 | <1 |
| 20 | 20 | 0.30 | 0.10 | 26 | 228.6 | 228.6 | 228.6 | 0 | <1 |
| 20 | 25 | 0.30 | 0.10 | 26 | 228.6 | 228.6 | 228.6 | 0 | <1 |
| 20 | 30 | 0.30 | 0.10 | 26 | 228.6 | 228.6 | 228.6 | 0 | <1 |

表 4-8 展示了迭代次数 $NG$ 对 MA 的影响。当 $NG=10$ 时,算法存在偏差;当 $NG=15$ 时偏差减小;当 $NG=20$ 时偏差为 0。由此可知 $NG=20$ 是算法迭代次数的最佳设置。

(3) 参数 $Pc$ 对 MA 的影响

表 4-9 参数 $Pc$ 对 MA 的影响

| PS | NG | Pc | Pm | $T^{sd}$ | Best | Bad | Avg | msd | Time |
|----|----|------|------|----|-------|-------|-------|-----|------|
| 20 | 20 | 0.10 | 0.10 | 26 | 228.6 | 234.7 | 231.5 | 1.9 | <1 |
| 20 | 20 | 0.20 | 0.10 | 26 | 228.6 | 231.1 | 229.0 | 0.5 | <1 |
| 20 | 20 | 0.30 | 0.10 | 26 | 228.6 | 228.6 | 228.6 | 0 | <1 |
| 20 | 20 | 0.40 | 0.10 | 26 | 228.6 | 228.6 | 228.6 | 0 | <1 |
| 20 | 20 | 0.50 | 0.10 | 26 | 228.6 | 228.6 | 228.6 | 0 | <1 |

交叉概率 $Pc$ 对算法的影响如表 4-9 所示。当 $Pc=0.1$ 时算法存在 1.9 的偏差,当 $Pc=0.2$ 时算法偏差减小,当 $Pc=0.3$ 时算法偏差为 0。之后再增加交叉概率 $Pc$ 则不会改变算法的性能,因此 $Pc=0.3$ 是算法交叉概率的一个最佳设置。

(4) 参数 $Pm$ 对 MA 的影响

表 4-10 参数 $Pm$ 对 MA 的影响

| PS | NG | Pc | Pm | $T^{sd}$ | Best | Bad | Avg | msd | Time |
|----|----|------|------|----|-------|-------|-------|-----|------|
| 20 | 20 | 0.30 | 0.05 | 26 | 228.6 | 230.1 | 228.9 | 0.4 | <1 |
| 20 | 20 | 0.30 | 0.10 | 26 | 228.6 | 228.6 | 228.6 | 0 | <1 |

表4-10(续)

| PS | NG | Pc | Pm | $T^{sd}$ | Best | Bad | Avg | msd | Time |
|---|---|---|---|---|---|---|---|---|---|
| 20 | 20 | 0.30 | 0.15 | 26 | 228.6 | 228.6 | 228.6 | 0 | <1 |
| 20 | 20 | 0.30 | 0.20 | 26 | 228.6 | 228.6 | 228.6 | 0 | <1 |

变异概率 $Pm$ 对算法的影响如表 4-10 所示。由于 MA 中局域搜索的存在，当 $Pm=0.10$ 时算法的偏差已为 0，此时即为 $Pm$ 的一个最佳设置。

(5) 参数 $T^{sd}$ 对 MA 的影响

表4-11　参数 $T^{sd}$ 对 MA 的影响

| PS | NG | Pc | Pm | $T^{sd}$ | Best | Bad | Avg | msd | Time |
|---|---|---|---|---|---|---|---|---|---|
| 20 | 20 | 0.30 | 0.10 | 23 | 449.5 | 449.5 | 449.5 | 0 | <1 |
| 20 | 20 | 0.30 | 0.10 | 24 | 372.8 | 372.8 | 372.8 | 0 | <1 |
| 20 | 20 | 0.30 | 0.10 | 25 | 269.2 | 269.2 | 269.2 | 0 | <1 |
| 20 | 20 | 0.30 | 0.10 | 26 | 228.6 | 228.6 | 228.6 | 0 | <1 |
| 20 | 20 | 0.30 | 0.10 | 27 | 228.6 | 228.6 | 228.6 | 0 | <1 |

交货时间 $T^{sd}(s\in\{1,\cdots,S\},d\in\{1,\cdots,D\})$ 对算法的影响如表 4-11 所示。当 $T^{sd}=23,24,25$ 时由于无法在交货期内完成所有任务，因此无法得到最好解。但是从算法性能上看，虽然 $T^{sd}<26$ 时无法得到算法的最好解，但是算法的偏差为 0。这说明交货时间对算法的性能没有影响。

由上面的分析可知对于实例一中 8 个节点的算例，MA 的参数设置如下：
$$PS=20, NG=20, Pc=0.3, Pm=0.1, T^{sd}=26$$

同理，对于实例二中 $n=15,30,50$ 的算例，利用本节的方法设置参数，得到的参数设置结果如下：

当 $n=15$ 时，$PS=20, NG=40, Pc=0.3, Pm=0.1, T^{sd}=75$；

当 $n=30$ 时，$PS=30, NG=50, Pc=0.4, Pm=0.1, T^{sd}=136$；

当 $n=50$ 时，$PS=40, NG=60, Pc=0.4, Pm=0.1, T^{sd}=250$。

对于实例三中 $n=500,1\,000,2\,000,3\,000,5\,000$ 的算例，利用本节的方法设置参数，得到的设置结果如下：

当 $n=500$ 时，$PS=80, NG=150, Pc=0.5, Pm=0.2, T^{sd}=1\,800$；

当 $n=1\,000$ 时，$PS=120, NG=240, Pc=0.5, Pm=0.3, T^{sd}=3\,000$；

当 $n=2\,000$ 时，$PS=180, NG=300, Pc=0.5, Pm=0.3, T^{sd}=4\,900$；

当 $n=3\,000$ 时，$PS=250, NG=400, Pc=0.5, Pm=0.3, T^{sd}=7\,200$；

# 第 4 章 不确定环境下的 4PLRP-CDPM

当 $n=5\,000$ 时，$PS=400$，$NG=600$，$Pc=0.5$，$Pm=0.3$，$T^{sd}=9\,800$。

3. 算法分析

下面，以机会约束规划 $\alpha=0.8$ 时为例，将 MA 计算实例一、实例二和实例三得到的结果与 KTGA 和 DAP-GA 计算得到的结果进行比较，从而说明算法的有效性(如表 4-12 所示)。

表 4-12　KTGA、DAP-GA 与 MA 的对比情况

| 算法 | 节点数 | 边数 | 时间 | PS | NG | Best | Bad | Avg | msd | Time |
|---|---|---|---|---|---|---|---|---|---|---|
| KTGA | 8 | 85 | 26 | 10 | 40 | 228.6 | 228.6 | 228.6 | 0 | <1 |
| DAP-GA | 8 | 85 | 26 | 20 | 30 | 228.6 | 228.6 | 228.6 | 0 | <1 |
| MA | 8 | 85 | 26 | 20 | 20 | 228.6 | 228.6 | 228.6 | 0 | <1 |
| KTGA | 15 | 294 | 75 | 20 | 50 | 354.1 | 358.8 | 355.2 | 1.4 | 8 |
| DAP-GA | 15 | 294 | 75 | 20 | 50 | 354.1 | 359.0 | 354.9 | 1.4 | 4 |
| MA | 15 | 294 | 75 | 20 | 40 | 354.1 | 357.6 | 354.7 | 0.9 | 4 |
| KTGA | 30 | 766 | 136 | 20 | 60 | 581.5 | 590.0 | 583.3 | 3.4 | 20 |
| DAP-GA | 30 | 766 | 136 | 30 | 60 | 581.5 | 590.4 | 583.4 | 3.4 | 11 |
| MA | 30 | 766 | 136 | 30 | 50 | 581.5 | 584.9 | 582.1 | 1.0 | 12 |
| KTGA | 50 | 1414 | 250 | 30 | 80 | 803.7 | 820.6 | 808.2 | 6.0 | 59 |
| DAP-GA | 50 | 1414 | 250 | 40 | 80 | 803.7 | 821.7 | 808.0 | 6.3 | 24 |
| MA | 50 | 1 414 | 250 | 40 | 60 | 803.7 | 811.3 | 805.3 | 3.3 | 22 |
| KTGA | 500 | 15 700 | 1 800 | 50 | 200 | 4 776.3 | 4 826.9 | 4 790.3 | 21.5 | 216 |
| DAP-GA | 500 | 15 700 | 1 800 | 80 | 200 | 4 776.3 | 4 828.2 | 4 790.6 | 22.1 | 98 |
| MA | 500 | 15 700 | 1 800 | 80 | 150 | 4 776.3 | 4 819.3 | 4 788.2 | 15.0 | 87 |
| KTGA | 1 000 | 31 345 | 3 000 | 100 | 300 | 7 052.2 | 7 149.6 | 7 087.3 | 46.3 | 380 |
| DAP-GA | 1 000 | 31 345 | 3 000 | 120 | 300 | 7 052.2 | 7 153.8 | 7 082.6 | 49.7 | 181 |
| MA | 1 000 | 31 345 | 3 000 | 120 | 240 | 7 052.2 | 7 128.5 | 7 074.8 | 23.8 | 179 |
| KTGA | 2 000 | 63 250 | 7 000 | 150 | 300 | 18 903.8 | 19 024.5 | 18 940.3 | 51.9 | 1 503 |
| DAP-GA | 2 000 | 63 250 | 7 000 | 180 | 400 | 18 903.8 | 19 017.4 | 18 929.5 | 54.2 | 787 |
| MA | 2 000 | 63 250 | 7 000 | 180 | 300 | 18 903.8 | 18 985.6 | 18 929.1 | 30.5 | 784 |
| KTGA | 3 000 | 94 428 | 10 000 | 200 | 700 | 31 877.3 | 32 026.1 | 31 918.7 | 68.6 | 4 205 |
| DAP-GA | 3 000 | 94 428 | 10 000 | 250 | 500 | 31 877.3 | 32 029.0 | 31 915.8 | 70.3 | 2 117 |
| MA | 3 000 | 94 428 | 10 000 | 250 | 400 | 31 877.3 | 31 984.4 | 31 901.2 | 44.1 | 2 101 |
| KTGA | 5 000 | 157 352 | 17 000 | 300 | 900 | 56 949.9 | 57 132.5 | 57 007.6 | 85.4 | 9 882 |

表4-12(续)

| 算法 | 节点数 | 边数 | 时间 | PS | NG | Best | Bad | Avg | msd | Time |
|---|---|---|---|---|---|---|---|---|---|---|
| DAP-GA | 5 000 | 157 352 | 17 000 | 400 | 700 | 56 949.9 | 57 132.5 | 57 000.4 | 91.3 | 4 255 |
| MA | 5 000 | 157 352 | 17 000 | 400 | 600 | 56 949.9 | 57 086.3 | 56 991.5 | 55.7 | 4 226 |

从表4-12计算得到的结果可以看出,对于实例一和实例二,三种算法均能得到同样的最好解,并且最差解、均值和计算时间差别不大。但是从解的偏差上看,当$n=8$和15时,三种算法差别不大;当$n=30$时,KTGA和DAP-GA的偏差明显高于MA的偏差;当$n=50$时,KTGA和DAP-GA的偏差分别是6.0和6.3,而MA的偏差是3.3。由此可见对于实例一和实例二中的算例,MA的计算结果要优于KTGA和DAP-GA的计算结果。而KTGA的最差解、均值和偏差略优于DAP-GA,但计算时间却明显高于DAP-GA。对于实例三中的算例,从计算结果的质量上看,三种算法可以得到相同的最好解,但是MA解的均值和偏差优于KTGA和DAP-GA得到的结果。从计算时间上看,在计算同等规模问题时,DAP-GA和MA的计算时间存在明显优势。对于KTGA,使用K短路算法构造初始解提高了解的质量,但这一策略也造成它的计算时间偏长。DAP-GA从编码机制上克服了KTGA初始化时间长的缺陷,但是解的偏差略大于KTGA。对于MA,由于它在DAP-GA的基础上添加了局域搜索模块,因此MA不但在求解相同规模问题时减少了种群规模和迭代次数,还提高了解的质量。综上所述,MA对解决此类问题是有效的。

4. 问题分析

对于机会约束规划模型,决策者可以按照自己的实际需要设定置信水平。对于目标函数,给定不同的置信水平$\alpha$,假设$v_s=1(S=1),v_d=1(D=2)$,如表4-13所示,结果是不同的。对于相同的交货期,费用随置信水平$\alpha$的降低而减少,但是完工时间相对增加。这也反映了实际问题中,对完工时间的要求有所降低时,相应费用也会降低的真实情况(对于实例一,当可信性降低到0.5时,找到的路径已是费用最小路,故费用不再降低)。因此在现实环境中,4PL供应商可以根据不同用户对时间要求的紧迫程度做出相应决策,也可以根据费用随置信水平$\alpha$增加的增幅情况选择最合适的置信水平,从而达到最大限度减少成本、降低费用的目的。

表4-13 对于不同的$\alpha$,KTGA的计算实例一和实例二的结果

| $\alpha$ | $n$ | $T$ | $C$ | Path | PL | $\tilde{T}$ |
|---|---|---|---|---|---|---|
| 0.9 | 8 | 27 | 43 | [1,3,6,8] | [1,1,3] | [18.4,22.7,27.7] |

表4-13(续)

| $\alpha$ | $n$ | $T$ | $C$ | Path | PL | $\tilde{T}$ |
|---|---|---|---|---|---|---|
| 0.8 | 8 | 27 | 40 | [1,3,6,8] | [1,1,3] | [18.6,23,28] |
| 0.7 | 8 | 27 | 38 | [1,3,7,8] | [1,2,2] | [19.6,23.6,29] |
| 0.6 | 8 | 27 | 37 | [1,2,3,8] | [1,2,1] | [20.8,24.2,31.5] |
| 0.5 | 8 | 27 | 37 | [1,2,6,8] | [1,1,1] | [21.6,26,30.2] |
| 0.4 | 8 | 27 | 37 | [1,2,6,8] | [1,1,1] | [21.6,26,30.2] |
| 0.3 | 8 | 27 | 37 | [1,2,6,8] | [1,1,1] | [21.6,26,30.2] |
| 0.2 | 8 | 27 | 37 | [1,2,6,8] | [1,1,1] | [21.6,26,30.2] |
| 0.1 | 8 | 27 | 37 | [1,2,6,8] | [1,1,1] | [21.6,26,30.2] |
| 0.9 | 15 | 75 | 117 | [1,3,7,12,15] | [3,4,1,2] | (36,60,78) |
| 0.8 | 15 | 75 | 115 | [1,3,7,12,15] | [3,2,3,1] | (39,62,84) |
| 0.7 | 15 | 75 | 112 | [1,3,7,12,15] | [2,2,1,2] | (43,66,88) |
| 0.6 | 15 | 75 | 108 | [1,3,7,12,15] | [2,1,1,1] | (46,70,93) |
| 0.5 | 15 | 75 | 105 | [1,3,7,12,15] | [2,2,3,1] | (51,75,95) |
| 0.4 | 15 | 75 | 102 | [1,3,8,12,15] | [2,1,4,1] | (58,79,99) |
| 0.3 | 15 | 75 | 100 | [1,3,8,12,15] | [2,1,1,1] | (64,82,102) |
| 0.2 | 15 | 75 | 96 | [1,3,8,12,15] | [2,1,2,1] | (68,85,105) |
| 0.1 | 15 | 75 | 93 | [1,3,8,12,15] | [2,1,2,3] | (72,87,109) |
| 0.9 | 30 | 136 | 195 | [1,5,9,13,16,19,22,26,30] | [1,1,4,1,1,2,1,1] | (60,110,142) |
| 0.8 | 30 | 136 | 192 | [1,5,9,13,16,19,22,26,30] | [1,1,3,1,1,4,3,1] | (62,115,148) |
| 0.7 | 30 | 136 | 186 | [1,5,9,13,16,19,23,26,30] | [1,1,2,1,3,3,2,1] | (68,122,156) |
| 0.6 | 30 | 136 | 181 | [1,5,9,13,16,19,23,26,30] | [2,2,3,3,5,3,3,1] | (79,128,158) |
| 0.5 | 30 | 136 | 175 | [1,5,10,13,16,19,23,26,30] | [2,4,3,3,5,2,1,1] | (88,135,166) |
| 0.4 | 30 | 136 | 172 | [1,5,10,13,16,20,24,27,30] | [2,4,3,3,4,3,2,4] | (114,141,170) |
| 0.3 | 30 | 136 | 169 | [1,5,9,13,16,20,24,27,30] | [2,2,3,3,4,2,2,2] | (119,147,175) |
| 0.2 | 30 | 136 | 167 | [1,5,9,13,16,20,24,27,30] | [2,2,3,3,1,1,3,1] | (124,151,183) |
| 0.1 | 30 | 136 | 164 | [1,5,9,13,16,20,24,27,30] | [2,2,3,3,2,4,2,2] | (131,155,189) |
| 0.9 | 50 | 250 | 277 | [1,5,9,14,17,22,26,30, 33,37,41,45,50] | [2,4,1,1,3,2,2, 5,2,1,1,2] | (179,231,254) |
| 0.8 | 50 | 250 | 274 | [1,5,9,14,17,22,26,30,33, 37,41,45,50] | [2,4,2,2,3,2,2, 1,2,1,1,2] | (182,234,260) |

表4-13(续)

| $\alpha$ | $n$ | $T$ | $C$ | Path | PL | $\widetilde{T}$ |
|---|---|---|---|---|---|---|
| 0.7 | 50 | 250 | 269 | [1,5,9,14,18,22,26,30,34, 38,42,46,50] | [2,4,1,5,3,2,2, 4,2,1,5,3] | (194,240,265) |
| 0.6 | 50 | 250 | 263 | [1,5,9,14,18,22,26,30,34, 38,41,46,50] | [2,4,3,5,3,2,3,4, 2,2,4,3] | (201,244,274) |
| 0.5 | 50 | 250 | 255 | [1,5,9,14,18,22,26,30,34, 38,42,46,50] | [2,4,1,5,2,3,3,2, 1,4,1,2] | (213,250,280) |
| 0.4 | 50 | 250 | 249 | [1,5,9,14,17,23,26,30,34, 38,42,46,50] | [2,4,1,4,3,1,4,2, 1,5,1,2] | (225,256,288) |
| 0.3 | 50 | 250 | 244 | [1,4,9,13,17,22,26,30,34, 38,42,46,50] | [2,4,1,5,2,3,3,2, 1,4,1,2] | (233,261,292) |
| 0.2 | 50 | 250 | 242 | [1,4,9,13,17,22,26,30,34, 38,42,46,50] | [2,3,1,5,3,3,3,2, 1,1,1,2] | (239,264,297) |
| 0.1 | 50 | 250 | 239 | [1,4,9,13,17,22,26,30,34, 38,42,46,50] | [2,2,1,5,3,2,3,2, 2,1,1,2] | (244,266,299) |

## 4.3 本章小结

本章针对实际配送过程中存在的不确定因素,对不确定环境下的4PLRP-CDPM进行了研究。针对考虑随机需求的4PLRP-CDPM,结合随机理论,建立了考虑随机需求的4PLRP-CDPM的数学模型;设计了基于随机模拟的带有优先权编码方式遗传算法(DAP-GA);从实验结果上表明了DAP-GA的有效性。针对考虑模糊需求的4PLRP-CDPM,结合模糊理论,建立了考虑模糊需求的4PLRP-CDPM的数学模型;设计了基于模糊模拟的文化遗传算法(MA);在实验分析中,在证明算法求解优势的同时也验证了决策者的主观偏好对物资需求的影响。

# 第 5 章　时变环境下的 4PLRP-CDPM

在之前的章节中我们讨论了多物资 4PLRP-CDPM 并对其进行了详细分析。然而,当承运商 3PL 因天气、交通条件等因素出现配送时间随行驶"时间段"变化的情况时,可能会影响到 4PL 的最终配送结果。这是在 4PL 协同配送过程中经常遇到的问题。在这种情况下如何发挥 4PL 拥有庞大信息资源的优势,对运输状况予以估计,并为电力公司节省物流成本是 4PL 亟待解决的事情。

可见,时变网络 4PLRP-CDPM 的研究十分重要。但是在已有的 4PL 协同配送问题中,一般将两节点之间的运输时间视为恒定的[49],或者视为不确定的[6,8]。而在其他优化领域,这一问题已有涉及。例如:魏航[181]研究了时变条件下有宵禁限制的最短路问题。辛春林等[182]研究了时变条件下的多式联运危险品路径优化问题。苏焕银等[183]研究了具有时变需求的高速列车运行方案。

鉴于以上分析,本章选择时变网络作为研究背景,建立了考虑 3PL 供应商停靠与转换成本的时变 4PLRP-CDPM 的数学模型。为了求解模型,设计了基于 K 短路算法的粒子群算法(KPSO),并将该算法与粒子群算法、遗传算法和枚举算法进行了对比。实验结果表明 KPSO 对解决此类问题的有效性。最后,通过对问题的分析表明:即使在有转换成本的情况下,决策者仍会在适当的节点更换 3PL 承运商。并且在时间允许的情况下,选择适当的出发时间,不仅可以使 4PL 按时完成任务,还能节省一定的运输成本。

## 5.1 考虑时变网络的 4PLRP-CDPM

### 5.1.1 问题描述

当考虑时变条件时,根据 4PL 对配送网络信息的统计,每段路径的行驶速度与所处的配送时段均有着密切关系,即时变网络。这时同一 3PL 供应商在不同时间段进入同一路径时的配送时间是不同的。为解决这一问题,需要定义的变量包括:

$r$:配送网络中 3PL 供应商的个数;

$T^{sd}$:由区域库 $s$ 到需求节点 $d$ 配送物资时电力公司要求的配送完成时间;

$D_{ij}$:节点 $i$ 与节点 $j$ 之间的距离;

$v_{ijk}(t)$:在时间 $t$ 选用第 $k$ 个 3PL 供应商将物资由节点 $i$ 配送到节点 $j$ 时的平均速度;

$v_{ijk}(q)$:$[q,q+1]$ 时间段选用第 $k$ 个 3PL 供应商将物资由节点 $i$ 配送到节点 $j$ 时的平均速度;

$T_{ijk}(t)$:在时间 $t$ 选用第 $k$ 个 3PL 供应商将物资由节点 $i$ 配送到节点 $j$ 的时间;

$TV$:时间段的个数;

$VTime$:每个时间段的时间间隔;

$T_i$:在中转点 $i$ 的停靠时间;

$T'_i$:在节点 $i$ 更换 3PL 供应商时产生的转换时间;

$b_i(t)$:在时间 $t$ 需求节点 $i$ 对物资的需求量,即

$$b_i(t) = \begin{cases} -1, & \text{在时间 } t \text{ 节点 } i \text{ 是物资的始发节点} \\ 1, & \text{在时间 } t \text{ 节点 } i \text{ 是物资的需求节点} \\ 0, & \text{否则} \end{cases}$$

$C^{sd}_{ijk}$:由区域库 $s$ 到需求节点 $d$ 配送物资时选择第 $k$ 个 3PL 供应商将物资由节点 $i$ 配送至节点 $j$ 时的费用报价;

$C_i$:在节点 $i$ 的停靠费用;

$C'_i$:在节点 $i$ 更换 3PL 供应商的转换费用。

决策变量为:

$x^{sd}_{ijk}(t)$:当物资在由区域库 $s$ 到需求节点 $d$ 配送时,供应商 $k$ 是否在时间 $t$ 承担了由中转节点 $i$ 到中转节点 $j$ 的配送任务,即

## 第 5 章 时变环境下的 4PLRP-CDPM

$$x_{ijk}^{sd}(t) = \begin{cases} 1, & \text{供应商 } k \text{ 在时间 } t \text{ 负责由节点 } i \text{ 到节点 } j \text{ 的配送任务} \\ 0, & \text{否则} \end{cases}$$

$y_i^{sd}(t)$：节点 $i$ 是否在时间 $t$ 承担由区域库 $s$ 到需求节点 $d$ 的配送任务，即

$$y_i^{sd}(t) = \begin{cases} 1, & \text{节点 } i \text{ 在时间 } t \text{ 承担配送任务} \\ 0, & \text{否则} \end{cases}$$

$z_i^{sd}(t)$：由区域库 $s$ 到需求节点 $d$ 配送物资途经节点 $i$ 时，是否在时间 $t$ 的节点 $i$ 更换 3PL 供应商。即

$$z_i^{sd}(t) = \begin{cases} 1, & y_i^{sd}(t) = 1 \text{ 且在节点 } i \text{ 更换 3PL 供应商} \\ 0, & \text{否则} \end{cases}$$

其中，$s \in \{1, \cdots, S\}, d \in \{1, \cdots, D\}, i, j \in \{1, \cdots, n\}, k \in \{1, \cdots, r\}, S$ 表示区域库的个数，$D$ 表示需求节点的个数。

### 5.1.2 运输时间的确定方法

在时变网络中 3PL 的运输速度具有时变性。因此它的配送时间 $T_{ijk}(t)$ 与所经路径的距离、停留的时间段以及各时间段的运输速度均有一定关系。为了建立模型，先给出 $T_{ijk}(t)$ 的计算方法：

(1) 进入运输路段后，如果 3PL 供应商可以在一个时间段内完成配送任务，即 $D_{ij}/v_{ijk}(t) \leqslant VTime$ 时，有

$$T_{ijk}(t) = D_{ij}/v_{ijk}(t), i, j \in \{1, 2, \cdots, n\}, k \in \{1, 2, \cdots, r\}$$

(2) 如果 3PL 供应商不能在一个时间段内完成配送任务，即 $D_{ij}/v_{ijk}(t) > VTime$ 时，令 $\alpha = \lfloor D_{ij}/v_{ijk}(t) \rfloor$ 表示 3PL 供应商 $k$ 将物资由节点 $i$ 配送至节点 $j$ 时经过的整数时间段个数。于是它在时间段 $\beta(\beta = 0, \cdots, \alpha-1)$ 的速度为 $v_{ijk}(t + \beta \cdot VTime)$。$\forall t' \in [t, t+(\alpha-1) \cdot VTime]$，如果 $t'/VTime \in [\beta, \beta+1)$，那么 3PL 供应商 $k$ 在时间 $t'$ 的速度为 $v_{ijk}(t') = v_{ijk}(t + \beta \cdot VTime)$。当 $t' \in [t+(\alpha-1) \cdot VTime, t + \alpha \cdot VTime]$ 时，$v_{ijk}(t') = v_{ijk}(t + \alpha \cdot VTime)$，于是得到

$$T_{ijk}(t) = \alpha \cdot VTime + \frac{D_{ij} - VTime \cdot \sum_{\beta=0}^{\alpha-1} v_{ijk}(t + \beta \cdot VTime)}{v_{ijk}(t + \alpha \cdot VTime)}$$

### 5.1.3 数学模型

根据上面描述，建立的模型如下：

$$Z = \min \sum_{s=1}^{S} \sum_{d=1}^{D} \left( \sum_{i=1}^{n} \sum_{j=1}^{n} \sum_{k=1}^{r} C_{ijk} \cdot x_{ijk}^{sd}(t) + \sum_{i=1}^{n} C_i \cdot y_i^{sd}(t) + \sum_{i=1}^{n} C'_i \cdot z_i^{sd}(t) \right)$$

(5-1)

s.t. $\sum_{i=1}^{n}\sum_{j=1}^{n}\sum_{k=1}^{r}T_{ijk}(t) \cdot x_{ijk}^{sd}(t) + \sum_{i=1}^{n}T_i \cdot y_i^{sd}(t) + \sum_{i=1}^{n}T'_i \cdot z_i^{sd}(t) \leqslant T^{sd}$

(5-2)

$$\sum_{i=1}^{n}\sum_{k=1}^{r}x_{ijk}^{sd}(t) - \sum_{i=1}^{n}\sum_{k=1}^{r}x_{ijk}^{sd}(t+T_j) = b_j(t'),$$
$$j \in \{1,2,\cdots,n\}, t' = t + T_j \quad (5\text{-}3)$$

当 $\sum_{i=1}^{n}\sum_{k=1}^{r}x_{ijk}^{sd}(t) = 1$ 时,

$$\sum_{i=1}^{n}\sum_{k=1}^{r}x_{ijk}^{sd}(t) = y_j^{sd}(t + \sum_{i=1}^{n}\sum_{k=1}^{r}T_{ijk}(t) \cdot x_{ijk}^{sd}(t))$$

当 $\sum_{i=1}^{n}\sum_{k=1}^{r}x_{ijk}^{sd}(t) = 0$ 时,

$$x_{ijk}^{sd}(t) = y_j^{sd}(t + T_{ijk}(t)), \forall i \in [1,n], k \in [1,r] \ j \in \{1,2,\cdots,n\}$$

(5-4)

$$\sum_{j=1}^{n}\sum_{k=1}^{r}x_{ijk}^{sd}(t+T_i+T'_i) = y_i^{sd}(t), i \in \{1,2,\cdots,n-1\} \quad (5\text{-}5)$$

$$z_i^{sd}(t+T_i(t)) \leqslant y_i^{sd}(t), i \in \{1,2,\cdots,n\} \quad (5\text{-}6)$$

$$y_s^{sd}(t) = 1 \quad (5\text{-}7)$$

$$y_{n-d+1}^{sd}(t) = 1 \quad (5\text{-}8)$$

$$x_{ijk}^{sd}(t), y_i^{sd}(t), z_i^{sd}(t) = 0 \text{ 或 } 1, i,j \in \{1,2,\cdots,n\}, k \in \{1,2,\cdots,r\}$$

(5-9)

上述建立的模型中，$s \in \{1,\cdots,S\}, d \in \{1,\cdots,D\}$。式(5-1)为目标函数，表示完成所有配送任务的总费用；式(5-2)表示每一任务到达需求节点的时间不大于客户要求的时间；式(5-3)表示进出入节点$j$的网络流流量平衡；式(5-4)表示由区域库$s$到需求节点$d$的物资在时间$t$由$i$点出发经时间$T_{ijk}(t)$到达节点$j$；式(5-5)表示由区域库$s$到需求节点$d$的物资到达节点$i$的时间为$t$，经停留中转$T_i+T'_i$时间后从节点$i$离开。式(5-4)、式(5-5)选择的节点构成了时变网络中由区域库$s$到需求节点$d$的节点通路；式(5-6)表示如果在节点$i$转换3PL供应商则一定在节点$i$中转并且转换发生在中转之后；式(5-7)、式(5-8)分别表示各路径的起始和终止节点；式(5-9)表示$x_{ijk}^{sd}(t),y_i^{sd}(t)$和$z_i^{sd}(t)$为0-1变量。

### 5.1.4 算法设计

为了求解上述模型，本节设计了基于$K$短路算法的混合PSO算法(KPSO)。在这一算法中，解的生成过程分为初始解生成和解的更新两个阶段。在初始解生成阶段,首先利用 $K$ 短路算法求前 $K$ 短路径上的节点。然后根据种群规模等比例扩展 $K$ 短路径的数目。最后随机生成各条路径上的边并计算适值。在解的更新阶段,使用第一阶段的结果作为 PSO 算法的初始种群,然后利用 PSO 算法产生路径上的 3PL 供应商。每代种群中各 $K$ 短路的数目由上代该 $K$ 短路的平均适值决定,即由各 $K$ 短路适值的平均值决定下一代该 $K$ 短路占种群路径数量的百分比。不同时段上 3PL 供应商配送时间的计算方法见 5.1.2 节,其他内容如下:

1. 编码结构及初始解

根据问题特点,解的编码结构由不同路径上的节点集和边集组成。其中 $Path^{sd} = [p_1^{sd}, \cdots, p_l^{sd}]$ 表示由区域库 $s$ 到需求节点 $d$ 配送物资时在路径上经过的节点集合;$PL^{sd} = [pl_1^{sd}, \cdots, pl_{l-1}^{sd}]$ 表示由区域库 $s$ 到需求节点 $d$ 配送物资时在路径上依次使用的 3PL 供应商。在编码中,$p_i^{sd}$($p_i^{sd} \in V$)表示路径 $Path^{sd}$ 上经过的第 $i$ 个节点,$pl_i^{sd}$($pl_i^{sd} \in E$)表示路径 $Path^{sd}$ 上使用的第 $i$ 个 3PL 供应商($i \in \{1, \cdots, n\}$)。

在初始解生成阶段,路径上的节点集 $Path^{sd}$ 由 $K$ 短路算法得到。等比例扩展节点集的数目至种群规模,通过随机生成 3PL 供应商的方法构成解的边集,从而构成解的初始种群。

2. 解的更新

在解的更新阶段,首先利用 PSO 算法的速度位置更新公式[172]计算路径上 3PL 供应商的取值(0 或者 1),然后使用轮盘赌方法确定 3PL。具体方案如下:

假设第 $g$ 个粒子位置:$PL_{gij}^{sd} = (x_{gij1}^{sd}, x_{gij2}^{sd}, \cdots, x_{gijr}^{sd})$,速度:$V_{gij}^{sd} = (V_{gij1}^{sd}, V_{gij2}^{sd}, \cdots, V_{gijr}^{sd})$,其中 $g = 1, \cdots, PS$,$PS$ 表示种群规模,$i, j \in \{1, 2, \cdots, n\}$。

$\forall k \in \{1, 2, \cdots, r\}$,第 $g$ 个粒子的速度 $(V_{gijk}^{sd})^{di+1}$ 和位置 $(x_{gijk}^{sd})^{di+1}$ 更新公式如下:

$$(V_{gijk}^{sd})^{di+1} = (V_{gijk}^{sd})^{di} + c_1 \xi [(P_{gijk}^{sd})^{di} - (x_{gijk}^{sd})^{di}] + c_2 \eta [(P'^{sd}_{gijk})^{di} - (x_{gijk}^{sd})^{di}] \tag{5-10}$$

$$(x'^{sd}_{gijk})^{di+1} = \begin{cases} 1, & random < S[(V_{gijk}^{sd})^{di+1}] \\ 0, & 其他 \end{cases} \tag{5-11}$$

$$(x_{gijk}^{sd})^{di+1} = \begin{cases} 1, & 轮盘赌选中 \\ 0, & 其他 \end{cases} \tag{5-12}$$

其中,$S[(V_{gijk}^{sd})^{di+1}] = 1/\{1 + \exp[-(V_{gijk}^{sd})^{di+1}]\}$,$di = 1, 2, \cdots, GEN$,$GEN$ 表示迭代次数,$c_1$ 和 $c_2$ 为学习因子,$\xi$ 和 $\eta$ 为 $[0,1]$ 之间的随机数,$(P_{gijk}^{sd})^{di}$ 为粒子 $g$ 所经历的最好点,$(P'^{sd}_{gijk})^{di}$ 为种群内所有粒子经历的当前最好点。

根据式(5-10)产生的 $(V_{gijk}^{sd})^{di+1}(k=1,2,\cdots,r)$，由式(5-11)生成 $i$ 到 $j$ 的 3PL 的 0-1 取值。分别计算 3PL 取值为 1 时的路径适值，然后按照从小到大的顺序进行排序。设参数 $\mu\in(0,1)$，基于序的评价函数：

$$\mathrm{eval}(k)=\mu(1-\mu)^{k-1} \tag{5-13}$$

选择过程以旋转轮盘的方法为基础。根据评价函数式(5-13)，旋转轮盘并由式(5-12)确定最终被选中的 3PL 供应商。

3. 适应值函数

利用 $K$ 短路算法求解第 $K$ 短路径时，未考虑路径的时间约束。本节将各条路径的时间约束作为罚值加入目标函数中，于是适应值函数 $f$ 变为：

$$f=Z+\alpha\cdot\sum_{s=0}^{S}\sum_{d=0}^{D}(\max(0,TT^{sd}-T^{sd})) \tag{5-14}$$

其中，$\alpha(\alpha\geqslant 1)$ 为惩罚系数。

4. 算法步骤

在 KPSO 中，求解过程包含初始解生成和解的更新两个阶段。在第一阶段，首先利用 $K$ 短路算法求前 $K$ 短路径，然后根据种群规模等比例扩展 $K$ 短路数目，最后随机生成路径上的 3PL 供应商并计算适值。在第二阶段，使用第一阶段的结果作为初始种群，然后利用 PSO 算法选择路径上的 3PL。在每代种群中，对上代 $K$ 短路的平均适值进行从小到大排序。然后利用旋转轮盘法确定第 $K$ 短路的数目。基于上面描述，算法的主要步骤如下所示：

Step 1：对于每个任务，利用 $K$ 短路算法求前 $K$ 条最短路径。根据 $K$ 短路的结果确定 $K$ 值。等比例扩展种群规模后，初始化路径上的 3PL 供应商并计算适值。

Step 2：根据 $K$ 短路的平均适值由轮盘赌法则分配第 $K$ 短路径在种群中个体的数目。

Step 3：使用 PSO 算法求出不同路径下的 3PL 供应商并计算适值。

Step 4：对于不同的 $K$ 短路径，是否有更好解？是，更新该 $K$ 短路径的最好解；否，不变。

Step 5：是否达到最大迭代次数？是，转 Step 6；否，转 Step 2。

Step 6：比较各条 $K$ 短路径的最好解，输出最优者。

Step 7：是否有未生成路径的任务？是，转 Step 1；否，算法结束。

### 5.1.5 实验仿真

1. 实例描述

在这一节中，为了测试时变网络对 4PL 供应商决策的影响以及 KPSO 求解的效果,我们沿用3.2.4节中的实例,从参数设置、算法分析及发车时间对结果的影响三个角度对问题进行分析。

时变4PLRP-CDPM网络数据生成方法同3.2.4节中的方法。在这里仅给出时变时间的生成方法。

为了估计速度$v_{ijk}(t)$,首先需要给出$[q,q+1]$时间段选用第$k$个3PL供应商将物资由节点$i$配送到节点$j$时速度$v_{ijk}(q)$的生成方法,然后再根据4PL选用3PL供应商的时间$t$计算$v_{ijk}(t)$。具体方法如下:

$$\forall i,j \in \{1,2,\cdots,n\}, k \in \{1,2,\cdots,r\}$$

for $q=1:TV$

 产生$0\sim1$的随机数$rand1$;

 if $rand1>RAN$

$v_{ijk}(t)=(1+rand1)\cdot D_{ij}/T_{ijk}$;

 else

$v_{ijk}(t)=(1-rand1)\cdot D_{ij}/T_{ijk}$;

 end if

end for

其中$T_{ijk}$为3PL供应商$k$将物资由节点$i$运输到节点$j$的时间。

2. 参数分析

以实例一为例,假设$VTime=2$,交货期为12,分析KPSO主要参数对其行为的影响。这些参数分别是$PS,K,NG,c_1,c_2$。在每组设定的参数下运行算法50次,记录50次运行结果中的最好解(Best)、最差解(Bad)、均值(Avg)以及标准偏差(msd)并对结果进行评价。表5-1~表5-7展示了实例一中参数的具体分析过程。

(1) 参数$PS$对KPSO的影响

表5-1 参数$PS$对KPSO的影响

| PS | K | NG | $c_1$ | $c_2$ | Best | Bad | Avg | msd | Time |
|---|---|---|---|---|---|---|---|---|---|
| 5 | 3 | 30 | 2 | 2 | 138.4 | 141.6 | 139.1 | 1.6 | 1 |
| 10 | 3 | 30 | 2 | 2 | 138.4 | 138.4 | 138.4 | 0 | 1 |
| 15 | 3 | 30 | 2 | 2 | 138.4 | 138.4 | 138.4 | 0 | 1 |
| 20 | 3 | 30 | 2 | 2 | 138.4 | 138.4 | 138.4 | 0 | 1 |

从表5-1可以看出,随着种群规模的增大,算法的偏差减小,当$PS=10$时算法的偏差为0,此后再增加种群规模算法的偏差不变,因此$PS=10$是种规

模的最佳设置。

(2) 参数 $K$ 对 KPSO 的影响

表 5-2　参数 $K$ 对 KPSO 的影响

| PS | K | NG | $c_1$ | $c_2$ | Best | Bad | Avg | msd | Time |
|---|---|---|---|---|---|---|---|---|---|
| 10 | 1 | 30 | 2 | 2 | 138.4 | 146 | 139.3 | 2.6 | 1 |
| 10 | 2 | 30 | 2 | 2 | 138.4 | 142.1 | 138.7 | 1.8 | 1 |
| 10 | 3 | 30 | 2 | 2 | 138.4 | 138.4 | 138.4 | 0 | 1 |
| 10 | 4 | 30 | 2 | 2 | 138.4 | 138.4 | 138.4 | 0 | 1 |

参数 $K$ 从初始解的质量上影响着算法的偏差。当 $K=1$ 即 $K$ 短路算法不发生作用时，算法转化为 PSO 算法。由于此时 KPSO 算法的种群规模小于 PSO 算法取得最好解时的规模（$PS=30$），因此偏差较大。增加 $K$ 的数量，算法偏差减小，当 $K\geqslant 3$ 时算法的偏差为 0，这说明初始解的质量对算法起着重要作用，这也说明了在解的初始化中添加 $K$ 短路算法是必要的。

(3) 参数 $NG$ 对 KPSO 的影响

表 5-3　参数 $NG$ 对 KPSO 的影响

| PS | K | NG | $c_1$ | $c_2$ | Best | Bad | Avg | msd | Time |
|---|---|---|---|---|---|---|---|---|---|
| 10 | 3 | 10 | 2 | 2 | 138.4 | 142.1 | 139.6 | 1.7 | 1 |
| 10 | 3 | 20 | 2 | 2 | 138.4 | 141.5 | 139.0 | 0.9 | 1 |
| 10 | 3 | 30 | 2 | 2 | 138.4 | 138.4 | 138.4 | 0 | 1 |
| 10 | 3 | 40 | 2 | 2 | 138.4 | 138.4 | 138.4 | 0 | 1 |

表 5-3 展示了迭代次数 $NG$ 对 KPSO 的影响。当 $NG=10$ 时，算法存在偏差；当 $NG=20$ 时偏差减小；当 $NG\geqslant 30$ 时偏差为 0。由此可知当 $NG=30$ 时是算法迭代次数的最佳设置。

(4) 参数 $c_1$ 对 KPSO 的影响

表 5-4　参数 $c_1$ 对 KPSO 的影响

| PS | K | NG | $c_1$ | $c_2$ | Best | Bad | Avg | msd | Time |
|---|---|---|---|---|---|---|---|---|---|
| 10 | 3 | 30 | 0 | 2 | 138.4 | 141.7 | 139.4 | 1.5 | 1 |
| 10 | 3 | 30 | 1 | 2 | 138.4 | 141.1 | 138.9 | 0.7 | 1 |

表5-4(续)

| PS | K | NG | $c_1$ | $c_2$ | Best | Bad | Avg | msd | Time |
|---|---|---|---|---|---|---|---|---|---|
| 10 | 3 | 30 | 2 | 2 | 138.4 | 138.4 | 138.4 | 0 | 1 |
| 10 | 3 | 30 | 3 | 2 | 138.4 | 138.4 | 138.4 | 0 | 1 |

当 $c_1=0$ 时,粒子失去认知能力,式(5-10)变为只有社会属性的模型。虽然粒子具有扩展搜索空间的能力和较快的收敛速度,但是由于缺少局部搜索,使得算法更易陷入局部最优。随着 $c_1$ 增大,算法的局域搜索能力逐渐加强,当 $c_1=2$ 时,偏差变为 0。

(5) 参数 $c_2$ 对 KPSO 的影响

表 5-5 参数 $c_2$ 对 KPSO 的影响

| PS | K | NG | $c_1$ | $c_2$ | Best | Bad | Avg | msd | Time |
|---|---|---|---|---|---|---|---|---|---|
| 10 | 3 | 30 | 2 | 0 | 138.4 | 146.1 | 141.6 | 2.9 | 1 |
| 10 | 3 | 30 | 2 | 1 | 138.4 | 143.8 | 140.2 | 1.4 | 1 |
| 10 | 3 | 30 | 2 | 2 | 138.4 | 138.4 | 138.4 | 0 | 1 |
| 10 | 3 | 30 | 2 | 3 | 138.4 | 138.4 | 138.4 | 0 | 1 |

表 5-5 展示了社会信息对种群的影响。当 $c_2=0$ 时,粒子之间没有社会信息,模型变为认知模型,KPSO 变为局部算法。由于个体之间没有信息交流,因而算法偏差较大。当 $c_2=1$ 时,社会信息开始发挥作用,算法的偏差开始减小。当 $c_2 \geqslant 2$ 时,算法的偏差变为 0。

由上面的分析可知当 $n=8$ 时,KPSO 的参数设置如下:
$$PS=10, K=3, NG=30, c_1=2, c_2=2$$

同理,利用本节的方法对于实例二中 $n=15,30,50$ 的算例和实例三中 $n=500,1\,000,2\,000,3\,000,5\,000$ 的算例进行参数设置,得到参数设置情况如表 5-6 所示。

表 5-6 KPSO 对实例二和实例三算例的参数设置情况

| $n$ | PS | K | NG | $c_1$ | $c_2$ |
|---|---|---|---|---|---|
| 15 | 20 | 4 | 40 | 2 | 2 |
| 30 | 30 | 4 | 50 | 2 | 2 |
| 50 | 40 | 4 | 80 | 2 | 2 |
| 500 | 120 | 5 | 200 | 2 | 2 |

表5-6(续)

| $n$ | PS | $K$ | NG | $c_1$ | $c_2$ |
|---|---|---|---|---|---|
| 1 000 | 150 | 6 | 200 | 2 | 2 |
| 2 000 | 250 | 6 | 400 | 2 | 2 |
| 3 000 | 300 | 6 | 800 | 2 | 2 |
| 5 000 | 500 | 7 | 1000 | 2 | 2 |

其中学习因子$c_1$和$c_2$的取值均为2,局域搜索和全局搜索由随机生成的系数$\xi$和$\eta$调节。

3. 算法分析

对于实例一中的算例,假设4PL协同5个3PL供应商为电力公司定制三项分别由节点1到节点8、节点2到节点8以及节点2到节点7的配送任务。其中节点之间的5个3PL供应商按照1~5的顺序编号,并用弧线连接。

假设$VTime=2$,交货期为12,最优解为:

$Path:[1,3,7,8], PL:[3,2,4]$;

$Path:[2,6,8], PL:[2,2]$;

$Path:[2,6,7], PL:[2,1]$。

它们的配送完成时间分别是11.6、10.5和10.8,总配送费用为138.4。这意味着,当决策者(4PL)需要在规定的时间内将三项物资分别由节点1运至节点8、节点2送至节点8和节点2送至节点7时,第一项任务选择了节点3和节点7作为中转节点,编号为3,2,4的3PL作为承运商,第二项任务选择了节点6作为中转节点,编号为2的3PL作为承运商,而第三项任务选择了节点6作为中转节点,编号为2和1的3PL作为了承运商。

随机产生$n=15,30,50$的算例,当区域库$S=2$分别为1,2,需求节点$D=2$分别为$n-1,n-2$时的计算结果如下:

当$n=15$,交货期为45时的最好解为:

$Path:[1,3,7,14,15], PL:[1,3,5,5]$;

$Path:[2,6,10,14,15], PL:[2,3,4,4]$;

$Path:[1,3,7,14], PL:[1,3,5]$;

$Path:[2,6,10,14], PL:[2,3,4]$。

总费用764.6。

当$n=30$,交货期为75时的最好解为:

$Path:[1,5,8,12,16,19,22,26,30], PL:[1,2,2,2,5,5,5,5]$;

## 第5章 时变环境下的4PLRP-CDPM

$Path:[2,6,10,14,18,21,24,27,30], PL:[2,3,3,1,1,1,4,4];$

$Path:[1,5,8,12,16,19,22,25,29], PL:[1,2,2,2,5,5,3,3];$

$Path:[2,6,10,14,18,21,25,29], PL:[2,3,3,1,1,1,3]。$

总费用 1 588.2。

当 $n=50$,交货期为 160 时的最好解为:

$Path:[1,6,9,12,15,18,23,27,33,38,41,47,50], PL:[1,3,1,4,1,2,2,4,4,5,5,1];$

$Path:[2,6,9,12,15,18,23,27,33,38,41,47,50], PL:[2,3,1,4,1,2,2,4,4,5,5,1];$

$Path:[1,6,9,12,15,18,23,27,33,38,41,46,49], PL:[1,3,1,4,1,2,2,4,4,5,5,4];$

$Path:[2,6,9,12,15,18,23,27,33,38,41,46,49], PL:[2,3,1,4,1,2,2,4,4,5,5,4]。$

总费用 2 307.3。

为了说明 KPSO 算法求解时变 4PLRP-CDPM 的有效性,本书使用不嵌入 K 短路算法的粒子群算法(PSO)、遗传算法(GA)和枚举算法作为对比算法,分别对上述算例进行求解。KPSO 与 PSO,GA 和枚举算法的对比情况如表 5-7 所示。

与枚举算法的比较:在表 5-7 中,"—"表示枚举算法不能在有限时间内得到最优解。对于 $n=8$ 的问题,大约有 40 000 个可能解,枚举算法的计算约为 167 秒。它的结果与使用 KPSO 计算得到的最好解是一致的。对于 $n=15,30,50$ 的问题,枚举算法无法在有限时间内得到最好解。而 KPSO 却能在有限时间内计算得出。由此可见 KPSO 不但可以得出与枚举算法相同的小规模问题的计算结果,还能求出枚举算法无法在有限时间内得到的较大规模问题的结果。

表 5-7　KPSO 与 PSO,GA 和枚举算法的对比情况

| 算法 | 节点数 | 边数 | 时间 | PS | NG | Best | Bad | Avg | Msd | Time |
|---|---|---|---|---|---|---|---|---|---|---|
| KPSO | 8 | 48 | 15 | 10 | 30 | 138.4 | 138.4 | 138.4 | 0 | 1 |
| PSO | 8 | 48 | 15 | 30 | 30 | 138.4 | 142.5 | 140.6 | 1.8 | 1 |
| GA | 8 | 48 | 15 | 30 | 40 | 138.4 | 141.2 | 139.6 | 1.1 | 1 |
| 枚举 | 8 | 48 | 15 | — | — | 138.4 | 138.4 | 138.4 | 0 | 167 |
| KPSO | 15 | 294 | 45 | 20 | 40 | 764.6 | 772.3 | 766.9 | 3.2 | 10 |
| PSO | 15 | 294 | 45 | 50 | 60 | 764.6 | 780.1 | 769.5 | 7.5 | 7 |

表5-7(续)

| 算法 | 节点数 | 边数 | 时间 | PS | NG | Best | Bad | Avg | Msd | Time |
|---|---|---|---|---|---|---|---|---|---|---|
| GA | 15 | 294 | 45 | 50 | 60 | 764.6 | 776.8 | 768.3 | 6.6 | 6 |
| 枚举 | 15 | 294 | 45 | — | | | | | | |
| KPSO | 30 | 766 | 75 | 30 | 50 | 1 588.2 | 1 605.8 | 1 591.6 | 6.7 | 28 |
| PSO | 30 | 766 | 75 | 80 | 80 | 1 588.2 | 1 614.1 | 1 597.5 | 12.4 | 15 |
| GA | 30 | 766 | 75 | 80 | 80 | 1 588.2 | 1 611.7 | 1 595.4 | 11.6 | 13 |
| 枚举 | 30 | 766 | 75 | — | | | | | | |
| KPSO | 50 | 1 370 | 121 | 40 | 80 | 2 307.3 | 2 343.2 | 2 320.1 | 10.3 | 67 |
| PSO | 50 | 1 370 | 121 | 170 | 120 | 2 307.3 | 2 367.4 | 2 332.8 | 25.5 | 33 |
| GA | 50 | 1 370 | 121 | 170 | 100 | 2 307.3 | 2 360.8 | 2 331.5 | 24.0 | 29 |
| 枚举 | 50 | 1 370 | 121 | | | | | | | |

与智能算法 PSO 和 GA 比较:对于不同节点数目的算例,三种智能算法均能在较短的时间内得到最好解。但是随着节点数目的增加,PSO 和 GA 算法的计算偏差明显大于 KPSO 的计算偏差。尤其是当节点数 $n=30$ 和 $n=50$ 时,虽然 PSO 和 GA 的种群规模明显大于 KPSO 算法的种群规模,但算法的偏差仍然很大。由此可见在 PSO 算法中嵌入 K 短路算法是必要的。

图 5-1,图 5-2 展示了 $S=D=1, n=15$ 时不同时间约束下解的均值和偏差的对比情况。由于时间最短路的配送时间为 30,所以当 $T<30$ 时,无法在规定的时间内求得满意解。从均值上看,如图 5-1 所示,当 $T<45$ 时随着时间的增加三种智能算法均值的下降速度较快,这是由于随着时间约束的增加可选择的路径增多,因此三种算法的均值有明显提高。当 $T=45$ 时,得到费用最短路径。因此当 $T>45$ 时虽然 KPSO 的最差解仍有所提高,但均值的下降速度明显减慢。而 PSO 和 GA 虽然在 $T=45$ 时同样得到了与 KPSO 同样的最好解,但由于它们的偏差较大,因此当 $T>45$ 时均值的下降速度仍很明显。对于它们的求解偏差,如图 5-2 所示,PSO 和 GA 的偏差对时间约束的依赖却较为明显,而 KPSO 的偏差却较为稳定。另一方面,由于本书使用的 GA 算法是 GA 的改进算法[6],因此运行结果优于 PSO。但这一结果并不能说明 GA 算法优于 PSO 算法。本书针对 PSO 的求解特征,嵌入了 K 短路算法。从图 5-1,5-2 的对比结果可以看出,KPSO 算法对求解此类问题的有效性和稳定性。

4. 问题分析

时变网络下不同的发车时间对运输费用和时间均具有直接影响。因此,为了获得更多利润,4PL 供应商根据时变网络的具体情况,分别对 $S=D=1$ 时不

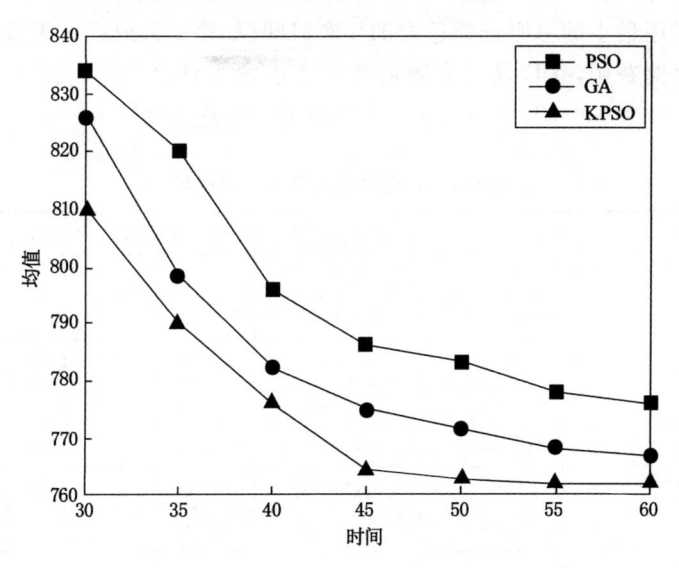

图 5-1 不同时间约束下均值对比情况

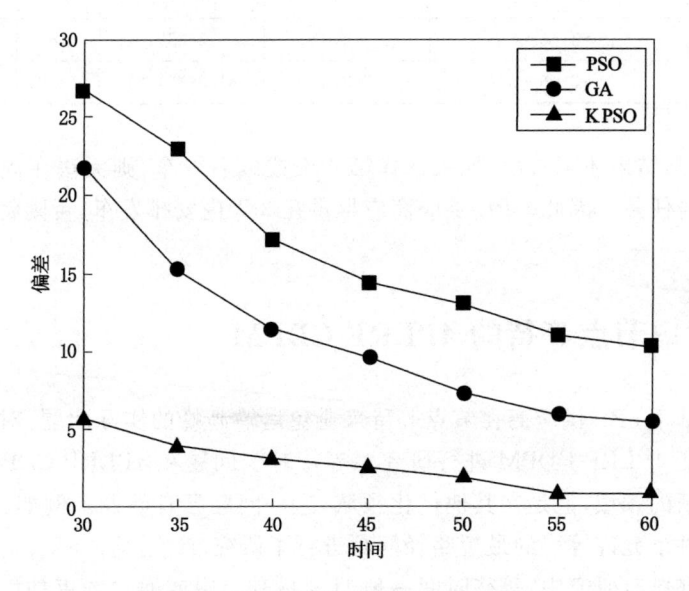

图 5-2 不同时间约束下偏差对比情况

同发车时间下的最优解进行了对比,具体内容如表 5-8 所示。

表 5-8 将第 0 天发车与第 1~10 天发车对路径选择、总费用及配送时间的影响进行了对比。当选择第 1,2,3 天发车时,总配送时间可以满足时间的要求。在满足要求的情况下,如果不考虑推迟发车所需支付的存储费用,4PL 供应商

可以根据费用最小的原则选择适合的发车时间(如第 2 天或第 3 天发车)。如果需要支付存储费用,4PL 供应商则需综合考虑发车延迟成本与配送费用,以便选择最适合的发车时间,并最终得到费用最省的配送方案。

表 5-8　不同发车时间下的最优解

| 发车时间 | 路径 | 3PL 供应商 | 费用(惩罚) | 时间 | 满足约束 |
| --- | --- | --- | --- | --- | --- |
| 0 | 1→3→7→8 | 3,2,4 | 49.3 | 11.6 | 满足 |
| 1 | 1→2→6→8 | 1,4,4 | 46.9 | 10.6 | 满足 |
| 2 | 1→3→6→8 | 1,3,3 | 31.1 | 10.8 | 满足 |
| 3 | 1→3→6→8 | 1,3,3 | 31.1 | 11.7 | 满足 |
| 4 | 1→2→3→6→8 | 1,1,3,3 | 54.9(344.9) | 17.9 | 不满足 |
| 5 | 1→2→4→7→8 | 1,1,4,4 | 135.2(775.2) | 21.4 | 不满足 |
| 6 | 1→3→4→7→8 | 3,3,4,4 | 118.1(738.1) | 21.2 | 不满足 |
| 7 | 1→3→6→8 | 2,3,3 | 41.4(311.4) | 17.7 | 不满足 |
| 8 | 1→3→6→8 | 1,3,3 | 38.1(378.1) | 18.4 | 不满足 |
| 9 | 1→3→6→8 | 3,3,3 | 32(332) | 18 | 不满足 |
| 10 | 1→3→6→8 | 3,3,3 | 31.2(351.2) | 18.2 | 不满足 |

另外,从结果还可看出,如果选择第 4 天或以后发车,则无法在规定的时间内完成配送任务。因此,4PL 供应商应尽量在 3 天内安排发车,否则将会带来费用惩罚。

## 5.2　考虑节点等待的 4PLRP-CDPM

本节基于 3PL 供应商在节点等待来避免运输高峰的实际问题,对考虑节点等待的时变 4PLRP-CDPM 进行研究。等待时变问题在 4PLRP-CDPM 研究中仍是一个新的领域,但是在其他优化领域,这一问题已有涉及。例如:Cai 等[184]对时变条件下允许等待的最短路径问题进行了研究。

但是在已有研究中,等待时间一般假设具有上限或通过约束加以限制。实际上,由于交货期的存在,各节点的等待时间是有上限的。因此,本书基于时变网络,在考虑节点等待的前提下,建立了考虑货物等待成本、3PL 供应商停靠与转换成本的时变 4PLRP-CDPM 数学规划模型。给出了各节点的等待时间及时变网络下运输时间的计算方法。设计了 KPSO 以及用于对比的基于剪枝策略的亚启发式算法(简称剪枝算法)。通过对 4PL 是否在转运节点更换 3PL 供应商以及对 3PL 供应商等待时间的分析,充分说明转换 3PL 供应商和在节点等待均能在保障完工的同时节省一定的运输费用。

### 5.2.1 问题描述

假设 4PL 供应商拟承揽多项由电力公司指派的配送任务。本次电力公司除了给出物资的交货期外还要求 4PL 按照交货期准时送达物资:如果提前到达,4PL 需要支付存储费用;如果延期到达,4PL 需要接受惩罚。在运输过程中,4PL 会将所有任务分路段委托给 3PL 供应商,且 3PL 的运输速度是时变的。如果 4PL 在相邻路径上使用相同的 3PL 供应商,4PL 只需要支付 3PL 在中转节点的停靠费用并记录停靠时间,否则还需要支付转运费用并计算转运时间。为了避免运输高峰期,4PL 可以让 3PL 在起始或各中转节点等待一段时间再出发,但 4PL 也要为此支付一定的存储费用。

为了对考虑节点等待的 4PLRP-CDPM 建模,需要定义的参数及变量如下所示:

$r$:网络中 3PL 供应商的个数;

$T^{sd}$:由区域库 $s$ 到需求节点 $d$ 配送物资时电力公司要求的完成时间;

$D_{ij}$:节点 $i$ 与节点 $j$ 之间的距离;

$v_{ijk}(t)$:在时间 $t$ 选用第 $k$ 个 3PL 供应商将物资由节点 $i$ 配送到节点 $j$ 时的速度;

$v_{ijk}(q)$:$[q,q+1)$ 时间段选用第 $k$ 个 3PL 供应商将物资由节点 $i$ 配送到节点 $j$ 时的速度;

$T_{ijk}(t)$:在时间 $t$ 选用第 $k$ 个 3PL 供应商将物资由节点 $i$ 配送到节点 $j$ 的时间;

$TV$:时间段的个数;

$VTime$:每个时间段的时间间隔;

$T_i$:在中转点 $i$ 的停靠时间;

$T'_i$:在节点 $i$ 更换 3PL 供应商时产生的转换时间;

$W_i^{sd}$:由区域库 $s$ 到需求节点 $d$ 配送物资时在节点 $i$ 的最大等待时间;

$b_i(t)$:在时间 $t$ 节点 $i$ 对物资的需求量,

$$b_i(t)=\begin{cases}-1, & \text{在时间 } t \text{ 节点 } i \text{ 是物资的始发节点}\\ 1, & \text{在时间 } t \text{ 节点 } i \text{ 是物资的需求节点}\\ 0, & \text{否则}\end{cases}$$

$C_{ijk}^{sd}$:由区域库 $s$ 到需求节点 $d$ 配送的物资选择第 $k$ 个 3PL 供应商将它们由节点 $i$ 配送至节点 $j$ 时的费用报价;

$C_i$: 在节点 $i$ 的停靠费用；

$C'_i$: 在节点 $i$ 更换 3PL 供应商的转换费用；

$C''_i$: 3PL 供应商在节点 $i$ 停留时的单位存储费用。

决策变量为：

$x_{ijk}^{sd}(t)$: 在由区域库 $s$ 到需求节点 $d$ 配送物资的过程中，供应商 $k$ 是否在时间 $t$ 承担由节点 $i$ 到节点 $j$ 的配送任务，即

$$x_{ijk}^{sd}(t) = \begin{cases} 1, & \text{供应商 } k \text{ 在时间 } t \text{ 负责 } i \text{ 到 } j \text{ 的配送任务} \\ 0, & \text{否则} \end{cases}$$

$y_i^{sd}(t)$: 节点 $i$ 是否在时间 $t$ 承担由区域库 $s$ 到需求节点 $d$ 的运输任务，即

$$y_i^{sd}(t) = \begin{cases} 1, & \text{节点 } i \text{ 在时间 } t \text{ 承担配送任务} \\ 0, & \text{否则} \end{cases}$$

$z_i^{sd}(t)$: 由区域库 $s$ 到需求节点 $d$ 配送的物资途经节点 $i$ 时，是否在时间 $t$ 节点 $i$ 更换 3PL 供应商。即

$$z_i^{sd}(t) = \begin{cases} 1, & y_i^{sd}(t)=1 \text{ 且在节点 } i \text{ 更换 3PL 供应商} \\ 0, & \text{否则} \end{cases}$$

$\omega_i^{sd}$: 在中转节点 $i$ 停留或提前到达需求节点的时间。即

$$\omega_i^{sd} = \begin{cases} \text{在节点 } i \text{ 的停留时间}, & i=1,2,\cdots \\ \text{提前到达终点的时间}, & i=n-d+1 \end{cases}$$

其中 $s \in \{1,\cdots,S\}, d \in \{1,\cdots,D\}, i,j \in \{1,\cdots,n\}, k \in \{1,\cdots,r\}$, $S$ 表示区域库的个数，$D$ 表示需求节点的个数。

### 5.2.2 数学模型

根据以上分析，建立的模型如下：

$$Z = \min \sum_{s=1}^{S} \sum_{d=1}^{D} \left( \sum_{i=1}^{n} \sum_{j=1}^{n} \sum_{k=1}^{r} C_{ijk} \cdot x_{ijk}^{sd}(t) + \sum_{i=1}^{n} C_i \cdot y_i^{sd}(t) + \right.$$
$$\left. \sum_{i=1}^{n} C'_i \cdot z_i^{sd}(t) + \sum_{i=1}^{n} C''_i \cdot \omega_i^{sd} \right) \tag{5-15}$$

s.t. $\sum_{i=1}^{n} \sum_{j=1}^{n} \sum_{k=1}^{r} T_{ijk}(t) \cdot x_{ijk}^{sd}(t) + \sum_{i=1}^{n} T_i \cdot y_i^{sd}(t) +$
$$\sum_{i=1}^{n} T'_i \cdot z_i^{sd}(t) + \sum_{i=1}^{n} \omega_i \leqslant T^{sd} \tag{5-16}$$

$$\sum_{i=1}^{n} \sum_{k=1}^{r} x_{ijk}^{sd}(t) - \sum_{i=1}^{n} \sum_{k=1}^{r} x_{ijk}^{sd}(t+T_j) = b_j(t+T_j), j \in \{1,\cdots,n\}$$
$$\tag{5-17}$$

# 第 5 章 时变环境下的 4PLRP-CDPM

当 $\sum_{i=1}^{n}\sum_{k=1}^{r}x_{ijk}^{sd}(t)=1$ 时,

$$\sum_{i=1}^{n}\sum_{k=1}^{r}x_{ijk}^{sd}(t)=y_{j}^{sd}(t+\sum_{i=1}^{n}\sum_{k=1}^{r}T_{ijk}(t)\cdot x_{ijk}^{sd}(t))$$

当 $\sum_{i=1}^{n}\sum_{k=1}^{r}x_{ijk}^{sd}(t)=0$ 时,

$$x_{ijk}^{sd}(t)=y_{j}^{sd}(t+T_{ijk}(t)), \forall i \in [1,n], k \in [1,r] j \in \{1,2,\cdots,n\}$$

(5-18)

$$\sum_{j=1}^{n}\sum_{k=1}^{r}x_{ijk}^{sd}(t+T_{i}+T'_{i})=y_{i}^{sd}(t), i \in \{1,2,\cdots,n-1\} \quad (5\text{-}19)$$

$$z_{i}^{sd}(t+T_{i}(t)) \leqslant y_{i}^{sd}(t), i \in \{1,2,\cdots,n\} \quad (5\text{-}20)$$

$$y_{s}^{sd}(t)=1 \quad (5\text{-}21)$$

$$y_{n-d+1}^{sd}(t)=1 \quad (5\text{-}22)$$

$$\omega_{i}^{sd} \leqslant W_{i}^{sd}, i \in \{1,2,\cdots,n\} \quad (5\text{-}23)$$

$$\omega_{n-d+1}=\max(0, T-(\sum_{i=1}^{n}\sum_{j=1}^{n}\sum_{k=1}^{r}T_{ijk}(t)x_{ijk}^{sd}(t)+$$

$$\sum_{i=1}^{n}T_{i}y_{i}^{sd}(t)+\sum_{i=1}^{n-d+1}T'_{i}z_{i}^{sd}(t)+\sum_{i=1}^{n-d}\omega_{i}^{sd})) \quad (5\text{-}24)$$

$$x_{ijk}^{sd}(t), y_{i}^{sd}(t), z_{i}^{sd}(t)=0 \text{ 或 } 1 \quad i,j \in \{1,2,\cdots,n\}, k \in \{1,2,\cdots,r\}$$

(5-25)

在上述建立的模型中 $s \in \{1,\cdots,S\}, d \in \{1,\cdots,D\}$。式(5-15)为目标函数,表示 3PL 供应商在配送途中运输、停靠、转换和等待时的费用总耗;式(5-16)表示到达需求节点的时间不大于客户要求的时间;式(5-17)表示网络流量平衡;式(5-18)、式(5-19)表示选择的节点构成从区域库到需求节点的通路;式(5-20)表示如果 4PL 在节点 $i$ 转换 3PL 供应商则一定在 $i$ 点中转;式(5-21)、式(5-22)分别表示路径的起始和终止节点;式(5-23)表示由区域库 $s$ 到需求节点 $d$ 配送的物资在节点等待的时间 $w_i^{sd}$ 不大于该节点的最大等待时间 $W_i^{sd}$($W_i^{sd}$ 的确定见 5.2.3 节等待时间的确定方法);式(5-24)表示提前到达需求节点后的存储时间;式(5-25)表示 $x_{ijk}^{sd}(t), y_i^{sd}(t)$ 和 $z_i^{sd}(t)$ 为 0-1 变量。

### 5.2.3 算法设计

为了求解模型,在本节中,首先给出了各节点等待时间及时变网络下配送时间的计算方法,然后基于 K 短路算法设计了混合 PSO 算法(KPSO)和用于检验 KPSO 求解效果的基于剪枝策略的启发式搜索算法(简称剪枝算法)。与 5.1 节不同的是，本节设计的 KPSO 算法同时承担着 3PL 供应商和等待时间两项任务的选择问题。具体内容如下：

1. 等待时间的确定方法

为了便于计算，假设节点的等待时间为整数，并按照下面的方式给出节点等待时间的计算方法：

（1）当 $i=1,\cdots,n-d$ 时，$\omega_i^{sd}=0,\cdots,W_i^{sd}$（$W_i^{sd}$ 的确定方法见本节）。其中，当 $\omega_i^{sd}=0$ 时，表示在节点 $i$ 没有停留；当 $\omega_i^{sd}\neq 0$ 时，表示在节点 $i$ 的停留时间为 $\omega_i^{sd}$。并且需要满足：$\sum_{i=1}^{n}\omega_i^{sd}<=$ 交货期－费用最短路所用时间。

（2）当 $i=n-d+1$ 时，$\omega_{n-d+1}^{sd}=T^{sd}-TT^{sd}$。其中 $TT^{sd}$ 为初始解的实际配送时间。

为了确定各节点等待时间的最大值，我们给出如下定义及计算公式：

**定义 1** 对于图 $G$，当 $G$ 中所有边的配送速度取各时变速度最快时得到由节点 $i(i\in\{1,\cdots,n\})$ 至节点 $j(j\in\{1,\cdots,n\})$ 的最少用时最短路，该路径所用时间称为节点 $i$ 到节点 $j$ 的时间下限，记为 $TS(i,j)$。

**定义 2** 在配送过程中，由区域库 $s$ 到需求节点 $d$ 配送物资时从区域库 $S$ 到中转节点 $i(i\in\{1,\cdots,n\}\bigcup i\neq S)$ 所耗费的时间称作到达节点 $i$ 的实际配送时间，记为 $TI^{sd}(s,i)$。其中

$$TI^{sd}(S,i)=\sum_{p=1}^{i}\sum_{j=1}^{i}\sum_{k=1}^{r}T_{pjk}(t)x_{pjk}^{sd}(t)+\sum_{j=1}^{i}T'_{j}z_{j}^{sd}(t)+\sum_{j=1}^{i-1}\omega_{j}^{sd}$$

基于上述定义，我们得到：

对于由区域库 $s$ 到需求节点 $d$ 配送的物资来说，在节点 $i(i\in\{1,\cdots,n\})$ 的最大等待时间 $W_i^{sd}$ 一定不大于由区域库到该节点时的剩余时间与由该节点出发到需求节点的时间下限的差值。即

$$W_i^{sd}\leqslant T^{sd}-TI^{sd}(s,i)-TS^{sd}(i,d) \quad (5\text{-}26)$$

当物资配送到节点 $i$ 时，由公式(5-26)，即可求得该节点的最大等待时间。然而，由于到达时间的限制，很难取到时间下限最短路。因此，公式(5-26)只是对等待时间的估算。当不满足时间约束时，需使用罚函数予以惩罚。（具体内容见 5.2.3 节适应值函数）

2. 运输时间的确定方法

由于 3PL 供应商的运输速度具有时变性，因此 3PL 供应商的配送时间 $T_{ijk}^{sd}(t)$ 与所经路段的距离、停留的时间段以及各时间段的运输速度均有关系。具体计算方法如下：

（1）进入运输路段后，如果 3PL 供应商能够在一个时间段内完成配送任务，即 $D_{ij}/v_{ijk}(t)\leqslant VTime$ 时，有

$$T_{ijk}(t) = D_{ij}/v_{ijk}(t), i,j \in \{1,2,\cdots,n\}, k \in \{1,2,\cdots,r\}$$

（2）如果 3PL 供应商不能够在一个时间段内完成配送任务，即 $D_{ij}/v_{ijk}(t) > VTime$ 时，有

$$T_{ijk}(t) = VTime \cdot \alpha + \frac{D_{ij} - VTime \cdot \sum_{\beta=0}^{\alpha-1} v_{ijk}(t+\beta \cdot VTime)}{v_{ijk}(t+VTime \cdot \alpha)},$$
$$i,j \in \{1,\cdots,n\}, k \in \{1,2,\cdots,r\}$$

其中，$\alpha$ 表示经过的整数时间段个数，$v_{ijk}(t) = v_{ijk}(q)$ 当且仅当 $t/VTime \in [q, q+1)$。

3. KPSO

在这一节中，解的生成分为初始解生成和解的更新两个阶段，主要步骤如下：

（1）初始解的生成

根据问题特点，对于由区域库 $s(s \in \{1,\cdots,S\})$ 到需求节点 $d(d \in \{1,\cdots,D\})$ 的解的编码结构由路径上的节点集 $Path^{sd} = [p_1^{sd},\cdots,p_l^{sd}]$、边集 $PL^{sd} = [pl_1^{sd},\cdots,pl_{l-1}^{sd}]$ 以及节点等待时间集 $\omega^{sd} = [\omega_1^{sd},\cdots,\omega_l^{sd}]$ 三部分组成。其中 $p_i^{sd}(p_i^{sd} \in V)$ 表示路径上的第 $i$ 个节点，$pl_i^{sd}(pl_i^{sd} \in E)$ 表示使用的第 $i$ 个 3PL 供应商，$\omega_i^{sd}(\omega_i^{sd} \in [0, W_i^{sd}])$ 表示 3PL 供应商在节点 $i$ 等待或存储的时间（$i=1,\cdots,n$）。

在初始解生成阶段，路径上的节点集 $Path^{sd}$ 由 K 短路算法生成。等比例扩展不同节点集数目至种群规模 PS，通过随机选择 3PL 供应商及等待时间的方法构成解的边集和等待时间集，从而构成解的初始种群。

（2）解的更新

在解的更新阶段，主要采用 PSO 算法对解的边集和等待时间集进行优化。对于边集，利用 PSO 算法的速度位置更新公式计算路径上 3PL 供应商的取值（0 或者 1）然后使用轮盘赌方法确定最终的 3PL。对于等待时间集，则是利用 PSO 算法的速度位置更新公式对节点的等待时间进行更新。具体方案如下：

假设第 $g$ 个粒子的位置：

$$PL_{gij}^{sd} = (x_{gij1}^{sd}(t), x_{gij2}^{sd}(t), \cdots, x_{gijr}^{sd}(t))$$

$$(x'^{sd}_{gijk}(t))^{m+1} = \begin{cases} 1, & random < S((V_{gijk}^{sd})^{m+1}) \\ 0, & 其他 \end{cases}$$

速度：

$$V_{gij}^{sd1} = (V_{gij1}^{sd}, V_{gij2}^{sd}, \cdots, V_{gijr}^{sd})(g=1,2,\cdots,PS(PS \text{ 表示初始种群}),$$
$$i,j \in \{1,2,\cdots,n\})$$

$\forall k \in \{1,2,\cdots,r\}$，第 $g$ 个粒子的速度 $(V^{sd}_{gijk})^{m+1}$ 和位置 $(x^{sd}_{gijk})^{m+1}$ 更新公式为：

$$(V^{sd}_{gijk})^{m+1} = (V^{sd}_{gijk})^m + c_1\xi(PN^m_{gijk} - (x^{sd}_{gijk}(t))^m) + c_2\eta(PN'^m_{gijk} - (x^{sd}_{gijk}(t))^m) \tag{5-27}$$

$$(x'^{sd}_{gijk}(t))^{m+1} = \begin{cases} 1, & random < S((V^{sd}_{gijk})^{m+1}) \\ 0, & 其他 \end{cases} \tag{5-28}$$

$$(x^{sd}_{gijk}(t))^{m+1} = \begin{cases} 1, & 轮盘赌选中 \\ 0, & 其他 \end{cases} \tag{5-29}$$

其中，$S((V^{sd}_{gijk})^{m+1}) = \dfrac{1}{1+\exp(-(V^{sd}_{gijk})^{m+1})}$，$m = 1,2,\cdots,GEN$，$GEN$ 表示迭代次数，$c_1$ 和 $c_2$ 为学习因子，$\xi$ 和 $\eta$ 为 $[0,1]$ 之间的随机数，$(PN^{sd}_{gijk})^m$ 为粒子 $g$ 所经历的最好点，$(PN'^{sd}_{gijk})^m$ 为种群内所有粒子经历的当前最好点。

根据式(5-27)产生的 $(V^{sd}_{gijk})^{m+1}(k\in\{1,2,\cdots,r\})$，由式(5-28)生成节点 $i$ 到节点 $j$ 的 3PL 供应商的 0-1 取值 $(x'^{sd}_{gijk}(t))$。分别计算 3PL 供应商取值为 1 时的路径适值，然后按照从小到大的顺序对它们进行排序。根据评价函数式(5-34)，旋转赌轮确定最终被选中的 3PL 供应商。

对于等待时间集，假设第 $g$ 个粒子第 $d$ 代的位置为 $(\omega^{sd}_{gi})^m$，速度为 $(VV^{sd}_{gi})^m$，则第 $g$ 个粒子的速度 $(VV^{sd}_{gi})^{m+1}$ 和位置 $(\omega^{sd}_{gi})^{m+1}$ 更新公式如下：

$$(VV^{sd}_{gi})^{m+1} = (VV^{sd}_{gi})^m + c'_1\xi'(PW^m_{gi} - (\omega^{sd}_{gi})^m) + c'_2\eta'(PW'^m_{gi} - (\omega^{sd}_{gi})^m) \tag{5-30}$$

$$(\omega^{sd}_{gi})^{m+1} = (\omega^{sd}_{gi})^m + \lfloor(VV^{sd}_{gi})^m\rfloor \tag{5-31}$$

其中，$c_1'$ 和 $c_2'$ 为学习因子，$\xi'$ 和 $\eta'$ 为 $[0,1]$ 之间的随机数，$(PW^{sd}_{gi})^m$ 为粒子 $g$ 所经历的最好点的等待时间，$(PW'^{sd}_{gi})^m$ 为种群内所有粒子经历的当前最好点的等待时间。

(3) 适应值函数

利用上述方法可以得到问题的解。但是这样的解不一定满足约束式(5-16)。因此，本书将时间约束作为罚函数加入到目标函数中，惩罚函数为：

$$f^{sd} = \begin{cases} \alpha\cdot(TT^{sd} - T^{sd}), & TT^{sd} > T^{sd} \\ 0, & TT^{sd} = T^{sd} \\ C_i''\cdot(TT^{sd} - T^{sd}), & TT^{sd} < T^{sd} \end{cases} \tag{5-32}$$

其中，$\alpha(\alpha\geqslant 1)$ 为惩罚系数，$f^{sd}$ 表示由区域库 $s$ 到需求节点 $d$ 配送物资时的时间惩罚函数。这意味着，当配送时间等于 $T^{sd}$ 时，运输费用为实际配送成本。当配送时间大于 $T^{sd}$ 时，要在实际配送成本上进行拖期惩罚。当配送时间小于

$T^{sd}$ 时,4PL 则要支付因物资提前到达而产生的存储费用。

于是得到适应值函数:

$$f = Z + \sum_{s=0}^{S} \sum_{d=0}^{D} f^{sd} \tag{5-33}$$

按照适值函数将染色体 $I_1, I_2, \cdots, I_{PS}$ 按照从小到大的顺序进行排序。设参数 $\mu \in (0,1)$,定义基于序的评价函数为:

$$\operatorname{eval}(I_i) = \mu(1-\mu)^{i-1}, i = 1, 2, \cdots, PS \tag{5-34}$$

(4) 算法流程

Step 1:对于每个任务,利用 $K$ 短路算法求前 $K$ 短路径。根据种群规模 $PS$ 等比例扩展 $K$ 短路径数目,初始化路径上的 3PL 供应商并计算适值。

Step 2:根据 $K$ 短路平均适值分配第 $K$ 短路径占种群个体数目的百分比。

Step 3:使用 PSO 算法求各条路径上的 3PL 供应商和等待时间并计算适值。

Step 4:对于不同的 $K$ 短路,是否有更好解? 是,更新 $K$ 短路的最好解;否,最好解不变。

Step 5:是否达到最大迭代次数? 是,转 Step 6;否,转 Step 2。

Step 6:比较各条 $K$ 短路的最好解,输出最优者。

Step 7:是否有剩余任务未生成路径? 是,转 Step 1;否,算法运行结束。

4. 剪枝算法

剪枝算法分为初始解选择、二次剪枝策略两个部分,具体内容如下:

Step 1:初始解选择

在随机生成的简单图中,对于每条路径,首先求得费用最短路 $l^{sd}$,然后根据时间上限随机生成该路径上各节点的等待时间及负责各路段运输的 3PL 供应商,最后依据适应值函数式(5-33)计算路径的总费用。令路径 $l^{sd}$ 为初始解,接下来以路径 $l^{sdm}$ 为标准对路径集进行剪枝。

Step 2:二次剪枝策略

step 2.1:第一次剪枝

首先,利用递归调用的方法寻找由区域库到需求节点的路径集 $L^{sd}$。然后,计算路径的适应值函数(取路径上费用最小的 3PL 供应商)。最后将路径集 $L^{sd}$ 中的各条路径与初始解进行比较,删除路径集 $L^{sd}$ 中适应值函数的值大于初始解的路径,实现第一次剪枝。

step 2.2:第二次剪枝

针对第一次剪枝剩余的路径集 $L'^{sd}$,首先计算这些路径的剩余等待时间 $\sum_{i=1}^{n} \omega_i^{sd}$。然后将剩余等待时间添加到各转运节点,并枚举出所有能力要求满足配送时间需求的 3PL 供应商。在遍历过程中,如果已走路径的耗费超过初始解,则停止该分枝的下一步搜索,即二次剪枝完成。最后,剪枝后剩余路径中适值最小的路径即为最优解。

### 5.2.4 实验仿真

1. 实例描述

假设某 4PL 协同 3PL 承运商为电力公司定制由节点 1 到节点 8、节点 2 到节点 8 以及节点 2 到节点 7 的三项电力物资配送任务。其中节点之间 5 个 3PL 供应商按照 1~5 的顺序编号并用弧线连接。假设考虑节点等待的 4PLRP-CDPM 网络数据生成方法同 5.1.5 节中的方法,3PL 供应商在节点等待的存储费用如表 3-14 所示,且 $VTime=2$,交货期为 9,于是得到的最优解为:

$Path:[1,2,6,8], PL:[4,4,4], \omega:[0,2,0,0.9]$;
$Path:[2,6,8], PL:[2,2], \omega:[0,1,0,0]$;
$Path:[2,6,7], PL:[2,2], \omega:[0,0,1,0]$。

这时它们的配送时间分别是 8.1、7.6 和 7.4,总配送费用为 130.5。这意味着,当决策者(4PL)需要将三项配送任务分别在规定的时间内由节点 1 运至节点 8、节点 2 送至节点 8 和节点 2 送至节点 7 时,由于增加了节点等待机制,所以三项任务尽量选择了相同的 3PL 供应商,并在不同的中转节点进行了等待。这时,4PL 不但在规定的时间内完成了三项任务,而且与不考虑等待的 4PLRP-CDPM 相比还节省了一定的运输费用。

2. 参数分析

以实例一为例,假设 $VTime=2$,交货期为 12,分析 KPSO 主要参数对其行为的影响。这些参数分别是 $PS, K, NG, c_1, c_2, c'_1, c'_2$。在每组设定的参数下运行算法 50 次,记录 50 次中找到的最好解(Best),最差解(Bad)、解的均值(Avg)以及解的标准偏差(msd)并对结果进行评价。表 5-9~表 5-15 展示了对实例一参数的具体分析过程。

(1) 参数 $PS$ 对 KPSO 的影响

表 5-9 参数 $PS$ 对 KPSO 的影响

| PS | K | NG | $c_1$ | $c_2$ | $c'_1$ | $c'_2$ | Best | Bad | Avg | msd | Time |
|---|---|---|---|---|---|---|---|---|---|---|---|
| 5 | 3 | 40 | 2 | 2 | 2 | 2 | 130.5 | 133.7 | 131.4 | 1.4 | 1 |
| 10 | 3 | 40 | 2 | 2 | 2 | 2 | 130.5 | 130.5 | 130.5 | 0 | 1 |
| 15 | 3 | 40 | 2 | 2 | 2 | 2 | 130.5 | 130.5 | 130.5 | 0 | 1 |
| 20 | 3 | 40 | 2 | 2 | 2 | 2 | 130.5 | 130.5 | 130.5 | 0 | 1 |

从表 5-9 可以看出,当种群规模 $PS=5$ 时,算法存在偏差。随着种群规模的增大,算法的偏差减小。当 $PS=10$ 时算法的偏差为 0,并且再增加种群规模算法的偏差也不变,因此 $PS=10$ 是种群规模的最佳设置。

(2) 参数 $K$ 对 KPSO 的影响

表 5-10  参数 $K$ 对 KPSO 的影响

| PS | K | NG | $c_1$ | $c_2$ | $c'_1$ | $c'_2$ | Best | Bad | Avg | msd | Time |
|---|---|---|---|---|---|---|---|---|---|---|---|
| 10 | 1 | 40 | 2 | 2 | 2 | 2 | 130.5 | 136.4 | 132.2 | 2.3 | 1 |
| 10 | 2 | 40 | 2 | 2 | 2 | 2 | 130.5 | 135.1 | 131.6 | 1.7 | 1 |
| 10 | 3 | 40 | 2 | 2 | 2 | 2 | 130.5 | 130.5 | 130.5 | 0 | 1 |
| 10 | 4 | 40 | 2 | 2 | 2 | 2 | 130.5 | 130.5 | 130.5 | 0 | 1 |

从表 5-10 可以看出,当设 $K$ 短路次数为 1 时,$K$ 短路算法不发生作用,即算法转化为 PSO 算法。增加 $K$ 短路的次数,算法偏差减小,当 $K=3$ 时算法的偏差为 0。这说明初始解中路径的选择对解的质量起着重要作用。

(3) 参数 $NG$ 对 KPSO 的影响

表 5-11  参数 $NG$ 对 KPSO 的影响

| PS | K | NG | $c_1$ | $c_2$ | $c'_1$ | $c'_2$ | Best | Bad | Avg | msd | Time |
|---|---|---|---|---|---|---|---|---|---|---|---|
| 10 | 3 | 10 | 2 | 2 | 2 | 2 | 130.5 | 135.2 | 132.4 | 2.1 | 1 |
| 10 | 3 | 20 | 2 | 2 | 2 | 2 | 130.5 | 133.8 | 131.6 | 1.5 | 1 |
| 10 | 3 | 30 | 2 | 2 | 2 | 2 | 130.5 | 132.0 | 130.9 | 0.6 | 1 |
| 10 | 3 | 40 | 2 | 2 | 2 | 2 | 130.5 | 130.5 | 130.5 | 0 | 1 |
| 10 | 3 | 50 | 2 | 2 | 2 | 2 | 130.5 | 130.5 | 130.5 | 0 | 1 |

表 5-11 展示了迭代次数 $NG$ 对 KPSO 的影响。当 $NG=20$ 时偏差减小;当 $NG \geqslant 40$ 时偏差为 0。由此可知当 $NG=40$ 时是算法迭代次数的最佳设置。

(4) 参数 $c_1$ 对 KPSO 的影响

表 5-12  参数 $c_1$ 对 KPSO 的影响

| PS | K | NG | $c_1$ | $c_2$ | $c'_1$ | $c'_2$ | Best | Bad | Avg | msd | Time |
|---|---|---|---|---|---|---|---|---|---|---|---|
| 10 | 3 | 40 | 0 | 2 | 2 | 2 | 130.5 | 133.8 | 131.4 | 1.5 | 1 |
| 10 | 3 | 40 | 1 | 2 | 2 | 2 | 130.5 | 133.2 | 131.1 | 0.6 | 1 |
| 10 | 3 | 40 | 2 | 2 | 2 | 2 | 130.5 | 130.5 | 130.5 | 0 | 1 |
| 10 | 3 | 40 | 3 | 2 | 2 | 2 | 130.5 | 130.5 | 130.5 | 0 | 1 |

当 $c_1=0$ 时,粒子失去认知能力,式(5-27)变为只有社会属性的模型。粒子有扩展搜索空间的能力和较快的收敛速度,但由于缺少局部搜索,使得算法更易陷入局部最优。随着 $c_1$ 增大,算法的局域搜索能力逐渐加强,当 $c_1=2$ 时,偏差变为 0。

(5) 参数 $c_2$ 对 KPSO 的影响

表 5-13 参数 $c_2$ 对 KPSO 的影响

| PS | K | NG | $c_1$ | $c_2$ | $c'_1$ | $c'_2$ | Best | Bad | Avg | msd | Time |
|---|---|---|---|---|---|---|---|---|---|---|---|
| 10 | 3 | 40 | 2 | 0 | 2 | 2 | 130.5 | 137.3 | 133.2 | 2.8 | 1 |
| 10 | 3 | 40 | 2 | 1 | 2 | 2 | 130.5 | 134.6 | 132.8 | 1.3 | 1 |
| 10 | 3 | 40 | 2 | 2 | 2 | 2 | 130.5 | 130.5 | 130.5 | 0 | 1 |
| 10 | 3 | 40 | 2 | 3 | 2 | 2 | 130.5 | 130.5 | 130.5 | 0 | 1 |

表 5-13 展示了社会信息对 3PL 选择的影响。当 $c_2=0$ 时,粒子之间没有社会信息,模型变为认知模型,KPSO 变为局部算法。由于个体之间没有信息交流,整个群体相当于多个粒子进行盲目的随机搜索,收敛速度慢,得到最优解的可能性小,因而最好解和最坏解差距最大。当 $c_2=1$ 时,社会信息开始发挥作用,算法的偏差减小。当 $c_2 \geqslant 2$ 时,算法的偏差变为 0。

(6) 参数 $c'_1$ 对 KPSO 的影响

表 5-14 参数 $c'_1$ 对 KPSO 的影响

| PS | K | NG | $c_1$ | $c_2$ | $c'_1$ | $c'_2$ | Best | Bad | Avg | msd | Time |
|---|---|---|---|---|---|---|---|---|---|---|---|
| 10 | 3 | 40 | 2 | 2 | 0 | 2 | 130.5 | 133.6 | 131.2 | 1.1 | 1 |
| 10 | 3 | 40 | 2 | 2 | 1 | 2 | 130.5 | 132.8 | 130.8 | 0.6 | 1 |
| 10 | 3 | 40 | 2 | 2 | 2 | 2 | 130.5 | 130.5 | 130.5 | 0 | 1 |
| 10 | 3 | 40 | 2 | 2 | 3 | 2 | 130.5 | 130.5 | 130.5 | 0 | 1 |

表 5-14 和表 5-15 展示了等待时间参数 $c'_1$ 和 $c'_2$ 对结果的影响。当 $c'_1=0$ 时,粒子失去认知能力。随着 $c'_1$ 增大,算法的局域搜索能力逐渐加强,当 $c'_1=2$ 时,偏差变为 0。

(7) 参数 $c'_2$ 对 KPSO 的影响

## 第 5 章 时变环境下的 4PLRP-CDPM

表 5-15 参数 $c'_2$ 对 KPSO 的影响

| PS | K | NG | $c_1$ | $c_2$ | $c'_1$ | $c'_2$ | Best | Bad | Avg | msd | Time |
|---|---|---|---|---|---|---|---|---|---|---|---|
| 10 | 3 | 40 | 2 | 2 | 2 | 0 | 130.5 | 136.9 | 133.0 | 2.1 | 1 |
| 10 | 3 | 40 | 2 | 2 | 2 | 1 | 130.5 | 134.4 | 132.3 | 1.0 | 1 |
| 10 | 3 | 40 | 2 | 2 | 2 | 2 | 130.5 | 130.5 | 130.5 | 0 | 1 |
| 10 | 3 | 40 | 2 | 2 | 2 | 3 | 130.5 | 130.5 | 130.5 | 0 | 1 |

表 5-15 展示了社会信息对等待时间的影响。当 $c'_2=0$ 时，粒子之间没有社会信息，模型变为认知模型。当 $c'_2=1$ 时，社会信息开始发挥作用，算法的偏差减小。当 $c'_2 \geqslant 2$ 时，算法的偏差变为 0。

由上面的分析可知当 $n=8$ 时，KPSO 的参数设置如下：
$$PS=10, K=3, NG=40, c_1=2, c_2=2, c'_1=2, c'_2=2$$

同理，利用本节的方法对实例二中的算例进行参数设置，得到的结果如表 5-16 所示。

表 5-16 KPSO 对实例二的参数设置情况

| $n$ | PS | K | NG | $c_1$ | $c_2$ | $c'_1$ | $c'_2$ |
|---|---|---|---|---|---|---|---|
| 15 | 20 | 4 | 60 | 2 | 2 | 2 | 2 |
| 30 | 30 | 4 | 80 | 2 | 2 | 2 | 2 |
| 50 | 40 | 4 | 120 | 2 | 2 | 2 | 2 |

其中学习因子 $c_1, c_2, c'_1, c'_2$ 的取值均为 2，局域搜索和全局搜索由随机生成的系数 $\xi, \eta, \xi'$ 和 $\eta'$ 进行调节。

3. 算法分析

表 5-17 展示了 $n=8,15,30,50$ 时，当区域库 $S=2$ 分别为 $1,2$，需求点 $D=2$ 分别为 $n-1, n-2$ 时不考虑等待与考虑等待时结果的对比情况。

表 5-17 考虑等待与不考虑等待的对比情况

| 节点个数 | 时间 | 考虑节点等待 | | 不考虑节点等待 | | 费用差 |
|---|---|---|---|---|---|---|
| | | 费用 | 时间 | 费用 | 时间 | |
| 8 | 9 | 130.5 | 9 | 151.9 | 9 | 21.4 |
| 15 | 45 | 702.1 | 45 | 764.6 | 45 | 62.5 |
| 30 | 75 | 1 411.4 | 75 | 1 588.2 | 75 | 176.8 |
| 50 | 160 | 2 076.8 | 160 | 2 307.3 | 160 | 230.5 |

如表 5-17 所示,在考虑节点等待和不考虑节点等待两种情况下 4PL 均能在规定的时间内完成全部的配送任务。但是由于等待机制的加入,使得考虑节点等待时的费用小于不考虑节点等待时的费用。因此考虑节点等待不仅没有增加额外的超时惩罚费用,还因等待降低了总的运输费用。

图 5-3 展示了 8 节点问题 $S=D=1$ 时 KPSO 算法最好解与解的均值随迭代次数的收敛过程。

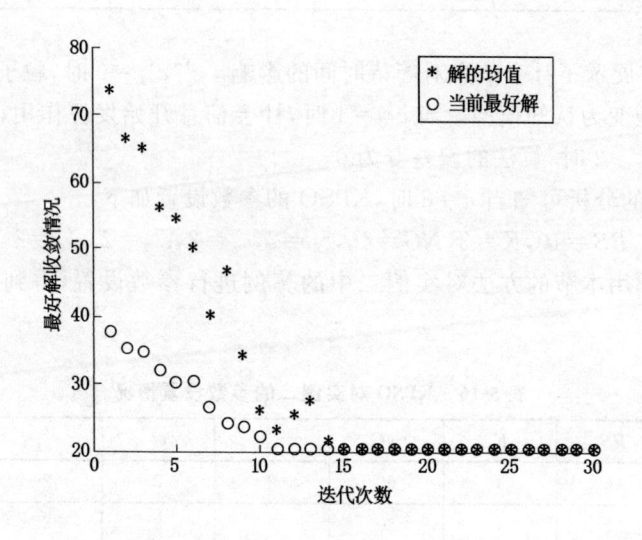

图 5-3  8 节点 KPSO 算法收敛曲线

为了说明 KPSO 算法的有效性,本书利用 KPSO 与剪枝算法和遗传算法(简称 GA)分别对节点数 $n=8,15,30,50$,区域库 $S=2$ 分别为 1,2,需求节点 $D=2$ 分别为 $n-1,n-2$ 的配送网络进行求解。

运行上述四种算例各 50 次,将 KPSO 计算得到的结果与剪枝算法和 GA 计算得到的结果进行对比,得到的结果如表 5-18 所示。"—"表示在剪枝算法中不存在该项信息。对于剪枝算法,在 8 节点问题中,第一次剪枝后的路径数为 62 条。第二次剪枝后的路径数约为 $2.3×10^5$ 条。计算时间为 1 726 s。使用 KPSO 和 GA 计算得到的结果与这一结果一致。对于 15 节点的问题,两种智能算法求得的最好解相同,但剪枝算法已无法在有限时间内求得最优解。随着节点数的增多,对于 30 节点问题,两种智能算法的最差解与均值产生了差距。当 $n=50$ 时,GA 算法没有得到与 KPSO 相同的最好解,且从二者计算的偏差、最坏解与均值等方面可以看出,KPSO 解的平均质量要优于 GA 计算得到的结果。由此分析可知 KPSO 对处理 4PLRP-CDPM 的有效性。

## 第 5 章 时变环境下的 4PLRP-CDPM

表 5-18　KPSO 与剪枝算法和 GA 算法的对比情况

| 算法 | 节点数 | 边数 | 时间 | PS | NG | Best | Bad | Avg | msd | Time |
|---|---|---|---|---|---|---|---|---|---|---|
| KPSO | 8 | 85 | 9 | 10 | 40 | 130.5 | 134.1 | 131.4 | 2.2 | 1 |
| GA | 8 | 85 | 9 | 40 | 50 | 130.5 | 137.0 | 132.6 | 4.8 | 1 |
| 剪枝算法 | 8 | 85 | 9 | — | — | 130.5 | — | — | — | 1 726 |
| KPSO | 15 | 294 | 45 | 20 | 60 | 752.1 | 756.7 | 754.0 | 3.4 | 14 |
| GA | 15 | 294 | 45 | 50 | 80 | 752.1 | 760.4 | 756.2 | 7.1 | 10 |
| 剪枝算法 | 15 | 294 | 45 | | | | | | | |
| KPSO | 30 | 766 | 75 | 30 | 80 | 1 512.4 | 1 522.5 | 1 516.3 | 7.8 | 35 |
| GA | 30 | 766 | 75 | 50 | 70 | 1 512.4 | 1 542.1 | 1 523.8 | 15.7 | 20 |
| 剪枝算法 | 30 | 766 | 75 | | | | | | | |
| KPSO | 50 | 1 370 | 121 | 40 | 120 | 2 176.8 | 2 190.4 | 2 184.2 | 9.4 | 86 |
| GA | 50 | 1 370 | 121 | 100 | 150 | 2 178.3 | 2 203.5 | 2 195.8 | 21.6 | 39 |
| 剪枝算法 | 50 | 1 370 | 121 | — | — | — | — | — | — | |

为了进一步说明 KPSO 的有效性，本书针对 $n=30, S=D=1$ 的问题，随机生成 3PL 供应商的个数 $r=1,5,10,15,20$ 的五个算例，分别利用 KPSO 和 GA 进行求解。图 5-4、图 5-5、图 5-6 分别展示了两种算法在均值、偏差和运行时间三方面的对比情况。

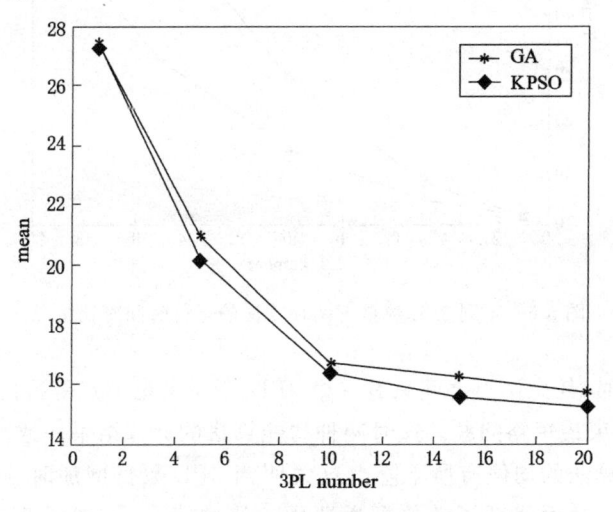

图 5-4　不同 3PL 数量下两种算法的均值对比情况

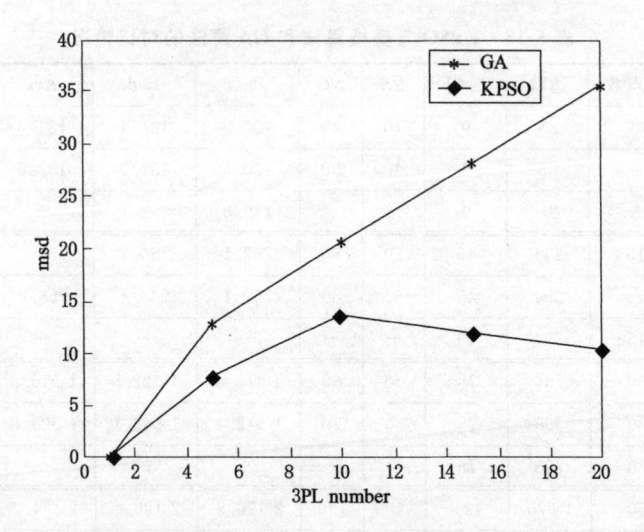

图 5-5　不同 3PL 数量下两种算法的偏差对比情况

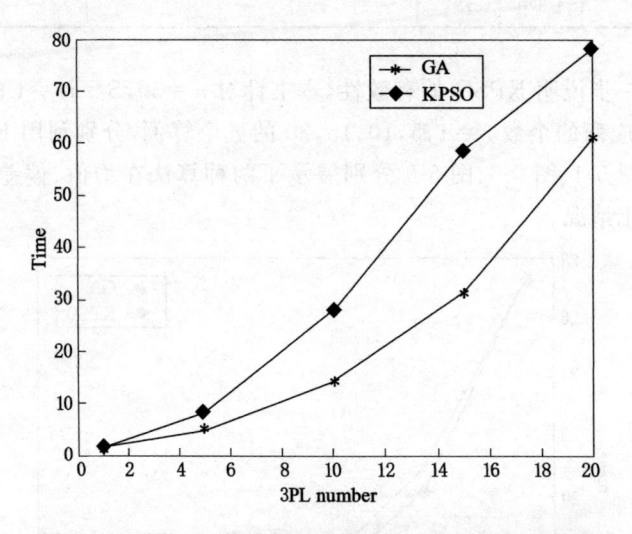

图 5-6　不同 3PL 数量下两种算法的运行时间对比情况

当 $r=1$ 时,任意两点之间只有一个 3PL,于是考虑节点等待的 4PLRP-CD-PM 转化为约束最短路问题。这时两种智能算法的计算结果一致。随着 3PL 数目增多,两种算法的均值有所下降。这说明当 3PL 数目增加时,4PL 供应商的选择空间变大,从而降低了总的配送费用。从均值上看,如图 5-4 所示,KPSO 的下降速度略快于 GA。而 KPSO 的求解偏差(如图 5-5)却明显小于 GA。从图 5-5 还可以看出,当 $r=10,15$ 和 20 时,KPSO 的求解偏差有一定幅度的减

## 第 5 章　时变环境下的 4PLRP-CDPM

少,这是因为随着 3PL 数目的增加,KPSO 算法可选择的 3PL 数目增多,所以最好解的偏差变小。但是 GA 却因 3PL 数目的增加造成求解偏差持续加大。

利用 GA 求解考虑节点等待的 4PLRP-CDPM 时,GA 需要依赖较大的种群规模。随着 3PL 数目的增多,GA 的劣势尤为明显(图 5-5)。但是对于 KPSO 来说,由于它在初始解的生成过程中需要计算 $K$ 短路径,因此它的时间略大于 GA(图 5-6)。

4. 问题分析

为了进一步分析节点等待在 4PL 决策过程中的作用,下面分别从是否考虑等待、存储费用与等待时间之间的关系以及交货期与等待时间的关系三个方面对考虑节点等待的 4PLRP-CDPM 进行分析。

表 5-19 给出了 $n=8,15,30,S=D=1$ 时不考虑节点等待与考虑节点等待下的最优解对比情况。从表 5-19 可以看出,对于 $n=8$ 的问题,不考虑节点等待的最优解为 $Path:[1,3,7,8]$;$PL:[4,2,5]$,总配送费用为 27.2。这时,4PL 分别在三段路径上选用了 3 个不同的 3PL 供应商。当考虑等待时,最优解为 $Path:[1,2,6,8]$;$PL:[4,4,4]$。这时由于在转运节点 2 处等待,使得 4PL 可以在三段路径上选择相同的 3PL 供应商而节省了转运费用,于是总运输费用减少到 20.3。同样,对于 $n=15$ 和 30 的问题,在节点的适当等待也同样降低了总的配送费用。因此,当"转换"可以减少总的配送费用时,虽然 4PL 需要为"转换"支付一定的转换成本,但是 4PL 供应商仍会选择转换 3PL 供应商。

表 5-19　不同节点数下考虑等待前后的最优解对比情况

| $n$ | $T$ | 是否等待 | 等待时间 | 路径 | 3PL 供应商 | 费用/惩罚 | 时间 |
| --- | --- | --- | --- | --- | --- | --- | --- |
| 8 | 9 | 否 | — | 1→3→7→8 | 4,2,5 | 27.2 | 9 |
| 8 | 9 | 是 | [0 2 0 0] | 1→2→6→8 | 4,4,4 | 19.4/20.3 | 8.1 |
| 15 | 45 | 否 | — | 1→3→7→10→13→15 | 1,3,5,5,5 | 219.1/236.6 | 42.5 |
| 15 | 45 | 是 | [0 1 2 1 0] | 1→4→8→14→15 | 2,4,4,4 | 215.3/221.6 | 44.1 |
| 30 | 75 | 否 | — | 1→2→4→7→14→18→22→26→30 | 3,1,3,3,2,2,4 | 407.8/415.5 | 73.9 |
| 30 | 75 | 是 | [0 2 2 0 0 0 0 0] | 1→2→4→7→14→21→22→26→30 | 3,3,2,3,5,5,2,4 | 319.7/360.9 | 74.2 |

为了检验存储费用对结果的影响,假设各节点的存储费用相同并分别取 0,

1,2,3 进行实验。于是得到在不同存储费用下的最优路径(如表 5-20 所示)。从表 5-20 中可以看出,当不考虑存储费用时,决策者在满足交货期的前提下可以"等待"更长的时间来避免运输高峰。反之,决策者则要估计"等待"增加的存储费用。因此,在实际问题中 4PL 决策者应根据转运节点对货物"等待"的收费情况综合决策 3PL 的"等待"时间。

表 5-20 存储费用与等待时间的关系

| 存储费用 | 等待时间 | 路径 | 3PL 供应商 | 费用(惩罚) | 时间 |
| --- | --- | --- | --- | --- | --- |
| 0 | [1 1 0 0] | 1→2→6→8 | 4,4,4 | 15.4 | 8.1 |
| 1 | [2 0 0 0] | 1→2→6→8 | 4,4,4 | 17.1 | 8 |
| 2 | [2 0 1 0] | 1→3→6→8 | 3,3,3 | 25.9 | 10.6 |
| 3 | [1 0 1 0] | 1→3→6→8 | 3,3,3 | 31 | 10.5 |

表 5-21 对交货期与等待时间两者之间的关系进行了分析。从表 5-21 可以看出,当提早到达需要缴纳存储费用时,交货期定为 8 天时 4PL 的配送费用最省。当 4PL 不需要缴纳提前到达的存储费用时,交货期定为 9 天时费用(19.4)最省。而当电力公司要求 4PL 在 7 天内将货物送达时,4PL 则无法完成任务。因此,如果 4PL 可以与电力公司协商交货期,4PL 应将交货期定为 8 天。而当电力公司将交货期设为 7 天时,则不建议 4PL 承担此项工作。

表 5-21 交货期与等待时间的关系

| 交货期 | 等待时间 | 路径 | 3PL 供应商 | 费用/惩罚 | 时间 |
| --- | --- | --- | --- | --- | --- |
| 10 | [1 1 0 0] | 1→2→6→8 | 4,4,4 | 20.4/22.3 | 8.1 |
| 9 | [0 2 0 0] | 1→2→6→8 | 4,4,4 | 19.4/20.3 | 8.1 |
| 8 | [0 1 0 0] | 1→2→6→8 | 1,4,4 | 19.7/20.1 | 7.6 |
| 7 | [0 1 0 0] | 1→2→6→8 | 3,4,4 | 19.7/69.7 | 7.5 |

## 5.3 考虑 3PL 承载能力时变的 4PLRP-CDPM

在时变网络中,除了 3PL 供应商的配送时间具有时变性外,3PL 承载能力的时变性同样是一个普遍存在的问题。当电力公司与多个 3PL 供应商协同配送时,一般希望 3PL 在整个服务期间的承载能力均符合要求。而对 4PL 来说,考虑 3PL 承载能力的时变性则是节省配送成本的有效途径。因此,考虑 3PL 承载能力时变的 4PLRP-CDPM 更具实际意义。然而,考虑 3PL 时变承载能力,不仅会提高求解 4PLRP-CDPM 的计算量,还可能增加 4PL 采集数据的工作量。因此,到目前为止,这一问题在 4PL 路径问题的研究中尚属少见。但在其他领域,有关时变网络运输、设备能力有限性等问题已有研究。例如:Xiao 等[185]针对绿色车辆路线和调度问题,通过考虑异构车辆、时变交通拥堵、客户/车辆时间窗等约束,最大限度地解决了物流系统中的温室气体排放问题。Poonthalir 等[186]研究了车辆路径问题在变速环境下的行为及其对航线成本和油耗的影响。Xu 等[187]在考虑了车辆负荷、通行能力以及时变速度等因素的情况下,研究了带有软时间窗的时变车辆路径问题。Liu 等[188]通过考虑与时间相关的车辆速度、容量、行驶时间等信息对车辆碳排放的影响,研究了时间相关车辆路径问题,并提出了跨时段道路行驶时间的计算方法。在国内,刘长石等[189]针对时变路网条件下的低碳车辆路径问题,设计了交通拥堵规避方法并根据模型特点使用改进蚁群算法求解。李奇等[190]针对危险品运输网络,建立了基于时变收费策略的双层规划模型。李顺勇等[191]针对多通路时变网络下的低碳车辆路径问题,给出了时变网络下路段分时区行驶的时间计算方法,建立了以油耗最低为优化目标的混合整数规划模型。

以上成果为 4PLRP-CDPM 研究打下基础。对于承载能力时变的 4PL 问题,如果允许任务在运输途中"等待",则可能避免使用费用较高的 3PL 供应商。但这一假设也给 4PL 带来了新的挑战:如果允许任务等待,那么等待节点的选取、等待时间的设置以及总运输时间是否会超过客户要求的配送时间等问题便呈现而出。这时即使把等待时间离散化为整数,也将原 4PL 路径问题的 0-1 规划模型[6]转化为非线性模型。

鉴于以上分析,本节针对 3PL 承载能力的时变性,建立了允许货物在中转节点等待并考虑 3PL 供应商停靠与转换成本的 4PLRP-CDPM 数学模型。考虑到该问题需要同时选择路径、3PL 供应商及等待时间,本书结合蚁群算法搜索路径和人工蜂群算法局部寻优的优势设计了蚁群-蜂群混合算法(简称 ACO-ABC)。算法分析中,通过对算例的测试和与启发式、其他智能算法的对比,充分说明针对 3PL 供应商设计的蜂群算法在多重边选择上更具优势。问题分析中,通过对 3PL 供应商等待时间、承载能力被占用率及存储费用等方面的对比实验,显示了本节提出的模型不仅更贴近 3PL 供应商可能同时承载多种任务的实际情形,还可为电力公司节省更多的配送费用。

### 5.3.1 问题描述

假设某 4PL 供应商承揽了多项由电力公司委托的配送任务。每项配送任务均有一定的交货期。配送网络由 $v_1 \sim v_n$ 节点组成,且网络中的节点均可以被视为区域库、需求节点、中转或临时停靠站点。$r$ 为 3PL 供应商的数目,3PL 的承载能力具有时变性,配送时 4PL 可以根据 3PL 供应商在不同时段的实际承载能力分配任务。每个 3PL 供应商在运输和经过中转节点时需要一定的费用和时间。并且规定,如果在配送途中更换 3PL 供应商,4PL 还需支付转换 3PL 的费用和时间。为避免费用高峰时段运输,4PL 还可以在中转节点停留,即在保障停留和配送时间之和不超过交货期的情况下使总费用最小。

基于上面描述,建立考虑 3PL 承载能力时变的 4PLRP-CDPM 数学模型需要的参数及变量如下:

$r$:配送网络中 3PL 承运商的个数;

$D_{ij}$:$i$ 与 $j$ 之间的距离;

$T^{sd}$:由区域库 $s$ 到需求节点 $d$ 配送物资时电力公司要求的运输完成时间;

$T_i$:在中转站节点 $i$ 的停靠时间;

$T'_i$:在节点 $i$ 更换 3PL 供应商时产生的转换时间;

$T_{ijk}$:3PL 供应商 $k$ 将物资由节点 $i$ 配送到节点 $j$ 的时间;

$b_i$:在时间 $t$ 节点 $i$ 对物资的需求量,

$$b_i = \begin{cases} -1, & \text{在时间 } t \text{ 节点 } i \text{ 是物资的始发节点} \\ 1, & \text{节点 } i \text{ 是物资的需求节点} \\ 0, & \text{否则} \end{cases}$$

$TV$:时间段的个数;

$VTime$:每个时间段的时间间隔;

$PO_{ijk}$:3PL 供应商 $k$ 的初始承载能力;

$PL_{ijk}(q)$:3PL 供应商 $k$ 在第 $q$ 个时间段将物资由节点 $i$ 配送到节点 $j$ 的能力,$q=1,2,\cdots,TV$;

$P_{ijk}(t)$:3PL 供应商 $k$ 在时间 $t$ 将物资由节点 $i$ 配送到节点 $j$ 的能力;

$P_i$:中转节点 $i$ 对物资的吞吐能力;

$P$:4PL 需要配送的物资量;

$C_{ijk}$:3PL 供应商 $k$ 从节点 $i$ 到节点 $j$ 配送单位物资量时的费用报价;

$C_i$:单位物资停靠在中转节点 $i$ 时的费用报价;

$C'_i$:3PL 供应商在节点 $i$ 更换 3PL 供应商时单位物资的转换费用;

$C''_i$:3PL 供应商在节点 $i$ 等待后续 3PL 供应商时单位物资的存储费用;

$WTime^{sd}$:由区域库 $s$ 到需求节点 $d$ 配送物资时在所有节点的等待时间之和,即最大等待时间。

决策变量为:

$x_{ijk}^{sd}(t)$：当物资由区域库 $s$ 到需求节点 $d$ 配送时，供应商 $k$ 是否在时间 $t$ 承担节点 $i$ 到节点 $j$ 的配送任务，即

$$x_{ijk}^{sd}(t)=\begin{cases}1, & \text{供应商 } k \text{ 在时间 } t \text{ 负责节点 } i \text{ 到 } j \text{ 的运输任务}\\ 0, & \text{否则}\end{cases}$$

$y_i^{sd}(t)$：节点 $i$ 是否在时间 $t$ 承担由区域库 $s$ 到需求节点 $d$ 的配送任务，即

$$y_i^{sd}(t)=\begin{cases}1, & \text{节点 } i \text{ 在时间 } t \text{ 承担运输任务}\\ 0, & \text{否则}\end{cases}$$

$z_i^{sd}(t)$：由区域库 $s$ 到需求节点 $d$ 配送物资且途经节点 $i$ 时，是否在时间 $t$ 在节点 $i$ 更换 3PL 供应商。即

$$z_i^{sd}(t)=\begin{cases}1, & y_i^{sd}(t)=1 \text{ 且在节点 } i \text{ 更换 3PL 供应商}\\ 0, & \text{否则}\end{cases}$$

$\omega_i^{sd}$：由区域库 $s$ 到需求节点 $d$ 配送物资时在中转节点 $i$ 停留或提前到达需求节点的时间。即

$$\omega_i^{sd}=\begin{cases}\text{由区域库 } s \text{ 到需求节点 } d \text{ 配送物资时 3PL 在节点 } i \text{ 的停留时间}, & i=1,2,\cdots\\ \text{由区域库 } s \text{ 到需求节点 } d \text{ 配送物资时 3PL 提前到达终点的时间}, & i=n-d+1\end{cases}$$

其中，$s\in\{1,\cdots,S\}, d\in\{1,\cdots,D\}, i,j\in\{1,\cdots,n\}, k\in\{1,\cdots,r\}$，$S$ 表示区域库的个数，$D$ 表示需求节点的个数。

### 5.3.2 跨时段时变承载能力处理

3PL 供应商的承载能力具有时变性。当某 3PL 被选中时，必须保证在使用过程中它的承载能力均符合要求。如果 3PL 供应商 $k$ 在时间 $t$ 承担由节点 $i$ 到节点 $j$ 的配送任务 $(i,j=1,2,\cdots,n, k=1,2,\cdots,r)$，那么在 $\left[\lfloor\frac{t}{VTime}\rfloor+1, \lfloor\frac{(t+T_{ijk})}{VTime}\rfloor+1\right]$ 时间内，供应商 $k$ 的承载能力不能小于 4PL 的需求量（其中 $\lfloor\cdot\rfloor$ 表示向下取整）。令

$$k=\lfloor\frac{(t+T_{ijk})}{VTime}\rfloor-\lfloor\frac{t}{VTime}\rfloor \quad (K=0,\cdots,TV-1)$$

表示从节点 $i$ 出发到达节点 $j$ 时相差的时间段个数。当 $k=0$ 时，表示供应商 $k$ 在同一时间段到达节点 $j$，这时 $P_{ijk}(t)=PL_{ijk}(\lfloor\frac{t}{VTime}\rfloor+1)$；当 $k\geqslant 1$ 时，表示到达节点 $j$ 的时间与从节点 $i$ 出发的时间相差了 $k$ 个时间段。这时

$$P_{ijk}(t)=\min\left\{PL_{ijk}(\lfloor\frac{t}{WTime}\rfloor+1), PL_{ijk}(\lfloor\frac{t}{VTime}\rfloor+2),\cdots,PL_{ijk}(\lfloor\frac{(t+T_{ijk})}{VTime}\rfloor+1)\right\}$$

### 5.3.3 数学模型

根据以上内容,建立的模型如下:

$$Z = \min \sum_{s=1}^{S} \sum_{d=1}^{D} \left( \sum_{i=1}^{n} \sum_{j=1}^{n} \sum_{k=1}^{r} C_{ijk} \cdot P \cdot x_{ijk}^{sd}(t) + \sum_{i=1}^{n} C_i \cdot P \cdot y_i^{sd}(t) + \right.$$

$$\left. \sum_{i=1}^{n} C'_i \cdot P \cdot z_i^{sd}(t) + \sum_{i=1}^{n} C''_i \cdot P \cdot \omega_i \right) \quad (5-35)$$

s.t. 
$$TT^{sd} = \sum_{i=1}^{n} \sum_{j=1}^{n} \sum_{k=1}^{r} T_{ijk} \cdot x_{ijk}^{sd}(t) + \sum_{i=1}^{n} T_i \cdot y_i^{sd}(t) +$$

$$\sum_{i=1}^{n} T'_i \cdot z_i^{sd}(t) + \sum_{i=1}^{n} \omega_i^{sd} \leqslant T^{sd} \quad (5-36)$$

$$P \cdot x_{ijk}^{sd}(t) \leqslant P_{ijk}(t + \omega_i), i, j \in \{1, 2, \cdots, n\}, k \in \{1, 2, \cdots, r\} \quad (5-37)$$

$$P \cdot y_i^{sd}(t) \leqslant P_i, i \in \{1, 2, \cdots, n\} \quad (5-38)$$

$$\sum_{i=1}^{n-1} w_i^{sd} \leqslant WTime^{sd} \quad (5-39)$$

$$\sum_{i=1}^{n} \sum_{k=1}^{r} x_{ijk}^{sd}(t) - \sum_{i=1}^{n} \sum_{k=1}^{r} x_{jik}^{sd}(t') = b_j(t'), t' = t + T_i + T'_i \cdot Z_i^{sd}(t) + w_i$$

$$(5-40)$$

$$\sum_{i=1}^{n} \sum_{k=1}^{r} x_{ijk}^{sd}(t) = y_j^{sd}(t + T_{ijk}(t) + \omega_i), j \in \{2, \cdots, n\} \quad (5-41)$$

$$\sum_{j=1}^{n} \sum_{k=1}^{r} x_{ijk}^{sd}(t + T_i + T'_i \cdot z_i^{sd}(t) + \omega_i) = y_i^{sd}(t), i \in \{1, 2, \cdots, n-1\}$$

$$(5-42)$$

$$z_i^{sd}(t) \leqslant y_i^{sd}(t), i \in \{1, 2, \cdots, n\} \quad (5-43)$$

$$y_s^{sd}(t) = 1 \quad (5-44)$$

$$y_{n-d+1}^{sd}(t) = 1 \quad (5-45)$$

$$x_{ijk}^{sd}(t), y_i^{sd}(t), z_i^{sd}(t) = 0 \text{ 或 } 1, i, j \in \{1, 2, \cdots, n\}, k \in \{1, 2, \cdots, r\}$$

$$(5-46)$$

$$w_i^{sd} \in Z, i \in \{1, 2, \cdots, n\} \quad (5-47)$$

上述模型中,$s \in \{1, \cdots, S\}, d \in \{1, \cdots, D\}$。式(5-35)为目标函数,表示 3PL 供应商在配送途中、转运节点停靠、转换和等待的总费用;式(5-36)表示运输总时间 $TT^{sd}$ 不大于客户要求的时间 $T^{sd}$;式(5-37)表示在时间 $t$ 到达 $i$ 点等待时间 $\omega_i^{sd}$ 后,3PL 供应商 $k$ 由节点 $i$ 配送物资到节点 $j$ 的能力不应小于 4PL 需要配送的物资量 $P$;式(5-38)表示节点 $i$ 承载物资的能力不应小于 $P$;式(5-39)表

# 第5章 时变环境下的 4PLRP-CDPM

示各节点的等待时间之和不应大于总的等待时间;式(5-40)表示网络流流量平衡;式(5-41)、式(5-42)表示选择的节点可以构成从区域库到需求节点的通路;式(5-43)表示如果在节点 $i$ 转换 3PL 供应商则一定在该点中转;式(5-44)、式(5-45)分别表示路径的起始和终止节点;式(5-46)表示决策变量 $x_{ijk}^{sd}(t)$, $y_i^{sd}(t)$ 和 $z_i^{sd}(t)$ 的取值为 0 或 1;式(5-47)表示决策变量 $\omega_i^{sd}$ 在各节点的等待时间为整数。

## 5.3.4 算法设计

蚁群算法(ACO)是处理路径问题的有效方法。但是当需要同时考虑路径、3PL 及等待时间时,算法容易陷入局优。人工蜂群算法是 Karaboga 于 2005 年提出的一种智能优化算法[178]。它的主要原理是通过引领蜂、跟随蜂和侦察蜂三种算子的配合与角色转换来搜索最优蜜源[178-180]。本书基于 ACO 算法搜索路径、ABC 算法搜索优势路段 3PL 的思想提出了 ACO-ABC 算法,研究思路如图 5-7 所示。

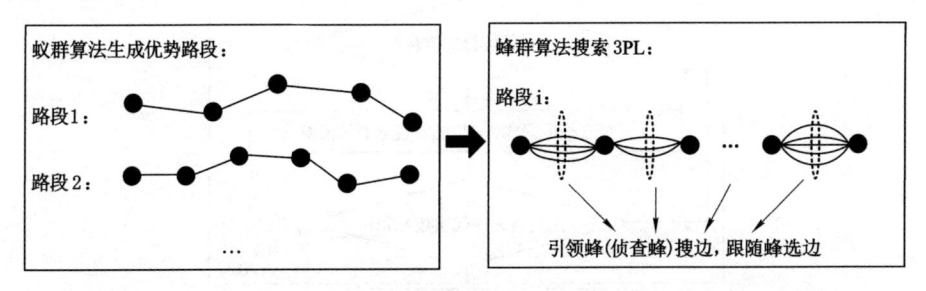

图 5-7 ACO-ABC 算法总体思想

ACO-ABC 的算法流程图如图 5-8 所示。

1. 蚁群算法

(1) 编码机制

在 ACO-ABC(ACO)中,每个解由路径($Path^{sd}$)、3PL 供应商($PL^{sd}$)和节点等待时间($wn^{sd}$)三部分构成。$Path^{sd} = \{v_o^{sd} | o=1,2,\cdots,n\}$ 表示节点集合,$v_o^{sd}$ 表示 4PL 由区域库 $s$ 到需求节点 $d$ 配送物资时途经的第 $o$ 个节点。$PL^{sd} = \{e_{v_o^{sd} v_{o+1}^{sd}}^k(t) | o=1,2,\cdots,n-1, k=1,2,\cdots,r\}$ 表示 3PL 供应商集合,$e_{v_o^{sd} v_{o+1}^{sd}}^k(t)$ 表示 $t$ 时雇佣 3PL 供应商 $k$ 负责 $v_o^{sd}$ 到 $v_{o+1}^{sd}$ 的任务。$wn^{sd} = \{w_o^{sd} | o=1,2,\cdots,m\}$ 表示由区域库 $s$ 到需求节点 $d$ 配送物资时在各节点的等待时间,$w_o^{sd}$ 表示在第 $o$ 个节点的等待时间。

上述编码方式构成了算法的个体。当个体生成后,计算个体在各节点的离开时间、总配送时间和目标函数,具体方法如下。

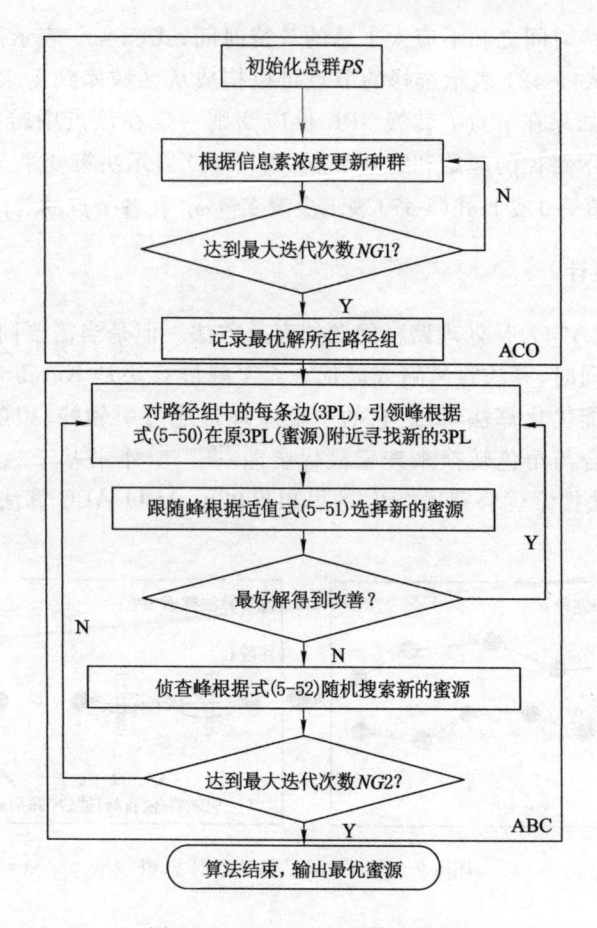

图 5-8　ACO-ABC 总体流程图

**(2) 目标函数**

为同时考虑目标函数式(5-35)和时间约束式(5-36),本书将时间约束作为罚函数加入目标函数中,其形式为:

$$f = Z + \alpha \cdot \sum_{s=0}^{S} \sum_{d=0}^{D} (\max(0, TT^{sd} - T^{sd})) \tag{5-48}$$

其中,$\alpha(\alpha \geqslant 1)$为惩罚系数,它的取值由具体问题而定。

**(3) 转移策略**

设循环代数为 $NG1$,$\tau_{ijk}(Ng,t)$ 表示第 $Ng(Ng=1,\cdots,NG1)$ 代个体在 $t$ 时刻由供应商 $k$ 将物资从节点 $i$ 配送至节点 $j$ 的信息素启发信息,即

$$\tau_{ijk}(1,t) = \begin{cases} 0.1, & x_{ijk}(t)=1 \\ 0, & \text{其他} \end{cases}$$

令

$$\Delta\tau_{ijk}^m(Ng,t) = \begin{cases} Q/\text{目标函数}, & x_{ijk}^{sd}(t)=1 \\ 0, & \text{其他} \end{cases}$$

$$\Delta\tau_{ijk}(Ng,t) = \sum_{m=1}^{PS}\Delta\tau_{ijk}^m(Ng,t)$$

得到 $\tau_{ijk}(Ng+1,t) = \rho \cdot \tau_{ijk}(Ng,t) + \Delta\tau_{ijk}(Ng,t)$（$\rho$ 为信息素挥发系数，$Q$ 为常量）。$\eta_{ijk}(t)$ 表示 $t$ 时刻供应商 $k$ 将物资从节点 $i$ 配送至节点 $j$ 的路径启发信息，即 $\eta_{ijk}(t) = 10/(C_{ijk} \cdot T_{ijk}(t))$。

于是第 $Ng$ 代个体在时刻 $t$ 由供应商 $k$ 将物资从节点 $i$ 配送至节点 $j$ 时的状态转移方程为：

$$P_{ijk}(Ng,t) = \frac{[\tau_{ijk}(Ng,t)]^{r_1} \cdot [\eta_{ijk}(t)]^{r_2}}{\sum_{j=1}^{n}\sum_{k=1}^{r}[\tau_{ijk}(Ng,t)]^{r_1} \cdot [\eta_{ijk}(t)]^{r_2}} \tag{5-49}$$

其中，$i,j = 1,2,\cdots,n$，$k = 1,2,\cdots,r$，$r_1$ 表示信息素浓度系数，$r_2$ 表示路径相对重要程度系数。

（4）可行解的构造

假设初始种群由 $PS$ 只蚂蚁组成。每只蚂蚁代表一组由区域库到需求节点的路径。对于第 $k(k=1,2,\cdots,PS)$ 只蚂蚁由区域库 $s$ 到需求节点 $d$ 配送物资时的路径构造方法如下：

Step 1：令初始发车时间为 $n^{sd}(i).t$，$i:=1$。

Step 2：计算 3PL 供应商在节点 $i$ 的处理完成时间（包括停靠，但不包含转换）。判断该点是否为终点？是，转 Step 6；否则转 Step 3。

Step 3：是否在节点 $i$ 等待？是，$n^{sd}(i).t = n^{sd}(i).t + w_i^{sd}$；否则转 Step 4。

Step 4：是否存在与节点 $i$ 相邻且未选过的节点？是，转 Step 5；否则路径不合法，转 Step 1。

Step 5：按状态转移概率选择 $t$ 时刻与节点 $i$ 相邻且未被选过的节点（设为 $j$）及 3PL 供应商。如果 $i$ 为首节点或是在该点选择了与之前相同的 3PL，则 $i:=j$ 转 step 2。否则，在原费用和时间基础上加转换费用和时间，$i:=j$ 并转 Step 2。

Step 6：第 $k$ 只蚂蚁构造完成。

2. 人工蜂群算法

当 ACO 算法生成的节点集中在某条或某几条路径时，利用 ABC 算法中的引领蜂、观察蜂（跟随蜂）和侦察蜂三个算子继续对路径的 3PL 进行局部寻优可以突破原来的局优。典型 ABC 算法采用的是实数编码，而考虑承载能力时变的

4PLRP-CDPM 是整数编码。因此需要对算法的更新公式做出调整：

假设引领蜂与观察蜂的个数都是 PS，ACO 算法生成的最优路径集合为 $G$，且路径 $g(g=1,2,\cdots,G)$ 上相邻两点之间有若干条待选边（3PL）。第 $k(k=1,2,\cdots,PS)$ 只引领蜂利用公式（5-50）寻找食物源并将食物源的位置信息反馈给跟随蜂。跟随蜂通过分析食物源的质量（适值）选择 3PL。

$$v_{g,i,j}^{k,Ng+1} = \lceil \eta \cdot v_{g,i,j}^{k,Ng} + \gamma_{i,j} \mid v_{g,i,j}^{k,Ng} - u_{g',i,j}^{k,Ng} \mid \rceil \tag{5-50}$$

其中，$\lceil \cdot \rceil$ 表示向上取整，$k=1,2,\cdots,PS$，$g=1,2,\cdots,G$。$v_{g,i,j}^{Ng}$ 指第 $Ng(Ng=1,2,\cdots,NG2)$ 次迭代时在路径 $g$ 上的节点 $i$ 与节点 $j$ 之间选择边。$\eta$ 是系数，$\gamma_{i,j}$ 是随机参数，$u_{g',i,j}^{k,Ng}$ 表示随机选择的不同于 $v_{g,i,j}^{k,Ng}$ 的路径 $g'$ 上相对位置的边。

观察蜂选定引领蜂的适值函数为：

$$fit_k = \frac{f_k}{\sum_{k=1}^{PS} f_k} \tag{5-51}$$

其中，$f_k$ 表示 $k$ 个引领蜂（解）的适值，可由式（5-48）获得，表示蜜源的丰富程度。$fit_k$ 表示第 $k$ 个引领蜂（解）的收益率，它的值越小，引领蜂（解）被选择的概率越大。

当迭代若干代后，如果路径上的 3PL 不再变化且没有达到最大迭代次数，跟随蜂转化为侦察蜂，并由公式（5-52）在邻域寻找新的食物源代替原食物源。

$$v_{g,i,j}^k = \mid rand(0,1) * r_{i,j} + times * [-1 or 1] + 1 \mid \% r_{i,j} \tag{5-52}$$

其中，$rand(0,1)$ 为 0~1 之间的随机整数，%表示取余，$r_{i,j}$ 表示节点 $i$ 与节点 $j$ 之间 3PL 的个数，$times \in Z$，初值为 0，表示取值次数。

### 5.3.5 实验仿真

1. 实例描述

为更加直观展示考虑承载能力时变的 4PLRP-CDPM，假设某 4PL 供应商拟承揽三项由电力公司委托的配送任务。配送网络如图 3-1 所示。在这一配送网络中，有 5 个与 4PL 供应商有着长期合作的 3PL 供应商和 8 个可能途径的节点。这组配送工作包含三项任务，分别是由区域库 1 到需求节点 8，区域库 2 到需求节点 8 和区域库 2 到需求节点 7。其中，将 5 个 3PL 供应商按照 1~5 的顺序编号，如果两个城市间存在该 3PL 供应商的配送线路，则用一条弧把它们连接起来。5 个 3PL 供应商在各段路径上的配送报价及初始承载能力如表 3-13 所示，节点的转运报价及承载能力如表 3-14 所示。由于 3PL 可能承载其他任务，因此 3PL 的承载能力是时变的。3PL 供应商各时段、各路段的承载能力计算方法如下：

假设第 $q(q=1,2,\cdots,TV)$ 个时间段 3PL 供应商 $k(k=1,2,\cdots,r)$ 从节点 $i$ $(i=1,2,\cdots,n-1)$ 到节点 $j(j=2,\cdots,n)$ 已使用的承载能力为 $PU_{ijk}(q)$，于是可提供给 4PL 供应商的承载能力为 $PL_{ijk}(q)=PO_{ijk}-PU_{ijk}(q)$。假设 $RAN$ 表示承载能力被占用的比例。为体现承担任务的多样性，当生成的随机数 $rand1 <$ $RAN$ 时，设 3PL 供应商可能被占用了 $1\sim PO_{ijk}$ 个单位的承载能力。计算方法如下：

$\forall i,j \in \{1,2,\cdots,n\}, k \in \{1,2,\cdots,r\}$
for $q=1:TV$
    产生 $0\sim 1$ 的随机数 $rand1$；
    if $rand1 > RAN$
        $PU_{ijk}(q)=0$；$PL_{ijk}(q)=PO_{ijk}$；
    else
        产生 $1\sim PO_{ijk}$ 的随机数 $rand2$；
        $PU_{ijk}(q)=rand2$；$PL_{ijk}(q)=PO_{ijk}-PU_{ijk}(q)$；
    end if
end for

2. 参数分析

以实例一为例，假设 $TV=20, WTime=5, VTime=2, \alpha=10$，交货期($T$)为 29 天，能力要求($P$)为 3，分析 ACO－ABC 主要参数对其行为的影响。这些参数分别是 $PS, NG1, NG2, Q, \rho, \gamma_1, \gamma_2, \eta$。在每组设定的参数下运行算法 50 次，记录 50 次中找到的最好解(Best)、最差解(Bad)、均值(Avg)以及标准偏差(msd)对结果进行评价。表 5-22～表 5-29 展示对实例一参数的具体分析过程。

(1) 参数 $PS$ 对 ACO-ABC 的影响

表 5-22 参数 $PS$ 对 ACO-ABC 的影响

| PS | NG1 | NG2 | Q | $\rho$ | $r_1$ | $r_2$ | $\eta$ | Best | Bad | Avg | msd | Time |
|---|---|---|---|---|---|---|---|---|---|---|---|---|
| 5 | 10 | 20 | 10 | 0.5 | 2 | 2 | 0.5 | 109.1 | 111.8 | 109.9 | 1.1 | 14 |
| 10 | 10 | 20 | 10 | 0.5 | 2 | 2 | 0.5 | 109.1 | 109.1 | 109.1 | 0 | 15 |
| 15 | 10 | 20 | 10 | 0.5 | 2 | 2 | 0.5 | 109.1 | 109.1 | 109.1 | 0 | 15 |
| 20 | 10 | 20 | 10 | 0.5 | 2 | 2 | 0.5 | 109.1 | 109.1 | 109.1 | 0 | 16 |

从表 5-22 可以看出，当种群规模 $PS=5$ 时，算法存在偏差。随着种群规模的增大，算法的偏差减小。当 $PS=10$ 时算法的偏差为 0，这时再增加种群规模算法的偏差不变，因此 $PS=10$ 是种群规模的最佳设置。

(2) 参数 $NG1$ 对 ACO-ABC 的影响

表 5-23 参数 $NG1$ 对 ACO-ABC 的影响

| PS | NG1 | NG2 | Q | $\rho$ | $r_1$ | $r_2$ | $\eta$ | Best | Bad | Avg | msd | Time |
|---|---|---|---|---|---|---|---|---|---|---|---|---|
| 10 | 5 | 20 | 10 | 0.5 | 2 | 2 | 0.5 | 109.1 | 111.0 | 109.5 | 0.7 | 15 |
| 10 | 10 | 20 | 10 | 0.5 | 2 | 2 | 0.5 | 109.1 | 109.1 | 109.1 | 0 | 15 |
| 10 | 15 | 20 | 10 | 0.5 | 2 | 2 | 0.5 | 109.1 | 109.1 | 109.1 | 0 | 15 |
| 10 | 20 | 20 | 10 | 0.5 | 2 | 2 | 0.5 | 109.1 | 109.1 | 109.1 | 0 | 15 |

ACO-ABC 算法针对 ACO 和 ABC 进行了两阶段的迭代,分别对应 $NG1$ 和 $NG2$ 次。从表 5-23 可以看出,对于 ACO 的迭代次数 $NG1$,当 $NG1=5$ 时,算法的偏差为 0.7,当 $NG1=10$ 时,算法的偏差为 0,由此得到参数 $NG1$ 的一个最佳设置。

(3) 参数 $NG2$ 对 ACO-ABC 的影响

表 5-24 参数 $NG2$ 对 ACO-ABC 的影响

| PS | NG1 | NG2 | Q | $\rho$ | $r_1$ | $r_2$ | $\eta$ | Best | Bad | Avg | msd | Time |
|---|---|---|---|---|---|---|---|---|---|---|---|---|
| 10 | 10 | 0 | 10 | 0.5 | 2 | 2 | 0.5 | 109.1 | 117.5 | 113.6 | 3.1 | 14 |
| 10 | 10 | 5 | 10 | 0.5 | 2 | 2 | 0.5 | 109.1 | 111.8 | 109.9 | 1.0 | 15 |
| 10 | 10 | 10 | 10 | 0.5 | 2 | 2 | 0.5 | 109.1 | 111.2 | 109.5 | 0.7 | 15 |
| 10 | 10 | 15 | 10 | 0.5 | 2 | 2 | 0.5 | 109.1 | 110.3 | 109.2 | 0.3 | 15 |
| 10 | 10 | 20 | 10 | 0.5 | 2 | 2 | 0.5 | 109.1 | 109.1 | 109.1 | 0 | 15 |
| 10 | 10 | 25 | 10 | 0.5 | 2 | 2 | 0.5 | 109.1 | 109.1 | 109.1 | 0 | 16 |

从表 5-24 可以看出,当 $NG2=0$ 即不使用 ABC 算法时,算法的最坏解、均值和偏差均差于 ABC 算法发生作用时的情形;当 $NG2=5$ 时,算法的最差解、均值和偏差明显优于 $NG2=0$ 时的结果。当 $NG2=10$ 时,偏差继续减小;继续增加 ABC 算法的迭代次数,当 $NG2=20$ 时偏差为 0。因此 $NG2=20$ 是 ABC 算法迭代次数的一个最佳设置。从表 5-23 和表 5-24 还可以看出,迭代次数 $NG1$ 和 $NG2$ 协同发挥的作用。

(4) 参数 $Q$ 对 ACO-ABC 的影响

## 第 5 章 时变环境下的 4PLRP-CDPM

**表 5-25 参数 $Q$ 对 ACO-ABC 的影响**

| PS | NG1 | NG2 | $Q$ | $\rho$ | $r_1$ | $r_2$ | $\eta$ | Best | Bad | Avg | msd | Time |
|---|---|---|---|---|---|---|---|---|---|---|---|---|
| 10 | 10 | 20 | 5 | 0.5 | 2 | 2 | 0.5 | 109.1 | 111.4 | 109.8 | 0.7 | 15 |
| 10 | 10 | 20 | 10 | 0.5 | 2 | 2 | 0.5 | 109.1 | 109.1 | 109.1 | 0 | 15 |
| 10 | 10 | 20 | 15 | 0.5 | 2 | 2 | 0.5 | 109.1 | 110.4 | 109.6 | 0.5 | 15 |
| 10 | 10 | 20 | 20 | 0.5 | 2 | 2 | 0.5 | 109.1 | 110.8 | 109.9 | 0.9 | 15 |

参数 $Q$ 的大小影响着算法信息素更新速度的快慢。如果太小,则会使信息素更新过慢,影响解的收敛速度;如果太大,则会使信息素更新过快造成过早收敛。从表 5-25 可以看出,当 $Q=10$ 时算法的偏差为 0,此为参数 $Q$ 对算法 ACO 的一个最佳设置。

(5) 参数 $\rho$ 对 ACO-ABC 的影响

**表 5-26 参数 $\rho$ 对 ACO-ABC 的影响**

| PS | NG1 | NG2 | $Q$ | $\rho$ | $r_1$ | $r_2$ | $\eta$ | Best | Bad | Avg | msd | Time |
|---|---|---|---|---|---|---|---|---|---|---|---|---|
| 10 | 10 | 20 | 10 | 0.3 | 2 | 2 | 0.3 | 109.1 | 111.4 | 110.0 | 0.8 | 15 |
| 10 | 10 | 20 | 10 | 0.4 | 2 | 2 | 0.4 | 109.1 | 109.7 | 109.3 | 0.3 | 15 |
| 10 | 10 | 20 | 10 | 0.5 | 2 | 2 | 0.5 | 109.1 | 109.1 | 109.1 | 0 | 15 |
| 10 | 10 | 20 | 10 | 0.6 | 2 | 2 | 0.6 | 109.1 | 109.7 | 109.2 | 0.2 | 15 |
| 10 | 10 | 20 | 10 | 0.7 | 2 | 2 | 0.7 | 109.1 | 110.3 | 109.4 | 0.4 | 15 |

参数 $\rho$ 的大小决定信息素挥发的速度。$\rho$ 越小表示路径上的信息素挥发越快,在同样迭代次数下无法收敛;$\rho$ 越大则表示路径上的信息素挥发越慢,个体对上一代解的质量依赖较大且容易收敛。合理的参数设置才能使算法的收敛速度得当。从表 5-26 可以看出当 $\rho=0.5$ 时,算法的偏差为 0,由此得到参数 $\rho$ 的一个最佳设置。

(6) 参数 $\gamma_1$ 对 ACO-ABC 的影响

**表 5-27 参数 $\gamma_1$ 对 ACO-ABC 的影响**

| PS | NG1 | NG2 | $Q$ | $\rho$ | $r_1$ | $r_2$ | $\eta$ | Best | Bad | Avg | msd | Time |
|---|---|---|---|---|---|---|---|---|---|---|---|---|
| 10 | 10 | 20 | 10 | 0.5 | 1 | 2 | 0.5 | 109.1 | 110.0 | 109.3 | 0.3 | 15 |
| 10 | 10 | 20 | 10 | 0.5 | 2 | 2 | 0.5 | 109.1 | 109.1 | 109.1 | 0 | 15 |
| 10 | 10 | 20 | 10 | 0.5 | 3 | 2 | 0.5 | 109.1 | 109.7 | 109.2 | 0.1 | 15 |
| 10 | 10 | 20 | 10 | 0.5 | 4 | 2 | 0.5 | 109.1 | 109.7 | 109.3 | 0.2 | 15 |

信息素浓度系数 $\gamma_1$ 对算法的影响如表 5-27 所示,当 $\gamma_1=2$ 时算法的偏差为 0,此时即为 $\gamma_1$ 的一个最佳设置。

(7) 参数 $\gamma_2$ 对 ACO-ABC 的影响

表 5-28　参数 $\gamma_2$ 对 ACO-ABC 的影响

| PS | NG1 | NG2 | Q | $\rho$ | $\gamma_1$ | $\gamma_2$ | $\eta$ | Best | Bad | Avg | msd | Time |
|---|---|---|---|---|---|---|---|---|---|---|---|---|
| 10 | 10 | 20 | 10 | 0.5 | 2 | 1 | 0.5 | 109.1 | 110.0 | 109.3 | 0.3 | 15 |
| 10 | 10 | 20 | 10 | 0.5 | 2 | 2 | 0.5 | 109.1 | 109.1 | 109.1 | 0 | 15 |
| 10 | 10 | 20 | 10 | 0.5 | 2 | 3 | 0.5 | 109.1 | 109.3 | 109.2 | 0.1 | 15 |
| 10 | 10 | 20 | 10 | 0.5 | 2 | 4 | 0.5 | 109.1 | 109.7 | 109.3 | 0.2 | 15 |

路径相对重要程度系数 $\gamma_2$ 对算法的影响如表 5-28 所示,当 $\gamma_2=2$ 时算法的偏差为 0,此时即为 $\gamma_2$ 的一个最佳设置。

(8) 参数 $\eta$ 对 ACO-ABC 的影响

表 5-29　参数 $\eta$ 对 ACO-ABC 的影响

| PS | NG1 | NG2 | Q | $\rho$ | $r_1$ | $r_2$ | $\eta$ | Best | Bad | Avg | msd | Time |
|---|---|---|---|---|---|---|---|---|---|---|---|---|
| 10 | 10 | 20 | 10 | 0.5 | 2 | 2 | 0.3 | 109.1 | 110.9 | 109.6 | 0.7 | 15 |
| 10 | 10 | 20 | 10 | 0.5 | 2 | 2 | 0.4 | 109.1 | 109.7 | 109.2 | 0.2 | 15 |
| 10 | 10 | 20 | 10 | 0.5 | 2 | 2 | 0.5 | 109.1 | 109.1 | 109.1 | 0 | 15 |
| 10 | 10 | 20 | 10 | 0.5 | 2 | 2 | 0.6 | 109.1 | 109.7 | 109.2 | 0.2 | 15 |
| 10 | 10 | 20 | 10 | 0.5 | 2 | 2 | 0.7 | 109.1 | 110.3 | 109.5 | 0.5 | 15 |

表 5-29 展示了系数 $\eta$ 对结果的影响。参数 $\eta$ 的大小决定了上一代解对引领蜂的影响程度。当 $\eta=0.5$ 时,算法偏差为 0,由此得到参数 $\eta$ 的一个最佳设置。

由上面的分析可知当 $n=8$ 时,ACO-ABC 的参数设置如下:
$PS=10, NG1=10, NG2=20, Q=10, \rho=0.5, \gamma_1=2, \gamma_2=2, \eta=2$

同理,利用本节的方法对实例二中的算例进行参数设置,得到的结果如表 5-30 所示。

表 5-30　ACO-ABC 对实例二的参数设置情况

| $n$ | PS | NG1 | NG2 | Q | $\rho$ | $r_1$ | $r_2$ | $\eta$ |
|---|---|---|---|---|---|---|---|---|
| 15 | 20 | 20 | 40 | 10 | 0.5 | 2 | 2 | 0.5 |

## 第 5 章　时变环境下的 4PLRP-CDPM

表 5-30（续）

| $n$ | $PS$ | $NG1$ | $NG2$ | $Q$ | $\rho$ | $r_1$ | $r_2$ | $\eta$ |
|---|---|---|---|---|---|---|---|---|
| 30 | 30 | 30 | 60 | 10 | 0.5 | 2 | 2 | 0.5 |
| 50 | 40 | 40 | 80 | 10 | 0.5 | 2 | 2 | 0.5 |

**3. 算法分析**

对于实例一，假设交货期（$T$）为 29 天，能力要求（$P$）为 3，得到最好解为：
Path：[1,2,6,8]，PL：[1,4,4]，wn：[1,4,0]；
Path：[2,6,8]，PL：[4,4]，wn：[0,2]；
Path：[2,6,7]，PL：[4,4]，wn：[2,0]。

这意味着 4PL 接受任务后，对于从节点 1 到节点 8 的任务，首先选择在起始节点 1 停留一天，然后选择 3PL 供应商 1 将物资由节点 1 配送至节点 2。等待 4 天后改由 3PL 供应商 4 继续运输，并在节点 6 中转。对于从节点 2 到节点 8 的任务，首先从起始节点 2 出发，选择供应商 4 将物资由节点 2 转运至节点 6 后停留 2 天，然后继续使用供应商 4 将物资配送至终点 8。对于从节点 2 到 7 的任务，先选择在节点 2 停留 2 天，然后选择供应商 4 将物资由节点 2 经节点 6 配送至终点 7。此过程三个任务分别耗时 28.4、21.3 和 19.6，总费用为 109.1。

在第一条线路中，决策者在不同路段分别选择了不同的供应商，并在节点 2 进行了供应商的转换。这样做的原因是供应商 4 的配送成本较低，但它在初始时段的配送能力不足。如果 4PL 等待供应商 4，配送时间会超过交货时间。而其他 3PL 供应商的配送费用又大于 3PL 供应商 1 的配送费用与在节点 1 的等待费用之和。因此 4PL 选择在起始节点等待 1 天后使用供应商 1，并在节点 2 改为供应商 4。由于在后继路段上 3PL 供应商 4 仍处于运输高峰时段，为节省成本，4PL 选择在节点 2 等待 4 天，并最终以 44.1 的费用完成了任务。

在第二条线路中，决策者选择了配送成本较低的供应商 4 作为承运商，完成了由 2 到 8 的配送任务。在起始节点 2 时，3PL 供应商能力充足，于是在没有等待的情况下直接将物资由节点 2 配送至节点 6。而在节点 6，为了使用供应商 4，4PL 选择原地等待 1 天，然后继续使用供应商 4 将物资配送至终点 8 并以 33.4 的费用完成了任务。

在第三条线路中，4PL 同样选择了配送成本较低的供应商 4 作为承运商。与线路二不同，由于供应商 4 承载能力的限制，在第三条线路中 4PL 选择在起始节点等待 2 天，然后使用 3PL 供应商 4 将物资由起始节点配送至中转节点 6，再由节点 6 运至终点 7。此过程的费用为 31.6。

随机产生 $n=15$，30，50 的算例，当起始节点 $S=2$ 分别为 1，2，需求节点

$D=2$ 分别为 $n-1, n-2$ 时计算结果如下：

当 $n=15, T=68, P=4, TV=40, WTime=7, VTime=2$ 时，最好解为：

$Path:[1,2,6,9,12,15], PL:[1,2,2,5,5], wn:[1,1,2,0,1,1]$，耗时 64.1，费用 272.8；

$Path:[2,6,10,13,15], PL:[2,4,4,4], wn:[0,2,0,1]$，耗时 58.7，费用 253.6；

$Path:[1,3,6,8,12,14], PL:[2,2,2,5,5], wn:[0,0,1,0,2,1]$，耗时 67.4，费用 265.1；

$Path:[2,6,9,11,14], PL:[1,1,4,4], wn:[2,1,0,1]$，耗时 66.3，费用 244.5。

总费用 1 036。

当 $n=50, T=190, P=6, TV=50, WTime=15, VTime=3$ 时交货期为 160 时的最好解为：

$Path:[1,5,9,12,16,19,22,26,30,34,39,43,47,50], PL:[2,1,1,4,4,4,4,4,3,3,3,3,1], wn:[0,1,1,0,0,0,2,0,1,4,0,0,1,1]$，耗时 187，费用 966；

$Path:[2,6,9,12,16,20,25,29,33,36,40,43,46,50], PL:[1,1,2,2,2,3,3,3,4,4,4,4,4], wn:[1,0,0,2,2,0,0,1,3,0,2,1,1,0]$，耗时 185，费用 951.8；

$Path:[1,5,9,12,16,20,23,26,30,34,39,43,49], PL:[2,1,1,4,2,2,2,3,3,5,5,5], wn:[0,0,1,0,0,0,2,0,1,0,4,1,1]$，耗时 189，费用 963.4；

$Path:[2,6,9,12,16,20,25,30,34,39,43,49], PL:[1,1,2,2,2,3,3,3,5,5,5]; wn:[0,0,0,0,0,4,2,0,1,0,0]$，耗时 186，费用 944.5。

总费用 3 825.7。

可见，当物资可以在节点等待时，选取的等待节点和在等待节点停留的时间均会对结果造成影响。为了说明 ACO-ABC 算法的有效性，本书同时使用嵌入随机等待时间机制的遗传算法（简称 GA）、ACO 算法和剪枝算法作为对比算法分别对上述算例进行计算，得到的结果如表 5-31 所示。

表 5-31 展示了 4 种算法对考虑时变承载能力 4PLRP-CDPM 计算得到的结果。"—"表示在剪枝算法中不存在该项信息。对于剪枝算法，当 $n=8$ 时，第一次剪枝后的路径数目是 64 条，第二次剪枝后的路径数目约为 $2.4\times10^5$ 条，总计算时间 4 157 秒。这一结果与使用 GA、ACO 和 ACO-ABC 计算得到的最好解一致。当 $n=15$ 时，剪枝算法无法得到最优解，但是三种智能算法得到的最好解相同。与此同时，由于 3PL 承载能力的时变性，使 GA 计算得到的均值略差于 ACO 和 ACO-ABC 的结果。而且这种差距会随着节点数目的增多而逐渐加大：当 $n=50$ 时，GA 和 ACO 也无法得到与 ACO-ABC 一样的最好解。

## 第 5 章 时变环境下的 4PLRP-CDPM

**表 5-31　ACO 与 ACO-ABC 算法对比情况**

| 节点数 | 算法 | $T$ | $P$ | $PS$ | $NG$ | $WTime$ | Best | Bad | Avg | Time |
|---|---|---|---|---|---|---|---|---|---|---|
| 8 | 剪枝算法 | 29 | 3 | — | — | 5 | 109.1 | — | — | 4 157 |
|  | GA | 29 | 3 | 30 | 20 | 5 | 109.1 | 133.5 | 120.8 | 15 |
|  | ACO | 29 | 3 | 30 | 15 | 5 | 109.1 | 129.4 | 115.3 | 13 |
|  | ACO-ABC | 29 | 3 | 10 | 30 | 5 | 109.1 | 115.2 | 112.0 | 15 |
| 15 | 剪枝算法 | 68 | 4 | — | — | 10 | 1 036 | — | — | — |
|  | GA | 68 | 4 | 50 | 30 | 10 | 1 036 | 1 100.8 | 1 177.5 | 51 |
|  | ACO | 68 | 4 | 50 | 20 | 10 | 1 036 | 1 092.1 | 1 060.6 | 48 |
|  | ACO-ABC | 68 | 4 | 20 | 40 | 10 | 1 036 | 1 080.5 | 1 044.9 | 50 |
| 30 | 剪枝算法 | 110 | 6 | — | — | 15 | — | — | — | — |
|  | GA | 110 | 6 | 100 | 60 | 15 | 2 041.7 | 2 188.2 | 2 095.5 | 202 |
|  | ACO | 110 | 6 | 100 | 50 | 15 | 2 041.7 | 2 129.3 | 2 087.1 | 178 |
|  | ACO-ABC | 110 | 6 | 30 | 90 | 15 | 2 041.7 | 2 093.8 | 2 063.4 | 195 |
| 50 | 剪枝算法 | 190 | 6 | — | — | 15 | — | — | — | — |
|  | GA | 190 | 6 | 250 | 100 | 15 | 3 841.9 | 3 918.5 | 3 893.9 | 517 |
|  | ACO | 190 | 6 | 200 | 80 | 15 | 3 833.7 | 3 910.8 | 3 889.4 | 391 |
|  | ACO-ABC | 190 | 6 | 100 | 120 | 15 | 3 825.7 | 3 891.4 | 3 857.1 | 483 |

对于 ACO 算法,它的时间复杂度等于迭代次数 $NG$×生成的总群规模 $PS$×选择节点集 $Path$ 中点的次数(至多 $N$)×信息素选择边(至多 $PL$),即 $O(NG \cdot PS \cdot N \cdot PL)$。ACO-ABC 算法的时间复杂度等于生成路径的时间复杂度与生成边的时间复杂度之和。其中,生成路径的复杂度为迭代次数 $NG1$×生成的总群规模 $PS$×选择节点集 $Path$ 中点的次数(至多 $N$)×信息素选择边(至多 $PL$);生成边的时间复杂度为迭代次数 $NG2$×节点集 $Path$ 中每个点(至多 $length(Path)$)×ABC 选择边(至多 $PL$),即 $O(NG1 \cdot PS \cdot N \cdot PL + NG2 \cdot length(Path) \cdot PL)$,表 5-31 中 ACO-ABC 算法的迭代次数 $NG = NG1 + NG2$。由此可见,虽然 ABC 算法的加入增加了总的迭代次数,但搜索的针对性更强。减少了 ACO-ABC 的初始总群规模但未改变原算法的时间复杂度,故而总的计算时间增加不大。因此,从上面分析可以看出,对于同规模问题,虽然 ACO-ABC 在计算时间上略大于 ACO 的计算时间,但是从解的质量上看 ABC 模块的嵌入是行之有效的。

图 5-9 和图 5-10 展示了 $n=15, S=D=1$ 时三种算法随时间段间隔 $VTime$ 变化得到的计算结果。当 $VTime=1$ 时,每隔一个单位时间对 3PL 供应商的承

载能力更新一次。这时 3PL 承载能力的变化是最大的。在这种情况下,对算法的考验也最大。随着 $VTime$ 的增加,路段上经过的时间段越来越少。当 $VTime=35$ 时,整个运输周期相当于一个时间段。这时考虑时变承载能力的 4PLRP-CDPM 转化为 4PLRP-CDPM,三种算法得到的解的均值相等。这说明对于 4PLRP-CDPM,GA、ACO 和 ACO-ABC 具有相近的可靠性。但是对于考虑承载能力时变的 4PLRP-CDPM 来说,尤其是当 $VTime$ 被设定为较小时段时,ACO-ABC 的计算结果明显优于 ACO 和 GA。

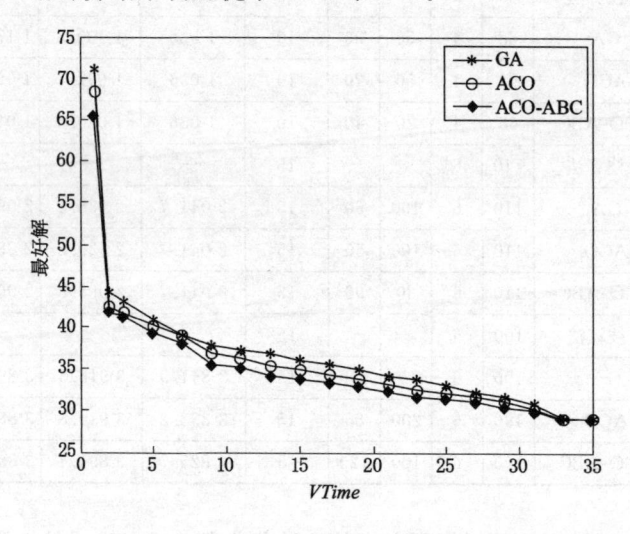

图 5-9　不同时间段间隔下三种算法的最好解

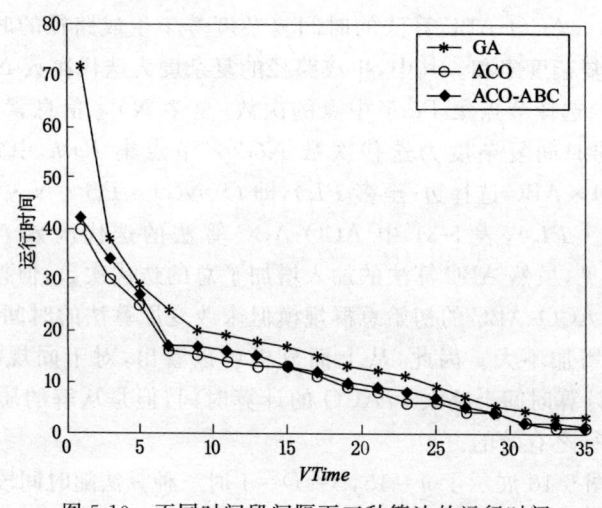

图 5-10　不同时间段间隔下三种算法的运行时间

## 第 5 章 时变环境下的 4PLRP-CDPM

**4. 问题分析**

为更好地分析考虑承载能力时变的 4PLRP-CDPM,本节从等待时间的选择、3PL 供应商承载能力已使用比例与等待时间之间的关系、等待时间与存储费用之间的关系以及不同条件下最好路径经过各中转节点时的对比情况四个方面进行分析。

图 5-11 展示了 8 节点 $S=D=1$ 问题在不同交货期下等待时间 $WTime$ 分别取 $0,1,2,4,5,7$ 时的最好解对比情况。如图 5-11 所示,在同一交货期下,随着等待时间 $WTime$ 的增加,总的运输费用减少。当等待时间 $WTime=7$ 时,总费用不再变化。这表明当 $WTime=7$ 时,等待时间已十分充足。另一方面,当交货期定在 29 天以下时,4PL 无法完成任务。随着交货期天数的增加,4PL 的配送费用逐渐减少。当交货期定为 31 天时,总配送费用最小。因此,在 4PL 可以与客户协商交货期的前提下,4PL 应选择使总费用最小的交货期(31 天)。当电力公司要求 4PL 在 28 天内完成配送时,4PL 应拒绝此次任务。

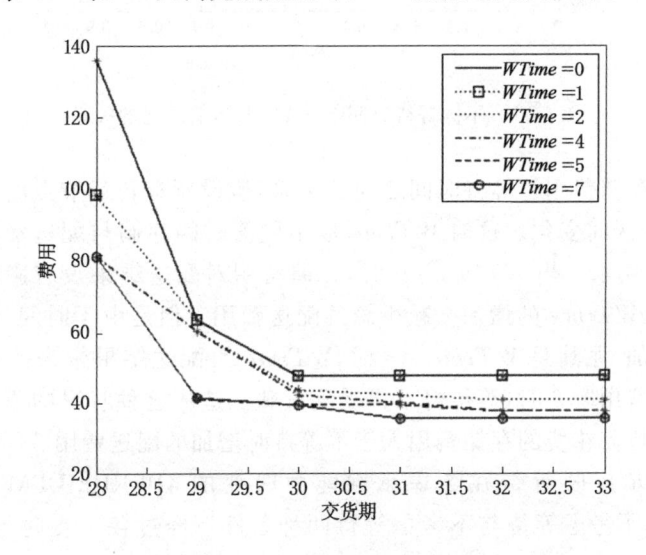

图 5-11 不同等待时间下交货期与费用之间的关系

图 5-12 展示了等待时间 $WTime$ 取不同值时承载能力被占用比例 $RAN$ 与配送费用之间的关系。当 $RAN=0$ 时,所有 3PL 供应商的承载能力均处在空闲状态。这时不同的 $WTime$ 取值均会得到相同结果,且为最好解。随着 $RAN$ 的增加,不同等待时间 $WTime$ 下的结果会产生明显差异。当 $WTime=0$ 时,配送费用随 $RAN$ 变化的幅度最大,并且当 $RAN \geqslant 0.9$ 时,4PL 无法在原约束下找到最好解。造成这种现象的原因是 3PL 被占用较多,而等待时间却明显不

足。随着 $WTime$ 的增加,尤其是当 $WTime=7$ 时,配送费用随 $RAN$ 增加的趋势变缓,且在所有 $RAN$ 变化的情况下均能得到最好解。

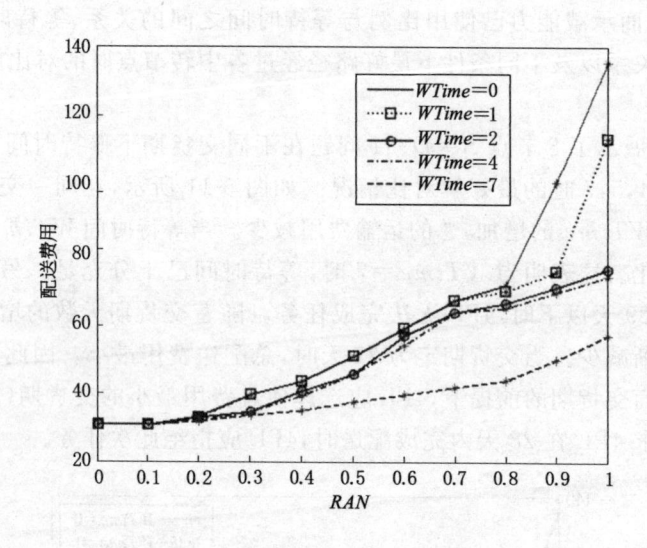

图 5-12　不同等待时间下 $RAN$ 与运费之间的关系

为展现存储费用与等待时间之间的关系,假设所有转运节点的转运费用相同且在 0~6 区间变化。这时 $WTime$ 取不同值时的存储与配送费用之间的关系如图 5-13 所示。当 $WTime=0$ 时,存储费用对配送结果没有影响。当存储费用为 0 时,$WTime$ 的增加会减少总的配送费用。但是由于时间约束,随着存储费用的增加,尤其是 $WTime \geqslant 3$ 时,$WTime$ 给配送结果带来的优势开始减弱。当存储费用取 6 时,等待将不再受到青睐。造成这种状况的原因是存储费用过大时等待需花费的存储费用大于不等待时增加的配送费用。

为进一步反映等待在考虑承载能力时变的 4PLRP-CDPM 中的作用。图 5-14 展示了考虑等待与不考虑等待两种条件下经过各节点时的对比情况。假设两种条件下经过每个节点时具有相同的时间约束,于是从图 5-14 可以看出,不考虑 3PL 供应商等待时的费用明显高于考虑 3PL 等待时的费用。对于节点 7 和节点 8 来说,不考虑等待甚至无法在规定时间内将物资送达。造成这种现象的原因是在不考虑等待条件的情况下 4PL 不得不在某些时段选择一些承载能力充足但配送费用或时间较高的 3PL 供应商。因此,虽然考虑 3PL 等待会增加 4PL 计算的工作量,但这样做不仅会使研究的内容更加符合实际,也更能凸显 4PL 在协同 3PL 配送过程中的作用。

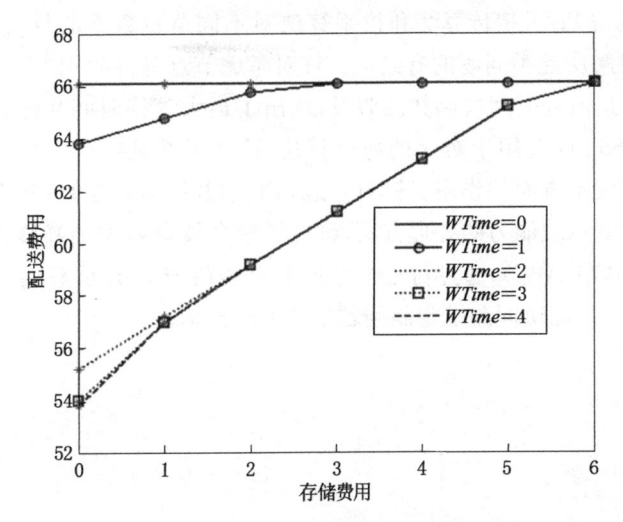

图 5-13　不同等待时间下存储与配送费用之间的关系

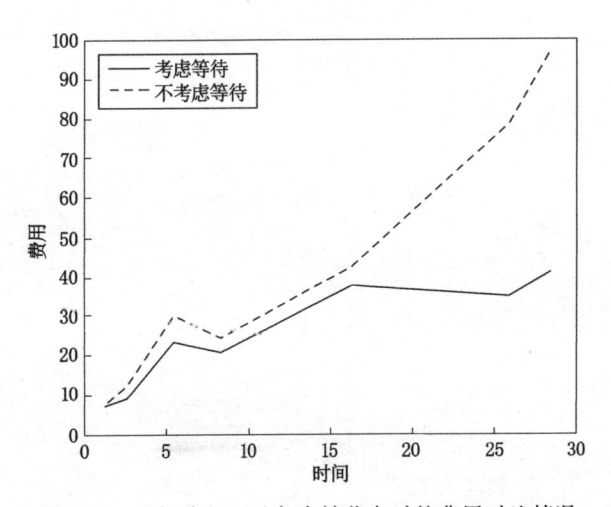

图 5-14　最好路径经过各中转节点时的费用对比情况

## 5.4　本章小结

本章针对电力物资协同配送过程中 3PL 承运商的运输时间具有随配送时段变化的特点,从时变网络、节点等待和 3PL 承载能力时变三个方面研究了时变环境下的 4PLRP-CDPM。针对考虑时变网络的 4PLRP-CDPM,鉴于建立的模型具有在多重图上求解约束最短路的特点,设计了嵌入 $K$ 短路的粒子群算法(KPSO)

并通过 KPSO 与 PSO、遗传算法和枚举算法对不同节点数下的数值算例计算,展示了 KPSO 对解决此类问题的有效性。针对考虑节点等待的 4PLRP-CDPM,基于等待时间是配送所处时间段函数的假设,给出了最大等待时间和配送时间的确定方法,设计了 KPSO 及用于对比的剪枝算法,验证了在某些节点"等待"对完成配送任务及节省成本方面的作用。针对考虑 3PL 承载能力时变的 4PLRP-CDPM,给出了跨时段时变承载能力的处理方法,设计了融合蚁群和人工蜂群算法的混合智能求解算法(ACO-ABC),通过对是否考虑节点等待与 3PL 承载能力时变性的分析,充分说明 4PL 在协同路径定制问题中的实际价值。

# 参 考 文 献

[1] 徐郁,朱韵攸,刘筱,等.基于深度强化学习的电力物资配送多目标路径优化[J].计算机应用,2022,42(10):3252-3258.

[2] 蒋正骅,高瞻,王刘俊,等.基于改进DBSCAN省级电力物资仓库聚类的配送车辆路径优化研究[J].物流技术,2024,46(5):13-17,55.

[3] 黄语嫣.A公司电力物资配送管理优化研究[D].广州:广东工业大学,2022.

[4] 陈建清,刘文煌,李秀.第四方物流中决策支持及物流方案的优化[J].计算机工程,2004,30(5):150-153.

[5] GUAJARDO M, RÖNNQVIST M. Operations research models for coalition structure in collaborative logistics[J]. European journal of operational research, 2015, 240(1):147-159.

[6] HUANG M, CUI Y, YANG S X. Fourth party logistics routing problem model with fuzzy duration time[J]. International journal of production economics, 2013, 145(1):107-116.

[7] HUANG M, BO G H, TONG W, et al. A hybrid immune algorithm for solving fourth-party logistics routing optimizing problem[C] //2008 IEEE Congress on Evolutionary Computation, 2008.

[8] HUANG M, REN L, Lee L H. Model and algorithm for 4PLRP with uncertain delivery time[J]. Information sciences, 2016, 46(C):211-225.

[9] CHEN J Q, WANG S, LI X, et al. Directed graph optimization model and its solving method based on genetic algorithm in fourth party logistics[C] //Production of the 2003 IEEE international conference on systems, man and cybernetics, 2003.

[10] CHEN K H, SU C T. Activity assigning of fourth party logistics by particle swarm optimization-based preemptive fuzzy integer goal programming [J]. Expert systems with applications, 2010, 37(5):3630-3637.

[11] YAO J. Decision optimization analysis on supply chain resource integration in fourth party logistics[J]. Journal of manufacturing systems, 2010, 29(4):121-129.

[12] LIU Q, ZHANG C, ZHU K. Novel multi-objective resource allocation and activity scheduling for fourth party logistics[J]. Computers and operations research, 2014, 44(2):42-51.

[13] DIRCKSEN M, MAGNIN G. Evaluation of synergy potentials in transportation networks managed by a fourth party logistics provider[J]. Transportation research procedia, 2017, 25(5):824-841.

[14] 袁旭梅,赵双双,王艳亮,等.非对称信息下基于梯度效应的4PL外包激励机制[J].数学的实践与认识,2016,46(17):12-19.

[15] 刘艳秋,蔡超.考虑可靠性的物流服务供应链的契约设计[J].控制与决策,2017,32(11):2039-2044.

[16] 谭春平,王烨,赵晖.基于第四方物流的物流园区收费模式研究——两部收费制双边市场结构模型[J].软科学,2018,32(08):140-144.

[17] 王勇,吴志勇,陈修素.面向第4方物流的多代理人作业整合优化算法[J].管理科学学报,2009,12(2):105-116.

[18] 李富昌,王勇.基于努力水平的第四方物流企业与第三方物流企业非对称进化博弈分析[J].管理评论,2010,22(8):103-108.

[19] CUI Y, HUANG M, YANG S X, et al. Fourth party logistics routing problem model with fuzzy duration time and cost discount[J]. Knowledge based systems, 2013, 50(3):14-24.

[20] LI J, LIU Y, ZHANG Y. Robust optimization of fourth party logistics network design under disruptions[J]. Discrete dynamics in nature and society, 2015(2):1-7.

[21] 李佳,刘艳秋,张颖,等.带有遗憾值约束的4PL网络设计鲁棒优化模型与仿真[J].系统管理学报,2019,28(01):185-191.

[22] HUANG M, REN L, LEE L H. 4PL routing optimization under emergency conditions[J]. Knowledge-based systems, 2015, 89(11):126-133.

[23] 林艳,全渝娟,王磊,等.文化基因算法在第四方物流路径规划中的应用[J].计算机应用研究,2016,33(3):783-787.

[24] 熊桂武.物流交通多式联运低碳运输规划研究[J].计算机仿真,2016,42(6):149-153.

[25] LI R,SUN F,TONG Y. Many-to-many network design of fourth-party logistics with delivery time considered[C]//Chinese control and decision conference,2016.

[26] KIM S,KIM H,PARK Y. Early detection of vessel delays using combined historical and real-time information[J]. Journal of the operational research society,2016,68(2):1-10.

[27] TAO Y,CHEW E P,LEE L H. A column generation approach for the route planning problem in fourth party logistics[J]. Journal of the operational research society,2017,68(2):165-181.

[28] 任亮,黄敏,王洪峰.第四方物流多目标路径集成优化[J].复杂系统与复杂性科学,2018,15(1):65-70.

[29] 蔡淑琴,梁静.供应链协同与信息共享的关联研究[J].管理科学,2007,4(2):157-162,179.

[30] 陈炜,田原.供应链协同理论及研究方法综述[J].物流科技,2018,41(12):125-128.

[31] JUNG H,JEONG B. Decentralized production-distribution planning system using collaborative agents in supply chain network[J]. The international journal of advanced manufacturing technology, 2005, 25(1): 167-173.

[32] OZENER O O,ERGUN O. Allocating costs in a collaborative transportation procurement network[J]. Transportation science, 2008, 42(2): 146-165.

[33] DANLOUP N,ALLAOUI H,GONCALVES G. Literature review on or tools and methods for collaboration in supply chain[C] //International conference on industrial engineering and systems management,2013.

[34] ZHANG G,SHANG J,LI W. Collaborative production planning of supply chain under price and demand uncertainty[J]. European journal of operational research,2011,215(3):590-603.

[35] GANSTERER M,HARTL R F. Collaborative vehicle routing:a survey [J]. European journal of operational research,2018,268(1):1-12.

[36] XU X,SUN Y,WANG J. Multi-task transportation scheduling model with backhauls based on hub and spoke in collaborative logistics network

[J]. Journal of ambient intelligence and humanized computing,2019,10(1):333-343.

[37] 薄桂华,黄敏.考虑拖期风险的第四方物流路径优化问题模型与求解[J].复杂系统与复杂性科学,2018,15(3):66-74.

[38] 姜林.第四方物流模式下带折扣的随机需求直接发运库存与运输整合优化[J].重庆教育学院学报,2010,23(6):5-10.

[39] REN L,HUANG M. Improved ant colony based multi-objective multi-task routing for 4PL under non-reusable capacity[C]//Control and decision conference,2014.

[40] 李锐,黄敏,孙福明.带硬时间窗的第四方物流多到多网络设计[J].控制工程,2018,25(10):1927-1933.

[41] 崔妍,黄敏,王兴伟.考虑中转发车时间的第四方物流路径问题的模糊规划模型与算法[J].系统工程学报,2012,27(4):535-542.

[42] 黄敏,崔妍,林婉婷,等.带有费用折扣的多任务第四方物流路径优化问题[J].控制与决策,2013,28(7):997-1001.

[43] 崔妍,黄敏,张欣.基于模糊需求的第四方物流路径问题优化[J].控制工程,2017,24(8):1662-1665.

[44] 崔妍,黄敏,杨学成,等.基于优先权编码机制带有随机需求的4PL路径问题[J].工业工程,2017,20(2):32-37.

[45] HUISKONEN J,PIRTTILÄ T. Lateral coordination in a logistics outsourcing relationship[J]. International journal of production economics,2002,78(2):177-185.

[46] CRUIJSSEN F,OLLI BRÄYSY O,DULLAERT W. Joint route planning under varying market conditions[J]. International journal of physical distribution and logistics management,2007,37(4):287-304.

[47] DOUKIDIS G I,MASON R,LALWANI C. Combining vertical and horizontal collaboration for transport optimisation[J]. Supply chain management:an international journal,2007,12(3):187-199.

[48] HINGLEY M,LINDGREEN A,GRANT D B. Using fourth-party logistics management to improve horizontal collaboration among grocery retailers[J]. Supply chain management:an international journal,2011,16(5):316-327.

[49] 任肖.城市群多物流基地多任务协同优化研究[D].重庆:重庆工商大学,2014.

[50] 张乔禹.基于信息共享和业务分配视角的电商物流服务供应链协同运行研究[D].北京:北京交通大学,2018.

[51] 王峰,张衡,韩孟臣,等.基于协同进化的混合变量多目标粒子群优化算法求解无人机协同多任务分配问题[J].计算机学报,2021,44(10):1967-1983.

[52] 颜学明,梅乃丹,敖卓盼,等.面向双层次选址路径问题的多任务强化演化优化方法研究[J].控制工程,2023,30(8):1450-1457.

[53] 陈雷,程江峰,朱永怀,等.多任务纺织立库货位分配与任务序列优化方法[J].计算机集成制造系统,2023,29(4):1371-1385.

[54] 王学达.基于离散粒子群算法的多车协同任务分配研究[D].北京:北京交通大学,2023.6.

[55] FENG L,HUANG Y X,ZHOU L. Explicit evolutionary multitasking for combinatorial optimization:a case study on capacitated vehicle routing problem[J]. Transactions on cybernetics,2021,51(6):3143-3156.

[56] 程美英,钱乾,倪志伟.多任务优化算法综述[J].控制与决策,2023,38(7):1802-1815.

[57] 程美英,钱乾,倪志伟.基于种群多样性控制的多级信息迁移多任务优化粒子群算法[J].控制与决策,2024,39(3):728-738.

[58] HUANG L,QU H,ZUO L. Multi-type UAVs cooperative task allocation under resource constraints[J]. Access,2018,6(3):17841-17850.

[59] MOUSAVI M,YAP H J,MUSA S N,et al. Multi-objective AGV scheduling in an FMS using a hybrid of genetic algorithm and particle swarm optimization[J]. Plos one,2017,12(3):1-24.

[60] BALI K K,GUPTA A,FENG L,et al. Linearized domain adaptation in evolutionary multitasking[C]//Congresson evolutionary computation,2017.

[61] KIM H,ANDERSON R. Temporal node centrality in complex networks[J]. Physical review e,2012,85(2):026107.

[62] TAYLOR D,MYERS S A,CLAUSET A,et al. Eigenvector-based centrality measures for temporal networks[J]. Multiscale modeling and simulation,2017,15(1):537-574.

[63] 杨剑楠,刘建国,郭强.基于层间相似性的时序网络节点重要性研究[J].物理学报,2018,67(4):279-286.

[64] 詹秀秀,谢晓雯,张恺悦,等.基于时序网络节点嵌入的影响力最大化算法[J].复杂系统与复杂性科学,2024,54(3):1-9.

[65] 毕俊蕾,李致远.机会社交网络中基于时变兴趣社区的查询消息路由算法[J].通信学报,2019,40(9):86-94.

[66] DING Y,CUI X,WANG H,et al. PRIA:a multi-source recognition method based on partial observation in SIR model[J]. Mobile networks and applications,2021,26(4):1514-1522.

[67] 罗佳莉.社交网络中的信息传播源定位方法研究[D].扬州:扬州大学,2023.

[68] 尚可可,许小可.基于置乱算法的复杂网络零模型构造及其应用[J].电子科技大学学报,2014,43(1):7-20.

[69] 刘鹏程.基于在线社交网络的公共舆情演化分析与建模[D].成都:电子科技大学,2020.6.

[70] 彭显玥,王昊.交通分配与信号控制组合优化研究综述[J].交通运输工程与信息学报,2023,21(1):1-18.

[71] 李妍峰,李军,高自友.时变网络环境下旅行商问题研究[J].系统工程学报,2010,25(5):585-591.

[72] 刘长石,周鲜成,盛虎宜,等.生鲜电商配送的TDVRPTW研究:基于经济成本与环境成本兼顾的视角[J].控制与决策,2020,35(5):1273-1280.

[73] LIANG W,BÜLENT C,RICHARD E. Finding a minimum cost path between a pair of nodes in a time-varying road network with a congestion charge[J]. European journal of operational research,2014,236(3):915-923.

[74] MOSTAFA S,MAJID H,et al . A time-dependent vehicle routing problem in multigraph with FIFO property[J]. Journal of manufacturing systems,2015,35(4):37-45.

[75] TASD G,DELLAERT N,WOENSEL T V,et al. The time-dependent vehicle routing problem with soft time windows and stochastic travel times[J]. Transportation research part C,2014,48(11):66-83.

[76] MONROE M,LAN R J,LEE H,et al. Temporal event sequence simplification[J]. Transactions on visualization and computer graphics,2013,19(12):2227-2236.

[77] WONGSUPHASAWAT K,GOTZ D. Exploring flow,factors,and outcomes of temporal event sequences with the outflow visualization[J]. Transactions on visualization and computer graphics,2012,18(12):2659-2668.

[78] GOTZ D, WONGSUPHASAWAT K. Interactive intervention analysis [J]. AMIA annual symposium proceedings, 2012, (3): 274-280.

[79] TANAHASHI Y, HSUEH C H, MA K L. An efficient framework for generating storyline visualizations from streaming data[J]. Transactions on visualization and computer graphics, 2015, 21(6): 730-742.

[80] 张野. 大规模时变网络结构可视化技术研究[D]. 绵阳: 西南科技大学, 2019.

[81] 杜晓磊. 多层级多粒度时变信息网络可视化分析方法研究[D]. 长沙: 国防科学技术大学, 2017.

[82] MA K L, MUELDER C W. Large-scale graph visualization and analytics [J]. Computer, 2013, 46(7): 39-46.

[83] CAVDUR F, KAYMAZ E. A mixed-integer programming model for cycle time minimization in assembly line balancing: Using rework stations for performing parallel tasks[J]. International journal of production management and engineering, 2020, 8(2): 111-121.

[84] ZHOU B, FEI Q. Hybrid self-adaptive biobjective optimization of multiple robot scheduling problem for mixedmodel assembly lines considering energy savings[J]. Proceedings of the institution of mechanical engineers, part I: journal of systems and control engineering, 2021, 235(6): 839-853.

[85] AMIR N, HAMIDREZA E, MASOOD F, et al. An integrated model for cost-oriented assembly line balancing and parts feeding with supermarkets[J]. Procedia CIRP, 2018, 72: 381-385.

[86] REN Y P, TIAN G D. Emergency scheduling for forest fires subject to limited rescue team resources and priority disaster areas[J]. Transactions on electrical and electronic engineering, 2016, 11(6): 753-759.

[87] SU Z P, ZHANG G F, LIU Y, et al. Multiple emergency resource allocation for concurrent incidents in natural disasters[J]. International journal of disaster risk reduction, 2016, 17(8): 199-212.

[88] ZHANG C, LIU X, JIANG Y P, et al. A two-stage resource allocation model for lifeline systems quick response with vulnerability analysis[J]. European journal of operational research, 2016, 250(3): 855-864.

[89] LEE K, LEI L, PINEDO M, et al. Operations scheduling with multiple resources and transportation considerations[J]. International journal of production research, 2013, 51(23/24): 7071-7090.

[90] LEI L, PINEDO M, QI L, et al. Personnel scheduling and supplies provisioning in emergency relief operations[J]. Annals of operations research, 2015, 235(1):487-515.

[91] LASSITER K, KHADEMI A, TAAFFE K M. A robust optimization approach to volunteer management in humanitarian crises[J]. International journal of production economics, 2015, 163(5):97-111.

[92] 樊治平, 刘洋, 袁媛, 等. 突发事件应急救援人员的分组方法研究[J]. 运筹与管理, 2012, 21(2):1-7.

[93] 曹庆奎, 王文君, 任向阳. 考虑灾民感知满意度的突发事件应急救援人员派遣模型[J]. 价值工程, 2017(2):82-85.

[94] 周荣辅, 王涛, 王英. 地震应急救援队伍派遣及道路重建联合规划模型[J]. 西南交通大学学报, 2017, 52(2):303-308.

[95] CAO C J, LI C D, YANG Q, et al. Multi-objective optimization model of emergency organization allocation for sustainable disaster supply chain [J]. Sustainability, 2017, 9(11):1-22.

[96] RAUCHECKER G, SCHRYEN G. An exact branch-and-price algorithm for scheduling rescue units during disaster response[J]. European journal of operational research, 2019, 272(1):352-363.

[97] ERERA A, HEWITT M, SAVELSBERGH M, et al. Improved load plan design through integer programming based local search[J]. Transportation science, 2016, 47(3):412-427.

[98] 董乾东, 李敏. 应急条件下危险医疗废物管理系统的网络设计[J]. 管理工程学报, 2022, 36(5):156-168.

[99] LAAZIZ E H, SBIHI N. A service network design model for an intermodal rail-road freight forwarder[J]. International journal of logistics systems & management, 2019, 32(3/4):465-482.

[100] BURTON M M G. Flow-shop scheduling with the branch-and-bound method[J]. Operations research, 1967, 15(3):473-481.

[101] 陈子夷, 豆亚杰, 姜江, 等. 基于神经网络辅助的智能人员排班系统[J]. 指挥与控制学报, 2023, 9(02):215-224.

[102] HINDI K S, BRAMELLER A, HAMAM K M. Solution of fixed cost trans-shipment problems by a branch and bound method[J]. International journal for numerical methods in engineering, 2010, 12(5):837-851.

[103] DING T, BO R, LI F, et al. A bi-level branch and bound method for economic dispatch with disjoint prohibited zones considering network losses[J]. IEEE transactions on power systems, 2014, 30(6): 2841-2855.

[104] 全然, 简金宝, 韦化, 等. 基于特殊有效不等式求解机组组合问题的内点割平面法[J]. 中国电机工程学报, 2011, 31(19): 51-59.

[105] 李裕梅, 连晓峰, 徐美萍, 等. 整数规划中割平面法的研究[J]. 数学的实践与认识, 2011, 41(11): 82-90.

[106] 安邦, 程朋. 基于分支割平面的一类无容量限制设施选址问题求解算法[J]. 运筹学学报, 2015, 19(4): 1-13.

[107] KIM D, BARNHART C, REINHARDT K W. Multimodal express package delivery: a service network design application[J]. Transportation science, 1999, 33(4): 391-407.

[108] 俞礼军, 梁明苹. 基于整数非线性规划的城市常规公交线网优化设计[J]. 中国公路学报, 2016, 29(2): 108-115+135.

[109] ZHANG S W, GUO H X, ZHU K J, et al. Multi-stage assignment optimization for emergency rescue teams in the disaster chain[J]. Knowledge-based systems, 2017, 137(23): 123-137.

[110] 初翔, 仲秋雁, 曲毅. 基于最大幸福原则的多受灾点医疗队支援指派模型[J]. 系统工程, 2015, 33(10): 149-154.

[111] 陈玎, 朱道立, 杨勇, 等. 园区互连型公路货运平台的大规模鲁棒运力资源分配问题研究[J]. 管理工程学报, 2022, 36(5): 169-180.

[112] 宋俪婧, 白同舟, 贺玉龙, 等. 基于混合整数非线性规划的接驳公交优化模型[J]. 交通运输系统工程与信息, 2022, 22(3): 104-111.

[113] 汪山颖, 靳文舟. 基于非线性混合充电策略的电动车物流配送路径规划模型[J]. 交通信息与安全, 2022, 40(2): 116-125+134.

[114] YANG Y, SUN B, WANG S, et al. Controllability robustness against cascading failure for complex logistics networks based on nonlinear load-capacity model[J]. Access, 2020, 8(1): 7993-8003.

[115] ZHONG S, GIANNIKAS V, MERINO J, et al. Evaluating the benefits of picking and packing planning integration in e-commerce warehouses[J]. European journal of operational research, 2022, 301(1): 67-81.

[116] 唐加福, 汪定伟, 高振, 等. 面向非线性规划问题的混合式遗传算法[J]. 自动化学报, 2000, 26(3): 401-404.

[117] 刘明波, 程莹, 林声宏. 求解无功优化的内点线性和内点非线性规划方法

比较[J]. 电力系统自动化,2002,26(1):22-26.

[118] MONTOYA A,GUERET,CHRISTELLE,et al. The electric vehicle routing problem with nonlinear charging function[J]. Transportation research part B methodological,2017,103(28):87-110.

[119] ZHANG R,XIAO Y. A nonlinear programming algorithm for finite element limit analysis using feasible arc searching technique[J]. International journal for numerical methods in engineering,2023(22):5102-5119.

[120] LIU B D. Uncertainty theory[M]. 2nd ed. Berlin:springer-verlag,2007.

[121] 刘宝碇,赵瑞清. 随机规划与模糊规划[M]. 北京:清华大学出版社,1998.

[122] ZADEH L A. Fuzzy sets[J]. Information and control,1965,8:338-353.

[123] LIU B D. Theory and practice of uncertain programming[M]. Berlin:Spinger-Verlag,2009.

[124] 刘林忠. 模糊环境下的一些优化问题模型和算法研究[D]. 北京:清华大学,2006.

[125] LIU B,LIU Y K. Expected value of fuzzy variable and fuzzy expected value models[J]. Transactions on fuzzy systems,2002,10(4):445-450.

[126] LIU Y K,LIU B. Expected value operator of random fuzzy variable and random fuzzy expected value models[J]. International journal of uncertainty,fuzziness and knowledge-based systems,2003,11(2):195-215.

[127] LI X,LIU B. The independence of fuzzy variables with applications technical report[J]. International journal of uncertainty,fuzziness and knowledge-based systems,2007,15(4):1-20.

[128] 方述成,汪定伟. 模糊数学与模糊优化[M]. 北京:科学出版社,1997.

[129] CHANG P T,LEE E S. Ranking fuzzy sets based on the concept of existence[J]. Computer and mathematics with applications,1994,27(9-10):1-21.

[130] GONZALEZ A. A study of the ranking function approach through mean values[J]. Fuzzy sets and systems,1990,35(1):29-41.

[131] YAGER R R. A procedure for ordering fuzzy subsets of the unit interval [J]. Information sciences,1981,24(2):143-161.

[132] YAO J S,WU K. Ranking fuzzy numbers based on decomposition principle and signed distance[J]. Fuzzy sets and systems,2000,116(2):275-288.

[133] 毕义明,周英平.基于随机时间的导弹机动路径规划研究[J].指挥控制与仿真,2007,29(6):57-59.

[134] 郭强,谢秉磊.随机旅行时间车辆路径问题的模型及其算法[J].系统工程学报,2003,18(3):244-247.

[135] 都牧,胡祥培,KONG NAN,等.限行条件下配送车辆配置的二阶段随机规划[J].系统工程理论与实践,2018,38(12):3212-3221.

[136] 丁然,李歧强,孙同景,等.考虑鲁棒性的生产调度期望值模型[J].控制理论与应用,2006,23(5):819-822.

[137] EMILIO F,FRANCESCO B. Decentralized algorithms for vehicle routing in a stochastic time-varying environment[C] // IEEE conference on decision and control,atlantis,paradise island,Bahamas,2004,3357-3363.

[138] POTVIN J Y,YING X,ILHAM B. Vehicle routing and scheduling with dynamic travel times[J]. Computers and operations research,2006,33(4):1129-1137.

[139] WANG H F,WEN Y P. Time-constrained chinese postman problems[J]. Computers and mathematics with applications,2002,44(3-4):375-387.

[140] CHENG R W,GEN M,TOZAWA T. Vehicle routing problem with fuzzy due time using genetic algorithms[J]. Japanese journal of fuzzy theory and systems,1995,7(5):1050-1061.

[141] MOHAMMAD H F Z,AHMAD H,SOHEIL D. The multi-depot capacitated location-routing problem with fuzzy travel time[J]. Expert systems with applications,2011,38(8):10075-10084.

[142] DENG Y,CHEN Y X,ZHANG Y J,et al. Fuzzy dijkstra algorithm for shortest path problem under uncertain environment[J]. Applied soft computing,2012,12(3):1231-1237.

[143] WU C C,GU X S. A genetic algorithm for flow shop scheduling with fuzzy processing time and due date[C]//50th world congress on intelligent control and automation,2004:2938-2942.

[144] ISHIBUCHI H,MURATA T,LEE K H. Formulation of fuzzy flowshop scheduling problems with fuzzy processing time[C]//IEEE conference on fuzzy systems,1996,199-205.

[145] GENG Z Q,ZOU Y R. Using HGA to solve E/T scheduling problems

with fuzzy processing time and fuzzy due date[C]// International Conference on Systems,man,and cybernetics,2001.

[146] YU Y,JIN T D. The return policy model with fuzzy demands and asymmetric information[J]. Applied soft computing,2011,11(2):1669-1678.

[147] CAO E,LAI M Y. The open vehicle routing problem with fuzzy demands[J]. Expert systems with applications,2010,37(3):2405-2411.

[148] ZHANG J Y,LI J. Study on logistics distribution vehicle routing problem with fuzzy due time[C] //14th International conference on management science and engineering,China,2007.

[149] CHEN S P,TSAI M J. Time-cost trade-off analysis of project networks in fuzzy environments[J]. European journal of operational research,2011,212(2):386-397.

[150] TANG J F,PAN Z D,FUNG R,et al. Vehicle routing problem with fuzzy time windows[J]. Fuzzy sets and systems,2009,160(5):683-695.

[151] 叶阳东,王娟,贾利民. 基于模糊时间 Petri 网的列车运行时间不确定性问题的处理[J]. 铁道学报,2005,27(1):6-13.

[152] TSAI K M,YOU S Y,LIN Y H,et al. A fuzzy goal programming approach with priority for channel allocation problem insteel industry[J]. Expert systems with applications,2008,34(3):1870-1876.

[153] 李季,钟将,吴中福. 具有模糊处理时间的网格任务调度免疫算法[J]. 计算机科学,2006,33(2):35-37.

[154] 熊伟. 运筹学[M]. 3 版. 北京:机械工业出版社,2014.

[155] DIJSKTRA E W. A note on two problems in connexion with graphs[J]. Numerische mathematik,1959,1(1):269-271.

[156] HOLLAND H J. Adaptation in natural and artificial systems[M]. Ann Arbor:University of Michigan Press,1975.

[157] MENDOZA J E,BRUNO C,CHRISTELLE G,et al. A memetic algorithm for the multi-compartment vehicle routing problem with stochastic demands[J]. Computers and operations research,2009,37(11):1886-1898.

[158] NERI F,COTTA C. Memetic algorithms and memetic computing optimization:a literature review[J]. Swarm and evolutionary computation,2012,2(2):1-14.

[159] 郭一楠,杨梅,林勇. 融合进化知识和角度信息的机器人路径规划方法

[J]. 系统仿真学报,2010,22(5):1142-1147.

[160] WANG H F, WANG D W, YANG S X. A memetic algorithm with adaptive hill climbing strategy for dynamic optimization problems[J]. Soft computing,2009,13(8-9):763-780.

[161] CHICA M, CORDON O, DAMAS S. Multiobjective memetic algorithms for time and space assembly line balancing[J]. Engineering applications of artificial intelligence,2012,25(2):254-273.

[162] YUICHI N, OLLI B, WOUT D. A penalty-based edge assembly memetic algorithm for the vehicle routing problem with time windows[J]. Computers and operations research,2010,37(4):724-737.

[163] ZELINKA I. Self organizing migrating algorithm [M]. Berlin: Springer,2004.

[164] DORIGO M, CARO G D. The ant colony optimization meta-heuristic: new ideas in optimization[M]. London: McGraw-Hill,1999.

[165] KENNEDY J, EBERHART R. Particle swarm optimization[C]//Proceedings of ICNN'95-international conference on neural networks. IEEE,1995:1942-1948.

[166] 翁纯毅,李元香,王玲玲,等. 一种采用线性递减步长的自组织迁移算法[J]. 计算机工程与应用,2011,47(18):26-29.

[167] KUSUM D, DIPTI. A self-organizing migrating genetic algorithm for constrained optimization[J]. Applied mathematics and computation, 2008,198(1):237-250.

[168] DONALD D, IVAN Z, MAGDALENA B D, et al. Discrete self-organising migrating algorithm for flow-shop scheduling with no-wait makespan[J]. Mathematical and computer modelling,2011,1337(6):285-289.

[169] LEANDRO D S C. Self-organizing migration algorithm applied to machining allocation of clutch assembly[J]. Mathematics and computers in simulation,2009,80(2):427-435.

[170] Nollea L, ZELINKAB I, HOPGOODA A A, et al. Comparison of an self-organizing migration algorithm with simulated annealing and differential evolution for automated waveform tuning[J]. Advances in engineering software,2005,36(10):645-653.

[171] LEANDRO D S C. Self-organizing migrating strategies ap-plied to reliability-redundancy optimization of systems[J]. Transactions on reliabili-

ty,2009,58(3):501-510.

[172] 汪定伟,王俊伟,王洪峰,等.智能优化方法[M].北京:高等教育出版社,2007.

[173] 李宁,邹彤,孙德宝.车辆路径问题的粒子群算法研究[J].系统工程学报,2004,19(6):596-600.

[174] MOHIUDDIN M A,KHAN S A,ENGELBRECHT A P. Fuzzy particle swarm optimization algorithms for the open shortest path first weight setting problem[J]. Applied intelligence,2016,45(3):1-24.

[175] WANG S X,LI Y,ZHANG Y R. A hybrid PSO algorithm for vehicle routing problem with simultaneous delivery and pickup[J]. Advanced materials research,2013,655(1):2326-2330.

[176] 于颖,於孝春,李永生.扩展拉格朗日乘子粒子群算法解决工程优化问题[J].机械工程学报,2009,45(12):167-172.

[177] MONTALVO I,IZQUIERDO J,PEREZ R,et al. A diversity-enriched variant of discrete PSO applied to the design of water distribution networks[J]. Engineering optimization,2008,40(7):655-668.

[178] KARABOGA D. An idea based on honey bee swarm for numerical optimization-TR06[R]. Kayseri,Turkey:Erciyes University,2005.

[179] KARABOGA D,BASTURK B. On the performance of artificial bee colony (ABC) algorithm[J]. Applied soft computing,2008,8(1):687-697.

[180] KARABOGA D,BASTURK B,et al. A comprehensive survey:artificial bee colony algorithm and applications[J]. Artificial intelligence review,2014,42(1):21-57.

[181] 魏航.一种求解时变条件下有宵禁限制最短路的算法[J].管理科学学报,2009,12(1):9-17.

[182] 辛春林,冯倩茹,张建文.时变条件下多式联运危险品路径优化研究[J].中国安全科学学报,2016,26(6):104-110.

[183] 苏焕银,史峰,邓连波,等.面向时变需求的高速铁路列车开行方案优化方法[J].交通运输系统工程与信息,2016,16(5):110-116.

[184] CAI X,KLOKS T,WONG C K. Time-varying shortest path problems with constraints[J]. Networks,1997,29(29):141-150.

[185] XIAO Y Y,KONAK A. The heterogeneous green vehicle routing and scheduling problem with time-varying traffic congestion[J]. Transportation research part e:Logistics and transportation review,2016,88:

146-166.

[186] POONTHALIR G,NADARAJAN R. A fuel efficient green vehicle routing problem with varying speed constraint[J]. Expert systems with applications,2018,100(15):131-144.

[187] XU Z T,ELOMRI A,POKHAREL S,et al. A model for capacitated green vehicle routing problem with the timevarying vehicle speed and soft time windows[J]. Computers and industrial engineering,2019,317(11):106011.

[188] LIU C S,KOU G,ZHOU X C,et al. Time-dependent vehicle routing problem with time windows of city logistics with a congestion avoidance approach[J]. Knowledge-based systems,2020,188(5):104813.

[189] 刘长石,申立智,盛虎宜,等.考虑交通拥堵规避的低碳时变车辆路径问题研究[J].控制与决策,2020,35(10):2486-2496.

[190] 李奇,贺政纲,张超.时变条件下基于收费策略的危险品运输网络优化[J].交通运输工程与信息学报,2019,17(1):52-58.

[191] 李顺勇,但斌,葛显龙.多通路时变网络下低碳车辆路径优化模型与算法[J].计算机集成制造系统,2019,25(02):192-206.